돈이 된다!
주식투자

초판 1쇄 인쇄 2020년 6월 19일
초판 1쇄 발행 2020년 7월 1일

지은이 • 김지훈
발행인 • 강혜진
발행처 • 진서원
등록 • 제2012-000384호 2012년 12월 4일
주소 • (03938) 서울 마포구 월드컵로 36길 18 삼라마이다스 1105호
대표전화 • (02)3143-6353 | **팩스** • (02)3143-6354
홈페이지 • www.jinswon.co.kr | **이메일** • service@jinswon.co.kr

책임편집 • 최구영, 송재형 | **편집진행** • 임지영 | **기획편집부** • 이재인 | **표지 및 내지 디자인** • 디박스
종이 • 다올페이퍼 | **인쇄** • 보광문화사 | **마케팅** • 강성우 | **일러스트** • 홍유연

ISBN 979-11-86647-47-9 13320
진서원 도서번호 19010
값 24,000원

이 도서의 국립중앙도서관 출판예정도서목록(CIP)은 서지정보유통지원시스템 홈페이지(http://seoji.nl.go.kr)와
국가자료공동목록시스템(http://www.nl.go.kr/kolisnet)에서 이용하실 수 있습니다.(CIP 제어번호 : 2020021344)

일러두기 ●────────────────────────────────────

• 이 책은 좋은 기업과 산업지형을 소개하는 게 목표입니다. 직접적인 투자는 손실이 발생할 수 있으며, 그 결과는 투
  자자에게 귀속됩니다.
• 이 원고는 집필 당시의 데이터를 바탕으로 작성한 것이며, 현재의 데이터와 상이할 수 있습니다. 현재 기준 데이터를
  확인하시어 착오 없으시길 바랍니다.
• 체크리스트에 삽입되는 표의 데이터는 네이버 금융에서 발췌하였습니다. 단, ROE, PER, PBR은 기업의 상장년도 이
  전 해의 값까지만 실었음을 알려드립니다.
• 산업별 TOP3 기업 선정 기준은 집필 당시 '시가총액' 순입니다.

네이버 최고 기업분석 블로거의 족집게 과외!

돈이 된다!
주식투자

김지훈 지음

진서원

기업을 봐야 돈이 보인다!
가장 좋은 투자 전략은
성장하는 기업에 투자하는 것!

불확실한 주식시장, 준비 없이 시작하면 어떤 일이 벌어질까?

2020년 3월 주식시장은 참으로 힘들었습니다. 종합주가지수(KOSPI)가 1,800포인트를 하회하면서부터 적극적인 '사자'에 나섰습니다만, 장중 1,400포인트가 무너질 때에는 투자 경력이 오래된 저조차도 '매수를 잠시 멈추고 관망할까' 하는 생각이 들 정도였으니까 말입니다.

그런데 주식시장이 3월 19일 이후 반등하면서부터 더 힘들어졌습니다. 자산의 상당 부분이 상장지수펀드(ETF, 펀드를 주식처럼 자유롭게 거래할 수 있게 만든 상품)에 투자되어 있었기에, 주식 가격이 상승하면 자연스럽게 ETF의 순자산가치(NAV)도 상승하니 문제가 없습니다. 다만 제가 일부 투자했던 개별종목이 문제였습니다. 오랜 투자 경험을 통해 엄선(!)한 기업들이었음에도 불구하고 반등 초반에만 반짝했을 뿐, 이후 힘을 거의 쓰지 못하고 있기 때문입니다.

다시 시작하는 주식 공부,
산업분석과 기업분석!

왜 이런 일이 벌어졌을까요?

제가 산업과 기업분석에 태만했기 때문입니다. 그저 시가총액 상위종목에 있던 기업이 친숙했고, 또 모 기관에서 매니저 시절에 공부했던 내용을 가지고 투자해서 벌어진 일이었죠. 나름 시장에서 잘 나갔던 이코노미스트이자 투자 전략가라고 자부했던 저의 코가 납작해졌습니다.

특히 지금처럼 기업들의 실적 전망이 불투명하며, 보유한 자산의 가치가 '적정'한가에 대한 투자자들의 의문이 제기될 때에는 기업이 가지고 있는 내재 가치, 다시 말해 미래의 이익 창출 능력에 대해 관심이 집중될 수밖에 없는데 이 부분에 대한 고민이 부족했던 것입니다.

주식 투자의 시작점 역할을 할,
더없이 좋은 가이드북!

그럼 어떻게 해야 할까요?

답은 이미 정해져 있습니다. 다시 마음을 잡고 공부해야죠. 화장품 산업부터 5G, 그리고 생활소비재 산업 등에 대해 경쟁의 구도가 어떠하며 어떤 기술 혁신이 벌어지고 있으며 더 나아가 미래의 수요에 영향을 미칠 요인은 어떤 것이 있는지 살펴봐야 합니다. 물론 어려운 일입니다. 그러나 오늘 소개하는 책 《돈이 된다! 주식투자》와 같은 좋은 길잡이를 만난다면, 공부의 어려움이 한결 덜어지지 않을까 기대해 봅니다.

물론 이 책이 완전무결한 '가이드북'은 아닙니다. 산업 내 경쟁 구도에서 좋은 입지를 가지고 있는 기업이라고 분석했지만, 이후에 한계를 드러낼 여지들도 충분히 있으니까요. 다만 낯선 곳에 여행갈 때 좋은 가이드북 하나 있으면 마음이 든든하고, 또 근처의 새로운 여행지에 용기 내어 도전해볼 수 있듯 《돈이 된다! 주식투자》는 투자의 끝이 아닌 시작점에 도움이 될 거라고 생각합니다.

EAR리서치 대표 홍춘욱

왕초보를 위한 기업분석 보고서!
증권사의 이해관계를 벗어나 작가의 소신을 담은 책!

㈜두물머리 대표 천영록

평소 전문 투자자가 되기 위해선 열정과 과감한 결단이 필요하다고 강조합니다. 세상에 열정이 필요 없는 일이 어디 있겠습니까만, 특히 투자자는 투자와 결혼했다는 말이 나올 정도여야 한다고 생각합니다. 물론 스타트업 창업 쪽도 마찬가지입니다. 세상엔 적당히 해도 되는 업이 있고, 반드시 모든 것을 걸어야만 하는 업이 있습니다. 좋은 현상인지 가혹한 현실인지는 모르겠으나, 21세기의 성장률은 모든 것을 걸어야 하는 업에서만 집중적으로 나타나고 있습니다. 즉 자신의 일을 마니아적 근성으로 파헤치는 사람은 큰 보상을 받고, 그러지 않고 적당히 현실 유지를 하는 사람은 기대보다 더 낮은 보상을 받는 양극화의 시대입니다. 어쩌면 현재의 가장 큰 투자 기회들도 다 이런 양극화를 꿰뚫어 보는 데서 나온다고 생각합니다.

김지훈 작가를 처음 만난 것은 작년 초였습니다. 공대를 나와 엔지니어 생활을 9년 정도 하다가, 늦은 나이에 집념으로 증권업에 발을 들인 과정이 인상적이었습니다. 보통 증권업은 연봉이 높다는 기대, 혹은 멋진 직업이라는 기대 때문에 동경하는 경우가 많습니다. 하지만 김지훈 작가는 이미 높은 급여를 받고 있었고, 그의 절반도 안 되는 급여를 받을 것임에도 불구하고 전직을 선택한 경우였습니다. 돈에 이미 초탈한 듯 열정과 행복으로 가득해 보이는 그 모습에 깊은 감명을 받았습니다. 진심으로 이 일을 하고 싶었구나, 이미 확신을 얻었구나, 그리고 과감한 결단을 내릴 수 있는 사람이구나 하는 생각을 갖게 되었지요. 이후에도 꾸준히 연락을 나누며 끝없이 도전해가는 모습을 살펴볼 수 있었습니다.

이 책은 증권사 리포트와 흡사한 형태로 쓰였지만 다른 점이 두 가지가 있습니다. 첫째는 쉬운 언어와 포맷으로 쓰기 위해 노력했다는 점이고, 둘째는 한 사람이 전체 섹터에 대해 썼다는 점입니다. 즉 증권사의 전문가들이 각자의 영역에서 접근하는 것과 달리 전체론적으로 접근하였습니다. 즉 개별 기업에 대한 분석보다도 이 책 전체에서 다루고 있는 기업들의 목록과 접근 방식에 통일성이 있다는 점이 눈에 띕니다. 작가가 스스로 쌓아온 투자 방법론을 기업들의 선택에서부터 녹여냈습니다. 게다가 증권사의 이해관계를 벗어난 개인의 작품이라는 점에서 의미가 있습니다.

향후 김지훈 작가가 주기적으로 이런 콘텐츠를 내며 그 기록이 쌓이고 그의 철학이 두드러지게 발현되었으면 좋겠습니다. 독자들에겐 여러 섹터를 지속적으로 살펴볼 수 있는 좋은 지침서가 될 수 있을 것 같습니다.

투자 성패 가르는 비밀 무기, '기업분석'
기업에 대한 통찰은 물론, 읽는 재미까지!

신영증권 리서치센터장 김학균

투자는 단기간의 경쟁으로 승패가 결정되는 올림픽 게임이 아니라, 7~8개월의 장기 레이스로 승자가 가려지는 야구 경기와 같다. 장기전에서는 매 경기에서 다 이길 수 없다. 승리와 패배가 반복되지만 승리의 확률을 높이는 자가 승리한다. '앎'은 투자의 성패를 결정하는 가장 중요한 요인이다. 특히 주식투자가 단지 주권이라는 종이 쪼가리를 사는 것이 아니라 기업의 일부를 사는 행위라는 점을 감안하면 기업에 대한 지식은 매우 중요하다. 많이 안다고 주식투자에 성공하는 것은 아니지만, 모르면 반드시 실패한다. 공대 출신 엔지니어에서 금융투자업계로 전직한 김지훈 작가가 보낸 분투의 시간이 이 책에 담겨 있다. 기업에 대한 통찰이 있고, 읽는 재미는 덤이다.

코로나 이후 흔들리지 않고 꾸준한 성장을 보여줄 기업 소개!

현대차증권 리서치센터장 노근창

코로나19라는 실시간으로 중계되는 팬데믹으로 인해 많은 산업의 지각 변동이 예상된다. 언택트, 바이오 산업 등 코로나19로 인해 성장성이 부각되는 산업들이 나타나고 있으며, 다행히 한국에는 그와 같은 분야에서 핵심 경쟁력을 지닌 기업들이 많이 포진하고 있다. 이와 같은 큰 변화의 시대에 김지훈 작가가 오랜 경험을 통해 작성한 이 책은 많은 투자자들에게 포스트 코로나 시대에 위대한 기업을 찾을 수 있게 돕는 좋은 등대가 될 것으로 확신한다.

좋은 기업 보는 안목! 주식 초보들의 수고를 덜어주는 고마운 책!

이베스트투자증권 리서치센터장 윤지호

예기치 않은 변화는 말 그대로 예측할 수 없는 변화다. 긍정과 부정을 둘 다 내포한다. 단지 변화의 적응 여부를 추적할 뿐이다. 적응하는 기업은 살아남을 것이고, 뒤만 바라보는 기업은 도태될 것이다. 기업의 간극이 벌어지는 이유다. 좋은 주식은 좋은 기업과 좋은 가격과의 교집합이다. 좋은 기업만을 사야 하고, 좀 더 싸게 사면 더 좋다. 그러기 위해서는 어떤 기업이 좋은 기업인지 정리해야 한다. 김지훈 작가가 그 수고를 덜어주었다. 나머지 판단은 각자의 몫이다.

좋아하는 기업이 생기면
투자가 쉬워진다!

신규투자자에겐
최적의 진입 시기가 된 코로나19!

코로나19 사태 이후 최저금리로 갈 길을 잃은 개인투자자들의 20조원이나 되는 돈이 주식시장으로 몰려들었다고 합니다. 코로나19라는 대외변수는 주식시장을 단기간에 초토화시켰지만 신규투자자에게는 상당히 좋은 기회를 만들어주었습니다.

제 인생의 전환점이 된 2008년 서브프라임 사태 때에도 역시 위기와 기회가 공존했습니다. 금융시장은 초토화됐고 투자자들은 혼돈에 빠졌지만 아이러니하게도 저는 그때 본능적으로 주식에 투자해야겠다고 생각했습니다. 좋은 기회를 놓치지 않은 덕분에 주식으로 얻은 성공의 즐거움은 컸습니다. 이때 경험한 성공의 즐거움은 주식에 대한 관심을 넘어 지칠 줄 모르는 열정으로 발전했습니다.

차트분석, 시장분석, 재무제표 분석보다 중요한 것은?
돈 버는 '비즈니스 모델'을 가진 기업을 찾는 것!

15년 가까이 주식투자를 하면서 가장 중요하다고 느낀 것은 무엇이었을까요? 차트분석도 아니고 시장분석도 아니고 재무제표 읽는 법도 아닙니다. 자본주의가 망하지 않는 한 좋은 비즈니스 모델을 가진 기업은 반드시 성장합니다. 다만 누구도 그 시기를 예측할 수 없기에 세상의 변화에 대한 관찰과 호기심, 변화무쌍한 시장에서 흔들리지 않고 버틸 만한 확고한 투자철학, 기다리고 또 기다리는 '존 버정신', 그리고 긍정적인 마인드를 갖추는 것이 가장 중요합니다. 성장세가 뚜렷한 기업에 투자하면 성장의 결실은 반드시 돌아온다는 것은 제가 주식투자에서 경험으로 배운 사실입니다.

존경하는 금융 멘토인 메리츠자산운용 존 리 대표님의 "주식은 사고파는 것이 아닌 동업이다."라는 말과 에셋플러스자산운용 강방천 회장님의 "주식은 재무제표를 사는 게 아닌 비즈니스 모델을 사는 것이다."라는 말에 적극 공감합니다. 주식은 단순히 투자의 방법이 아닌 아직 발견되지 않은 기업의 성장 가치와 가능성을 찾아내는 과정이라고 생각합니다.

삼성전자, SK하이닉스, 네이버 등
누구나 알 만한 대형주는 제외, 작지만 똘똘한 주식 39개 공개!
산업지형과 밸류체인 이해는 보너스!

이 책에서는 돈이 되는 올바른 주식투자를 위해서 최소한 어떤 산업을 알아야 하는지, 산업 내 핵심기업과 세상을 변화시키는 기업들의 어떤 부분을 중점적으로 봐야 하는지를 다루고 있습니다. 삼성전자, SK하이닉스, 네이버, 카카오 등 초대형 우량기업이 아닌 외형 사이즈가 작고 아직 시장에서는 주목을 덜 받았지만 앞으로 지속 성장할 것으로 판단되는, 미래가치가 높은 39개 기업을 분석 대상으로 삼았습니다.

우리가 살고 있는 자본주의 사회에서 돈이 돈을 벌게 하는 시스템을 만드는 것은 대단히 중요하고 반드시 필요한 일입니다. 가장 쉽고도 기본적인 방법 중 하나가 주식투자가 될 수 있다는 것을 알고, 주식투자를 삶의 일부로 자연스럽게 받아들이는 것입니다.

지금 당장이라도 1주의 주식 또는 한 개의 펀드라도 투자하면서 주식을 통하여 우리가 사는 세상이 어떻게 변화하는지 관찰과 호기심으로 지켜보시길 추천합니다. 좋아하는 기업이 성장하면서 나의 자산이 불어나고, 내가 기업의 주인이 된다는 자긍심을 경험해보셨으면 좋겠습니다. 즐겁게 고민하고 행복한 투자를 하면서 함께 성장하기를 진심으로 기원합니다. 이 책을 읽고 계신 모든 투자자 분들, 파이팅입니다. 감사합니다.

김지훈

Special
Thanks to

자동차 세 대가 전손처리된 7년 전 창원에서의 큰 교통사고를 겪고 기적적으로 살아나면서 제 삶은 윗분의 의지에 있다는 것을 절실히 느꼈습니다. 하나님께 너무 감사드리고, 말 안 듣고 속 많이 썩였는데 변함없이 큰 사랑을 베풀어주시는 세상에서 가장 사랑하는 어머니, 아버지 고맙고 감사합니다. 앞으로는 정말 효도하면서 살겠습니다.

인생의 새로운 전환점이 될 출판의 기회를 주신 진서원 강혜진 편집장님, 근 1년 동안 편집과 수정, 보완을 위해 너무나 고생하신 진서원 최구영 대리님, 송재형 편집자님 정말 감사합니다.

금융권으로 첫발을 내딛을 수 있게 도와준 김민수 대표님, 업계 롤모델 홍춘욱 박사님, 천영록 대표님, 김학균 센터장님, 노근창 센터장님, 윤지호 센터장님, 존 리 대표님, 강방천 회장님, 이채원 대표님, 최준철 대표님 등 존경하는 금융업계 모든 분들께 감사합니다.

메리츠증권 이수철 이사님, 전 메리츠증권 5지점 동료 분들, 경력 단절을 막아준 동갑이지만 존경하는 롤모델 코어자산운용 노영서 대표님, 항상 의지가 되는 창조투자자문 이현석 상무님, 아이리스자산운용 이진원 본부장님, 짧은 기간 안에 정말 많은 깨달음 주신 PIM자산운용 이건수 대표님과 소중한 동료였던 서용준 차장님께도 감사 인사를 전합니다.

소중한 여의도고 친구들, OLED장비 최강연구원 이승조 님, 삼성전자 에이스 최용준 님과 손태환 님, 부천세무서 한승협 님, 마음씨 좋은 김지윤 님, 여의도 쿨쌤 김시원 님, 소아과 의사 다둥이 아빠 김종민 님, 23회 멋진 녀석들 조성훈, 김경민, 김성진, 김환태, 황석연 등 여의도 선후배님들, 가족 같은 최고의 엔지니어 용찬형과 고생하는 전 직장 엔지니어 황문대 부장님, 장윤성 부장님, 동료들에게도 감사합니다.

끝까지 책 수정과 보완을 도와주신 선영 고모, 교보악사자산운용 성우형, SBS 시우형, 엄청난 채찍질로 동기부여 해준 WSA님을 포함하여 저와 인간관계를 맺고 계신 모든 분들께 감사합니다. 무엇보다도 이 책을 읽어주실 독자이자 한국주식 투자자 분들께 감사 인사를 드립니다. 여러분과의 만남이 너무나 설레고 기대됩니다. 정말 감사합니다.

네이버 최고 기업분석 블로거의
족집게 강의!

좋아하는 기업찾기 START!

게임과 넷플릭스를 좋아한다면?

펄어비스
컴투스
스튜디오드래곤

⋮

<첫째마당>
참고

4차 산업에 눈길이 간다면?

포스코케미칼
에스원
웹케시

⋮

<둘째마당>
참고

① 39개 기업 중 Pick! ▶ ② 뒷조사를 한다!

1 좋아하는 기업을 찾는다! (이 책의 39개 기업 중 1개 고른다!)

2 뒷조사를 한다! (기업분석이 저절로!)

3 가장 쌀 때를 노린다! (나도 매매 타이밍 고수?)

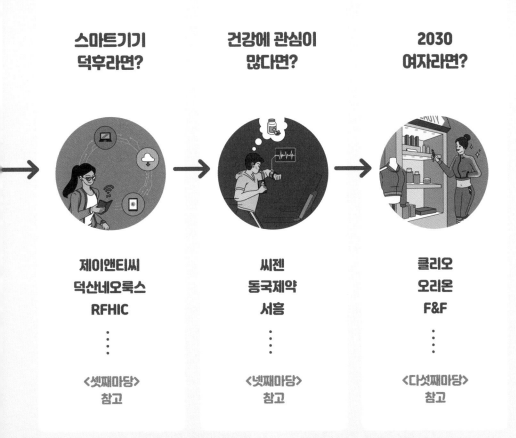

스마트기기 덕후라면?	건강에 관심이 많다면?	2030 여자라면?
제이앤티씨 덕산네오룩스 RFHIC	씨젠 동국제약 서흥	클리오 오리온 F&F
⋮	⋮	⋮
<셋째마당> 참고	<넷째마당> 참고	<다섯째마당> 참고

(주요 지표, 경쟁사 분석, 실적 등) ▶ **③** 가격이 싸지면 Buy!

⟨포스트 코로나 투자리포트⟩ 쿠폰

- 저자가 운영하는 블로그(blog.naver.com/hoonhoon7942)에서 규모는 작지만 알찬 기업인 '스몰캡'을 엄선해 정기적으로 온라인 제공합니다.
- 본문 기업분석 업데이트 내용도 정기적으로 온라인 제공합니다.
- 파일을 다운받은 다음 책의 맨 뒤 쿠폰 속 비밀번호를 입력하세요.

1단계 : 저자 블로그에서
⟨포스트 코로나 투자리포트⟩ 게시판을 클릭한다.

2단계 : '포스트 코로나 투자리포트' 파일을 다운받는다.

3단계 : 책 맨 뒤 ⟨쿠폰⟩을 펼쳐 비밀번호를 입력하면 끝!

궁금한 내용이 있다면 저자에게 물어보세요

좋아하는 기업을 공부하다가 궁금한 내용이 있다면 저자에게 직접 물어보세요.
블로그(blog.naver.com/hoonhoon7942) → 〈책 내용 문의〉 게시판을 활용하세요.

돈 버는 비즈니스 모델을 가진 기업분석 블로그

저자 블로그(blog.naver.com/hoonhoon7942)에 오시면
최신 경제 이슈, 저자의 관심종목 등 더 많은 정보를 보실 수 있습니다.

목차

산업별 TOP3 기업 선정 기준은
집필 당시 '시가총액' 순입니다.

첫째마당 : 게임과 넷플릭스를 좋아한다면?

둘째마당 : 4차 산업에 눈길이 간다면?

셋째마당 : 스마트기기 덕후라면?

넷째마당 : 건강에 관심이 많다면?

다섯째마당 : 2030 여자라면?

왕초보가 꼭 알아야 할 주식용어 8

1 ROE

ROE(Return on Equity, 자기자본이익률)는 경영자가 주주의 자본을 통해 얼마나 이익을 올리고 있는지를 보여주는 지표로, 기업이 돈을 버는 능력을 보여준다. 투자자의 입장에서는 최소한 시중금리보다는 높아야 순이익을 낼 수 있다.

ROE = 당기순이익 ÷ 평균자기자본 ×100

ROE가 높다 = 수익성이 좋다 = 자산과 부채를 잘 활용하고 있다

2 PER

PER(Price Earning Ratio, 주가수익비율)은 기업의 수익성을 판단하는 지표로, 투자한 돈을 몇 년 만에 돌려받을 수 있는지를 의미한다. 예를 들어 PER이 5배라면 투자 원금을 5년 뒤에 돌려받을 수 있다는 뜻이다, 이것을 1년 단위로 환산하면, 시장에서는 이 주식을 '1년 순이익의 5배'의 가치로 거래하고 있다는 것이다.

PER = 주가 ÷ 주당순이익(EPS)

PER이 낮다 = 이익에 비해 주가가 저렴하다 = 주가가 저평가되었다

3 PBR

PBR(Price on Book-Value Ratio, 주가순자산비율)은 기업의 순자산에 비해 주식이 몇 배로 거래되고 있는지를 보여주는 지표다. 기업의 자산이 시장에서 얼마만큼의 가치로 인정받고 있는지 확인할 수 있다.

PBR = 주가 ÷ 주당 순자산가치

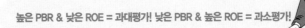

높은 PBR & 낮은 ROE = 과대평가! 낮은 PBR & 높은 ROE = 과소평가!

4 시가총액

기업의 매매가를 말한다. 예를 들어 시가총액이 1,000억원이라는 것은 시장에서 이 기업을 1,000억원에 매입할 수 있다는 뜻이다. 한 종목의 규모 또는 해당 주식시장의 규모를 나타낸다.

시가총액 = 발행주식 수 × 현재 주가

5 매출액

기업의 주요 영업활동, 즉 상품이나 제품 판매 및 서비스 제공으로 인한 수입을 말한다. 매출액 자체가 높아야 하지만 영업이익, 당기순이익이 감소하는 경우도 있어 투자자는 이들 요인을 살펴봐야 한다.

6 영업이익

주요 영업활동으로 생긴 매출 총이익에서 판매비와 일반관리비를 차감하고 남은 금액을 말한다.

영업이익 = 매출 총이익 − 판매비 − 일반관리비

7 당기순이익

영업이익에서 기업이 쓰는 모든 비용과 손익을 계산한 금액을 말한다.

당기순이익 = 영업이익 − 영업외비용 + 영업외수익 − 법인세

8 부채비율

기업이 가지고 있는 자산에서 부채(빚)가 어느 정도를 차지하고 있는지를 나타낸다. 보통 부채가 자기자본보다는 작아야 하기에 부채비율 100% 이하가 이상적이다.

부채비율 = 타인자본(부채총계) ÷ 자기자본(자본총계) × 100

첫째
마당

게임과 넷플릭스를
좋아한다면?

게임 산업

TOP1
펄어비스

TOP2
컴투스

TOP3
더블유게임즈

미디어 산업

TOP1
스튜디오드래곤

TOP2
에코마케팅

TOP3
위지윅스튜디오

- 이 책은 좋은 기업과 산업지형을 소개하는 게 목표입니다.
  직접적인 투자로 손실이 발생할 수 있으며, 그 결과는 투자자에게 귀속됩니다.

- 산업별 TOP3 기업 선정 기준은 집필 당시 '시가총액' 순입니다.

- 주식투자로 수익을 얻으려면?
  ① 좋은 기업을 ② 싸게 사면 됩니다.
  지금! 곧바로 사지 마세요! 충분히 공부하고 가격을 확인한 후 투자하세요.

게임산업

포 | 인 | 트 | 요 | 약

- 모바일 게임 신작 출시 봇물, 주가 상승 사이클 진입
- PC-모바일-콘솔 플랫폼에서 즐기는 '클라우드 게이밍 서비스' 주목!
- 게임을 만화, 소설 등 다양한 콘텐츠로 재생산! IP 비즈니스로 매출 다각화!

리니지 등 모바일 MMORPG 신작 출시, 가파른 실적 성장 기대

국내 게임시장의 성장을 주도하고 있는 모바일 MMORPG*는 주가수익률을 끌어올리는 주요 제품이다. 과거 1위 게임의 일평균 매출액이 10억원 내외였던 반면, 모바일 MMORPG의 출시 첫 1개월 일평균 매출액은 '리니지2 레볼루션' 69억원, '리니지 모바일' 80억원, '검은사막 모바일' 13억원을 기록했을 정도로 영향력이 막강하다.

◆ MMORPG(대규모 다중접속 역할수행게임, Massive Multiplayer Online Role Playing Game) : 온라인 게이머들과 각자의 역할을 수행하며 캐릭터를 성장시키는 게임이다. '월드 오브 워크래프트', '리니지'가 대표적인 MMORPG이다.

모바일 MMORPG의 성장이 지속되는 가운데, 2019년 주요 신작 출시가 지연되면서 기저효과*가 발생했다. 아이온2, 블레이드앤소울2, 세븐나이츠2, 세븐나이츠 레볼루션, 서머너즈 워 등 기대작이 출시되면 가파른 실적 성장이 이어질 것이다.

2019년 11월에 출시된 '리니지2M'은 출시 직후 애플 앱스토어 매출 1위, 4일 만에 구글 플레이스토어 매출 1위를 기록하며 다시 한 번 MMORPG의 위력을 보여줬다. 이와 같이 대형 퍼블리셔들의 2020년 신작 라인업을 바탕으로 게임업종이 다시 상승 사이클에 진입할 전망이다.

코스피 상승률보다 낮은 게임업종 주가, 추후 실적에 따라 주가 기대

2019년 게임업종 평균 PER은 약 20.2배로 전년 17.7배 대비 약 14% 올라간 반면 코스피 대비 프리미엄은 전년 103.5%에서 2019년 92%로 축소되었다. 즉, 코스피는 약 4% 상승했지만 게임업종의 주가는 1.5%밖에 못 오른 것이다.

원자재 상승, 원·달러 환율 급등 등 국내 경제를 위협하는 대외변수의 영향에서 자유로운 점, 언택트(untact, 비대면) 문화의 확산, 글로벌 트렌드에 빠질 수 없는 핵심 산업이라는 점에서 코스피지수보다는 프리미엄을 받을 가치가 있다.

....

◆ 기저효과(Base Effect) : 특정 시점의 경제지표를 평가할 때 기준시점과 비교시점의 상대적인 수치에 따라 실제 상태와 다르게 해석하게 되는 현상이다.

치열해진 모바일시장, 다양한 플랫폼 개발 여부가 주가 결정

국내 게임시장은 모바일 MMORPG에 대한 의존도가 매우 높다. 한국 구글 플레이스토어 매출액 TOP10의 절반 이상을 MMORPG가 차지하며 극명한 선호도를 나타냈다. 최근 2년간 MMORPG 주도의 산업 성장을 이루었으나, 같은 장르의 게임간 경쟁이 심화되면서 흥행이 장기화되는 케이스가 줄어들었다. 게다가 중국계 기업을 중심으로 비 MMORPG 장르 게임들이 국내시장에 진입하고 있다.

모바일 MMORPG 경쟁이 심해지자 온라인, PC, 콘솔* 등의 분야에 개발역량을 갖추고 플랫폼을 다변화함으로써 멀티플랫폼 전략을 실현하고, 수익기반을 확장할 수 있는 게임사에 대한 관심이 높아지고 있다.

클라우드 게이밍, 하드웨어 한계를 깨버린 새로운 플랫폼의 등장

넷플릭스에서 실시간으로 영화를 즐기듯, 서버에 접속하기만 하면 실시간으로 고사양 게임을 즐길 수 있는 서비스가 클라우드 게이밍**이다. PC에서 즐기던 게임을 스마트폰으로, 콘솔에서 즐기던 게임을 태블릿으로 즐길 수 있는 멀티플랫폼을 구축함으로써 하드웨어의 한계를 깨버리는 효과도 있다.

아마존과 구글 같은 글로벌 IT기업이 뛰어드는 것만 봐도 2020년을 관통할 트렌드라는 것을 예측할 수 있다. 전에는 IT기업이 게임사에 클라우드 서버 및 서비스를 지원하는 역할을 했다면, 지금은 자체 클라우드 게이밍 서비스를 출시하고 있다.

아마존 템포(Tempo), 마이크로소프트 엑스클라우드(xCloud), 구글 스타디아(Stadia) 등 해외 IT기업도 클라우드 게이밍 서비스 자체 출시

게임 지식재산권을 활용한 매출 다각화

게임 산업의 최신 트렌드는 지식재산권(Intellectual Property, 이하 IP)*** 비즈니스다. 게임의 IP를 활용해 웹툰, 웹소설 등 새로운 콘텐츠로 재생산하고, 확장된 플랫폼을 통해 매출을 다각화하는 전략이다. 해외 업체들과 IP 계약을 체결하면 로열티 수입 등이 발생한다. IT기술, 글로벌 네트워크와 우수한 자본력을 바탕으로 멀티플랫폼을 장악한 상태에서 우량 IP 콘텐츠를 확보하면 대형 플랫폼을 구축하는 데 성공할 가능성이 높다.

이 모든 여건을 발판으로 게임 산업에서 성장 가능성이 높은 TOP3 기업인 펄어비스, 컴투스, 더블유게임즈에 대해 살펴보도록 하자.

- ◆ 콘솔(Console) : 전용 게임기를 모니터에 연결시켜 하는 비디오 게임이다. 플레이스테이션(PlayStation), 엑스박스(Xbox)가 콘솔 게임으로 잘 알려져 있다.
- ◆◆ 클라우드 게이밍(Cloud Gaming) : 게임을 단말기 내부 저장공간에 저장하는 것이 아니라 외부 클라우드 서버에 저장하여 사용자들이 서버에 접속하는 방식으로 게임을 즐기게 하는 서비스다.
- ◆◆◆ 지식재산권(Intellectual Property, IP) : 캐릭터, 이미지, 시스템 등의 창조적 활동 또는 경험을 통해 창출된 지식, 정보, 기술 등을 표현한 무형적인 것에 재산적 가치를 부여한 재산에 관한 권리다.

펄어비스

회사
정보

진성 유저 확보한 '검은사막' 개발 공급업체

펄어비스는 게임을 개발하고 공급하는 사업을 한다. 게임소프트웨어를 개발해 직접 퍼블리싱하거나 지역별 퍼블리셔를 통해 유통한다.

주요 제품으로는 온라인 게임 '검은사막', '이브 온라인(EVE online)'과 모바일 게임, 콘솔 게임이 있다. 꾸준한 업데이트로 유저를 확보하고, 개발 일정에 맞는 마케팅으로 신규 판매 증대를 계획하고 있다.

■ 주요제품 매출구성

모바일	60.42%
온라인	30.29%
콘솔	8.87%
기타	0.42%

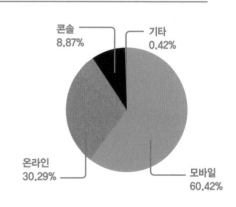

콘솔
8.87%

기타
0.42%

온라인
30.29%

모바일
60.42%

출처 | 네이버 금융(2019.12.기준)

046

실력으로 승부해 자수성가에 성공한 김대일 의장

7명으로 시작해 현재 300명이 넘는 직원을 채용한 코스닥 시가총액 순위 4위 기업이다. 경영은 전문 경영인에게 맡기고 자신은 순수 프로그래밍 개발자로 남아 지금도 게임 개발에 매진하고 있다. 게임을 자체 배급하는 비중을 높이고 차세대 게임엔진 개발로 신작 게임과 플랫폼을 확장하는 속도가 빨라질 것으로 기대하고 있다.

개발, 그래픽, 엔진까지 자체 공급 가능한 전문 기술 보유

핵심인력의 전문지식, 그래픽 · 게임엔진 자체 개발은 높은 수준의 개발역량을 갖췄음을 보여준다. 설립자 김대일 의장은 MMORPG 개발을 총괄했던 풍부한 경험이 있으며, 핵심인력 또한 과거부터 함께 게임 개발에 힘썼던 임직원들이다.

이들을 주축으로 개발된 '검은사막'은 오픈월드[◆] 등 높은 수준의 기술을 요구하는 플레이방식이 적용되었다. 그래픽이나 사운드는 외주를 통해 개발하는 것이 일반적이지만, 펄어비스는 내부 디자이너, 자체 모션캡쳐 스튜디오를 통해 캐릭터의 움직임을 자연스럽게 연결하는 등 양질의 콘텐츠를 신속하게 공급하고 있다. 게임엔진 또한 자체 개발을 통해 빠른 개발 속도, 효율적인 대규모 업데이트를 제공하는 것은 물론, 별도의 엔진 사용료나 로열티를 지출할 필요가 없어 비용 구조면에서도 좋다.

◆　오픈월드(Open World) : 온라인 게임 사용자가 원하는 지역, 장소로 이동하며 즐길 수 있다. 많은 사용자들을 감당해야 하기 때문에 기술적으로 서버 구조를 잘 구축해야 한다.

온라인-모바일-콘솔 플랫폼 구축한 국내 유일 기업

대다수의 게임회사가 모바일 게임을 캐시카우*로 삼고 있다. 모바일 게임 쏠림 현상이 심화되는 상황에서 온라인, 콘솔 플랫폼을 만들어가는 행보는 눈여겨볼 만하다. 안정적인 모바일시장을 벗어나 IP를 활용한 매출 다각화는 물론 글로벌 진출을 목표로 한다는 것으로 해석할 수 있다. 무엇보다 대용량의 MMORPG를 모바일이나 엑스박스(Xbox), 플레이스테이션4(PS4) 등의 콘솔 게임으로 구현하는 기술력을 갖춘 국내 유일한 기업이라는 점에서 차별점이 있다.

'검은사막 모바일' 출시로 모든 플랫폼에서 선전

'검은사막'은 펄어비스의 핵심 IP 게임이다. 자체 게임엔진으로 개발이 가능하기 때문에 친숙한 IP '검은사막'을 이용해 플랫폼 다양화, 지역 확장을 통해 성장한다.

'검은사막'은 2016년 북미와 유럽에서 온라인 출시하며 유료가입자 40만명, 동시접속자 10만명, 누적매출액 약 3,000억원이라는 기록을 세웠다. 온라인시장의 열기는 콘솔 게임으로 이어졌고, 모바일로 흥행을 이어갈 전망이다. '검은사막 모바일' 글로벌 서비스는 사전 예약 450만명을 돌파하며 기대감을 고조시켰고, 2019년 12월 정식 서비스를 시작해 북미를 비롯해 태국, 싱가포르 등 주요 아시아 국가의 구글 플레이스토어, 애플 앱스토어에서 나란히 1위를 기록하는 성과를 거뒀다.

온라인 흥행 지역인 한국, 대만, 일본에서 모바일 게임을 시작하고 누적매출액 4,000억원을 1년 만에 달성한 과거 사례로 미루어 보면, 글로벌 150개국 출시가 안정적인 매출 성장으로 이어질 확률이 높다. 모바일 해외 매출이 늘어날수록 경쟁력 있는 기업가치를 갖추게 될 전망이다.

◆ 캐시카우(Cash Cow) : 확실히 수익을 내는 상품이나 사업을 의미하며, 시장성장률은 떨어지지만 시장점유율이 높아 계속해서 현금 수익을 내는 사업을 말한다.

신작 게임 4종으로 라인업 확장, 콘솔 플랫폼으로 순매출 증가!

신작 게임 런칭에 대한 기대감은 그 중요성을 아무리 강조해도 지나침이 없다. 전투액션 생존게임 '섀도우 아레나', 장편서사 판타지 오픈월드 MMORPG '붉은사막', 캐릭터 수집형 캐쥬얼 MMORPG '도깨비', MMORPG와 슈팅장르를 접목한 'PLAN 8' 4종의 게임을 통해 라인업을 4배로 확장할 계획이다. 모두 PC, 콘솔 플랫폼을 지원해 북미, 유럽, 아시아시장에 어필할 예정이고, 서양 국가가 선호하는 그래픽과 스토리배경을 적용해 해외 성공 가능성을 높였다.

섀도우 아레나

붉은사막

도깨비

PLAN 8 (출처 : 펄어비스 홈페이지)

클라우드 게이밍 론칭하며 글로벌 성공 가능성 상승!

마이크로소프트 엑스클라우드, 구글 스타디아를 통해 클라우드 게이밍 서비스를 제공하며 글로벌 성공 가능성을 높이는 데 적극적으로 나설 계획이다.

엑스클라우드는 애저(Azure)의 클라우드 서비스와 엑스박스가 보유한 콘텐츠가 결합된 글로벌 클라우드 게이밍 시장으로, 구독 기반의 서비스를 제공한다고 밝혀 게이머들의 관심을 끌고 있다. 엑스박스 원(Xbox One)의 3,500개 게임을 대부분 제공할 것으로 계획하고 있어, 엑스박스 콘텐츠에 속한 '검은사막'이 엑스클라우드를 통해 서비스될 가능성이 높다.

클라우드 게이밍의 선두주자 구글 스타디아와의 협력도 기대된다. 게임별로 구매해야 하는 단점이 있지만, 다국적의 게이머를 타깃으로 할 수 있다는 장점이 있다.

리스크

중국에서 게임 영업을 허가받으려면 중국 국가신문출판광전총국에서 발행하는 '판호' 라는 승인번호를 받아야 한다. 판호 역시 한한령의 문턱에 걸려 중국시장 진출에 어려움을 겪어왔다. 판호 발급이 지연되면 큰 어려움을 겪겠지만 문제가 원활하게 풀린다면 신규 진출에 따라 실적에 긍정적인 영향을 줄 것으로 보인다.

체크
리스트

| 1 | ROE, PER, PBR로 종목의 가치를 파악하라!

게임업종 29개 기업 중 9개의 적자기업을 제외한 기업들은 2019년 평균 PER 27.9배, PBR 2.6배, ROE 16.4%다. 펄어비스의 2019년 PER은 15.28배, PBR은 3.82배로 PER은 저평가, PBR은 고평가 수준이다. 수익가치가 중요한 게임업종의 특성상 PER이 게임업종 평균보다 낮으므로 펄어비스의 가격 자체는 결코 비싼 수준이 아니라고 할 수 있다. 무엇보다도 ROE가 31.62%로 월등히 높아 게임업종 TOP 수준이다.

또한 2017년을 제외하고는 매출액과 영업이익이 비교적 꾸준히 증가해 PER과 PBR이 낮아지는 추세이다. 2019년까지 과거 ROE의 평균값은 약 46.1%에 달할 정도로 최상위 수준이기에 펄어비스는 가치평가 지표상으로 투자 메리트가 높다고 할 수 있다.

단위 : %, 배

	2016	2017/06	2017/12	2018/12	2019/12	2020/12(E)
ROE		101.54	8.33	42.87	31.62	21.29
PER			191.47	17.94	15.28	18.63
PBR			10.09	6.13	3.82	3.39

PER은 업계 평균보다 낮은 편이고 ROE는 월등히 높다.

출처 | 네이버 금융(2020.05.08.기준)

과거 주가 흐름을 살펴보면 2017년 9월 15일 최저점인 86,400원을, 2018년 3월 9일 최고점인 287,100원을 기록했다.

2017년 최저점에는 매출액 524억원, 영업이익 217억원으로 모두 전년에 비해 큰 폭으로 감소하면서 유일하게 실적이 꺾이는 해로 기록되며 주가는 하락했다. 2018년 최고점에는 매출액 4,048억원, 영업이익 1,681억원이었다. 특히 최근 5년간 사상 최대 영업이익의 호실적을 기록하며 주가는 최고치에 달했다.

출처 | 네이버 금융(2020.05.08.기준)

신작 게임 출시와 클라우드 게이밍 론칭 기대

| 2 | 유사동종업계 경쟁사와 비교하라!

주가수익지표인 PER이 동종업계에 비해 저평가되어 있지만, 경쟁사 대비 매출 크기는 상대적으로 작은 편이다. 시가총액과 매출 등 외형 성장의 여력이 아직 많이 남아 있다고 볼 수 있는데, 매출액증가율이 이를 뒷받침해주고 있다. 또한 영업이익률과 ROE가 업계 상위권으로, 이익가치 측면에서 매력적인 종목이다.

네이버 컨센서스에 따르면 경쟁 기업의 2016~2020년 평균 영업이익률은 엔씨소프트 34%, 넷마블은 14.7%이었다. 펄어비스는 평균 영업이익이 41.1%로 경쟁사 대비 차별화된 수익성을 가졌다고 말할 수 있다.

단위 : 억원, %, 배 | 분기 : 2019.12.

	시가총액	매출액	매출액증가율	영업이익	영업이익률	ROE	PER	PBR
펄어비스	26,748	5,359	24.46	1,506	28.10	31.62	15.28	3.82
엔씨소프트	173,437	17,012	−0.82	4,790	28.16	14.72	33.15	4.46
넷마블	79,190	21,787	7.22	2,027	9.30	3.54	50.68	1.70
Activision Blizzard*	686,589	80,333	−15.58	19,894	25.56		24.20	3.30
Nexon*	228,865	28,681	−2.09	10,767	35.04	12.74	15.90	1.90

* Activision Blizzard, Nexon은 해외기업으로 IBK 데일리 인터넷/게임 산업리포트, 게임메카/게임톡 기사 참조(2020.04.24.기준 2020년 예상지수).

출처 | 네이버 금융(시가총액은 2020.05.29.기준)

매출은 경쟁사 대비 낮은 편, 그만큼 상승 여력 기대

| 3 | 기본 중의 기본! Q(물량), P(가격), C(비용) 가능성을 살펴보라!

대표 흥행작 '검은사막'은 2018년 모바일, 2019년 콘솔 플랫폼인 엑스박스 원과 플레이스테이션을 지나 클라우드 게이밍 플랫폼까지 서비스를 확대할 계획이다. 플랫폼 확장과 매출지역 확대는 Q의 구조적 증가를 가져온다. 플랫폼의 경계가 사라지고 하드웨어 제약도 벗어나면서 인력과 자본을 확보한 게임사가 Q와 P의 동시효과를 누릴 가능성이 높아졌다. 국내보다 해외 매출이 압도적으로 많기 때문에 P 측면에서 가격경쟁력을 유지할 수 있기 때문이다.

다만 가장 크고 빠르게 성장하는 모바일시장을 빗겨감으로써 Q가 계단식 성장을 보여줄 가능성이 높다. 신작 '붉은사막'을 PC, 콘솔 플랫폼부터 출시해 IP 비즈니스를 적극적으로 펼칠 것이라는 의지를 보였다.

| 4 | 실적을 통해 안정성을 확인하라!

펄어비스는 매출액과 영업이익이 꾸준히 증가하고 있다. 2018년에 매출액과 영업이익이 가장 높은 상승률을 보였고 2019년에는 매출액은 늘었으나 영업이익이 약 10% 넘게 줄어들면서 이에 반응한 주가가 부진한 모습을 보였다.

하지만 4년 만에 중국에서 판호 발급, 신작 '섀도우 아레나' 상반기 출시 예정, '검은사막'(콘솔 부문) 엑스박스 크로스플레이, 플레이스테이션 통합서버 동시 지원 등 실적과 관련된 긍정적인 모멘텀으로 매출액, 영업이익, 당기순이익 모두 2019년 대비 상승할 것으로 예상되기 때문에 2020년 기업가치는 올라갈 것이다.

단위 : 억원, %

	2016/06	2017/06	2017/12	2018/12	2019/12	2020/12(E)
매출액	337	927	524	4,048	5,359	5,421
영업이익	281	596	217	1,681	1,506	1,640
당기순이익	244	509	147	1,464	1,577	1,424
부채비율	104.96	29.47	7.77	74.63	47.26	44.13

출처 | 네이버 금융(2020.04.06.기준)　　　　　　　**매출과 영업이익 증가세**

컴투스

회사
정보

매출 80% 해외 발생!
개발은 컴투스, 해외 배급은 게임빌!

컴투스의 주력 사업은 모바일 게임 개발 및 공급이다. 모바일 게임 서비스업체인 베이
징 레이모바일, 게임빌 컴투스 재팬, 데이세븐, 트리플더블, 노바코어 5개 업체를 연
결대상 종속회사◆로 보유한다. 컴투스 게임은 한국은 물론 미국, 중국, 일본, 유럽 등

■ **주요제품 매출구성**

모바일 게임(서머너즈 워, 낚시의 신 등)	99.06%
기타	0.94%

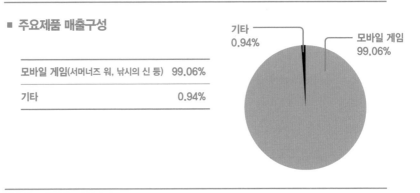

출처 | 네이버 금융(2019.12.기준)

◆ 　연결대상 종속회사 : 예를 들어 컴투스가 데이세븐이라는 지분을 50% 이상 보유하고 있다고 하면 지배종속관계
　가 되어 연결재무제표를 작성한다. 지배회사(컴투스)와 종속회사(데이세븐) 재무제표를 합쳐서 작성하고 종속회
　사의 손익이 지배회사의 손익에 포함된다.

에 서비스를 제공하며, 매출의 80% 이상이 해외에서 발생한다. 인기 게임은 '서머너즈 워', '컴투스프로야구', '낚시의 신'이다.

게임빌, 컴투스 지분 인수 성공!
경쟁 기업을 형제 기업으로 바꾼 송병준 대표

게임빌과 컴투스는 모바일 게임 전문회사로 서로 경쟁하는 사이였으나 게임빌이 컴투스 지분 인수에 성공하면서 송병준 대표가 두 회사의 대표를 겸직하고 있다. 게임빌은 해외법인 네트워크를 통한 글로벌 배급역량, 컴투스는 신작 게임 개발역량을 강화하고 있어 두 기업 간 시너지효과가 기대된다.

2006년 국내 게임사 중 최초로 미국법인을 설립했고, 2009년 국내 최초로 글로벌 게임 앱마켓에 진출해 '서머너즈 워'를 대표적인 글로벌 모바일 게임으로 자리 잡게 만들었다.

투자
근거

85개 국가 매출 1위! 5년 이상 롱런한 빅히트 게임 보유

컴투스 매출의 80%를 차지하는 '서머너즈 워'는 일간활성사용자 85만명, 구글 플레이 스토어 85개 국가 매출 1위, 125개 국가 매출 TOP10을 기록했다. 특히 5년 이상 롱런하는 빅히트 게임이라는 점이 중요한데, 단일 게임으로 꾸준한 매출을 보이는 국내 모바일 게임 개발사는 손에 꼽을 정도로 드물기 때문이다.

이러한 인지도는 신작 게임에 대한 신뢰도를 높이는 역할을 할 것이다. 게임 콘텐츠 업데이트, 신규 몬스터 및 연말 패키지를 선보이며 안정적인 실적을 이어갈 전망이다.

서머너즈 워

누적 매출 2조원의 비결 (출처 : 컴투스 홈페이지)

지식재산권 활용한 IP 비즈니스 – 소설, 애니메이션 시장까지 확장

인기 드라마 '워킹 데드'의 원작자인 로버트 커크먼과의 합작으로 '서머너즈 워'의 150
년간 히스토리와 세계관을 완성했다.

탄탄한 스토리를 바탕으로 한 영
문소설이 2020년에 출시될 예정
이며, 이를 시작으로 만화, 애니메
이션 등 글로벌 콘텐츠 제작에 나
선다. 다양한 IP 콘텐츠는 캐릭터
사업과 e스포츠시장까지 확대해
매니아층을 사로잡을 전망이다.

서머너즈 워 IP 비즈니스 계획 (출처 : 컴투스 홈페이지 IR자료)

글로벌 e스포츠 대열에 합류

2019년 '서머너즈 워 월드 아레나 챔피언십(SWC)'은 영어, 중국어, 프랑스어 등 15개 언
어로 유튜브, 트위치 등의 플랫폼을 통해 생중계됐다. 개최한 지 3년 만에 생중계 125
만 조회수를 달성하며 명실상부한 e스포츠 종목으로 자리 잡았고, 2018년 월드 파이널
생중계 누적 조회수의 10배에 달하는 조회수를 기록했다. 이로써 글로벌 팬들의 뜨거
운 관심을 확인하며 SWC 브랜드화에 성공했다는 평가를 받았다.

SWC2019 파이널 대진표   챔피언십이 열린 경기장 (출처 : 컴투스 홈페이지)

신작 출시될 때마다 주가 상승, 2020년 신작 기대감!

2020년에는 다양한 신작이 출시될 예정이다. IP 게임으로는 '서머너즈 워 MMORPG', '백년전쟁'을 준비 중이고, '히어로즈워2:카운터어택'은 태국에, '스토리픽'은 국내에 출시했다. 또 '드래곤스카이'는 북남미에, '버디크러시'는 글로벌시장에 진출해 흥행을 기대하고 있다.

게임사의 주가 상승을 이끄는 핵심요소는 신작 게임의 출시 일정이다. 지난 5년간 게임 개발사의 기업가치가 레벨업하는 순간에는 늘 신작이 함께했다. 반대로 출시가 지연되면 여지없이 주가가 큰 폭으로 하락하거나 부진한 흐름을 보였다.

tip

신작 게임, 시장의 실제 반응까지 확인하려면?

신작 게임이 출시되면 언론, 기업공시 자료, 증권사 리포트 등 다양한 매체를 통해 게임에 대한 반응을 직접 확인해보자. 게임 관련 블로그나 카페 등을 참고해 게임 유저들의 반응을 보거나 직접 게임 유저가 되어 테스트를 해본다. 게임업체 IR 주식 담당자와의 대화를 통해 신작 게임의 반응을 살필 수도 있다. 투자자가 얼마나 다양하게 발품을 파느냐에 따라 실제 반응에 대한 신뢰도는 달라질 수 있다. 귀찮아 보이는 확인 및 검증 과정이 기업에 대한 투자가치를 적절하게 판단할 수 있도록 도와주고, 소중한 투자금을 안전하게 지켜줄 것이다.

컴투스도 2019년에 신작이 없어 주가가 정체됐으나, 2020년에는 4종 이상의 게임이 출시될 예정이므로 강력한 기대효과를 바탕으로 상승흐름을 만들어낼 가능성이 높다.

탄탄한 재무구조에 따른 배당확대 가능성 UP!

약 8,000억원 이상의 현금을 보유한 데다, 분기마다 1,000억~1,500억원의 현금이 쌓이는 탄탄한 재무구조를 자랑한다. 이에 따라 순이익 대비 배당 비율인 배당성향에 대한 요구가 높아지고 있는데, 2019년 배당수익률 1.4%보다 좋아질 가능성이 높다. 배당을 준다는 것 자체가 매출과 이익이 검증된 기업이라는 뜻이기 때문에 긍정적인 신호로 해석할 수 있다. 신작 출시로 인한 안정적인 현금흐름, 배당 확대로 인한 주주가치 환원은 타기업과 차별화되는 기업의 가치가 될 것이다.

적극적인 M&A 시도로 포트폴리오 다양화, 주가 기대!

2019년에는 스토리게임 개발사 '데이세븐', 방치형 RPG 개발사 '마나코어'와 '노바팩토리'를 인수했다(마나코어와 노바팩토리는 '노바코어'로 합병됐다). 탄탄한 중소형 게임 개발사를 인수해 장르를 다변화하고 유저 기반을 확대하는 전략이다. 장르 다변화는 게임 개발능력을 확장시키고, 개발능력 자체가 무형자산이 된다. 또한 다양한 유저를 확보하게 되면 매출 상승의 흐름이 생기고, 이에 따라 컴투스의 기업가치가 장기적으로 상승하게 된다.

이처럼 M&A는 매우 긍정적인 신호다. 과거 컴투스는 M&A에 보수적인 태도를 보였지만, 앞으로는 풍부한 순현금을 바탕으로 다양한 분야에 적극적인 M&A를 시도할 것으로 기대된다.

약점은 단일 게임에 대한 높은 의존도, e스포츠 마케팅은 기회!

2018년 10월 야구게임 매출 33% 증가, 자회사 노바코어의 '좀비여고'와 데이세븐의 '워

너비챌린지' 출시 등의 요소는 단일 게임에 대한 의존도를 줄이려는 노력이다.

2019년 3분기 실적에서 영업이익이 바닥 수준이었고 '서머너즈 워' 글로벌 매출순위가 하락했지만, 6년간의 장기 서비스로 효율적인 마케팅 집행이 가능하다는 것을 확인하는 성과를 얻었다. 컴투스의 마케팅 중에는 e스포츠대회가 있다. e스포츠시장 진출은 '서머너즈 워' 이용자를 늘릴 수 있는 좋은 기회다.

체크
리스트

| 1 | ROE, PER, PBR로 종목의 가치를 파악하라!

게임업종 29개 기업 중 9개의 적자기업을 제외한 기업들의 2019년 평균 PER 27.9배, PBR은 2.6배, ROE 16.4%이다. 이에 비해 컴투스의 2019년 PER은 12.37배, PBR은 1.42 배로 PER과 PBR은 상당히 저평가되어 있다. ROE는 평균보다 낮은 12.68%로 다소 아쉬운 수치다.

하지만 2020년에 게임사 주가의 가장 중요한 모멘텀인 신작 출시가 다수 예정되어 있어 ROE는 충분히 개선될 수 있다.

단위 : %, 배

	2015/12	2016/12	2017/12	2018/12	2019/12	2020/12(E)
ROE	34.97	26.53	20.40	16.15	12.68	13.41
PER	11.24	7.39	12.30	12.80	12.37	10.25
PBR	2.95	1.71	2.24	1.88	1.42	1.21

출처 | 네이버 금융(2020.03.24.기준)

현재 ROE는 아쉽지만 신작 출시로 개선 기대

최근 5년간의 주가 흐름을 살펴보면 2018년 6월 1일 최고점인 191,500원을, 2020년

3월 20일 최저점인 68,300원을 기록했다. 최고점 매출액은 4,818억원, 영업이익 1,466억원이었고, 최저점 매출액은 약 5,344억원, 영업이익 1,483억원이다. 매출액과 영업이익은 좋아지는데 주가는 2018년 최고점 대비 약 1/3 낮아졌다.

최근 3년은 신작에 대한 기대감이 낮아지면서 주가가 부진했다. 2019년은 신작 '스카이랜더스' 모바일의 흥행 부진과 신작 모바일 게임 출시 지연으로 특히 흐름이 좋지 않았다. 신작 지연도 중요한 이슈이지만, 가격이 크게 하락한 이유는 코로나19라는 대외변수의 영향이 가장 크다고 본다. 따라서 컴투스의 본질가치를 파악하는 것이 중요하다.

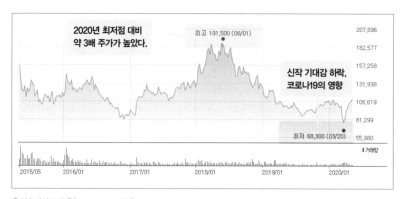

출처 | 네이버 금융(2020.05.08.기준)

tip

게임 산업의 주가는 신작에 대한 기대감이 좌우!
주가 부진 및 하락은 신작 지연에 대한 반응이기 때문에 신작만 예정대로 출시된다면 과거 고PER 부근으로 가치가 상승할 가능성이 높다.

|2| 유사동종업계 경쟁사와 비교하라!

경쟁사와 비교하면 시가총액, 매출 규모는 작지만 영업이익률과 ROE는 규모 대비 상위권이다. 높은 영업이익률과 ROE는 돈을 충분히 잘 벌고 있다는 증거이므로 보다 큰 규모로 올라갈 가능성이 있다. 다만 시가총액이 비슷한 NHN과 비교했을 때 매출액은 약 1/3 수준으로 시가총액에 비해 매출액이 적은 것은 다소 경쟁력이 떨어지는 부분이다. 약 8,000억원이라는 순현금을 M&A, 지식재산권 등의 '확장성'에 투자한다면 매출 상승에 긍정적인 영향을 줄 것이다.

단위 : 억원, %, 배 | 분기 : 2019.12.

	시가총액	매출액	매출액증가율	영업이익	영업이익률	ROE	PER	PBR
컴투스	13,638	4,693	-2.66	1,260	26.84	12.68	12.37	1.42
넷마블	79,190	21,787	7.22	2,027	9.30	3.54	50.68	1.70
NHN	17,080	14,886	15.05	867	5.82	0.78	105.91	0.79
웹젠	6,480	1,761	-24.30	518	29.42	12.74	13.51	1.43

출처 | 네이버 금융(시가총액은 2020.05.29.기준)

신작 부재, 매출 기여도가 높은 '뮤오리진2' 매출 감소, 앱마켓(앱스토어) 제외, 중국 로열티 매출 감소 등의 문제가 지속되어 큰 폭으로 감소했다.

| 3 | 기본 중의 기본! Q(물량), P(가격), C(비용) 가능성을 살펴보라!

여성 유저를 대상으로 한 게임, 스토리 게임 등의 신규 콘텐츠를 출시하면 Q가 확장된다. IP 비즈니스 또한, e스포츠, 소설 등 다각도의 Q 확장으로 연결되고, C 절감에도 유리해 경영 효율이 극대화된다. 개발된 게임의 P는 변동 가능성이 거의 없다고 본다.

| 4 | 실적을 통해 안정성을 확인하라!

과거 5년간 매출액은 평균 4,811억원, 영업이익은 평균 1,650억원이다. 매출액은 2016년 최고 매출액 달성 이후 계속 감소하고 있다. 영업이익도 2017년 최고점 달성 이후 계속 감소하고 있으며, 당기순이익도 2016년 최고점 이후 감소하고 있다.

실적이 계속 감소하면서 컴투스의 주식가격이 저렴해졌다. 중요한 것은 앞으로 컴투스의 매출액과 영업이익 증가 여부이다.

네이버 컨센서스에 따르면 2019년 대비 2020년 매출액증가율 13.3%, 영업이익증가율 16.7%로 컴투스의 본질가치가 재평가될 가능성 매우 높다(2020년 4월 기준). 부채비율 또한 계속 줄어들고 있어 재무건전성은 업종에서 상위권을 유지하며 컴투스 기업가치의 하방경직성을 지지해준다.

단위 : 억원, %

	2015/12	2016/12	2017/12	2018/12	2019/12	2020/12(E)
매출액	4,335	5,130	5,080	4,818	4,693	5,315
영업이익	1,659	1,920	1,946	1,466	1,260	1,469
당기순이익	1,258	1,518	1,424	1,297	1,096	1,308
부채비율	14.37	12.13	10.17	7.67	8.59	7.52

출처 | 네이버 금융(2020.04.06.기준)

실적 감소로 가치평가가 낮아진 상태.
그러나 재평가 기대감 UP!

더블유게임즈

회사
정보

페이스북 게임 '더블유카지노'로 전세계 주목

온라인 게임을 개발하고 서비스하는 글로벌 게임 개발사로, 2012년에 설립되었다. 페이스북 플랫폼의 소셜카지노 게임 '더블유카지노'를 개발해 전 세계 120여 개국에 서비스하고 있다. 웹을 기반으로 하는 페이스북에서 구글 안드로이드, 애플 iOS 등의 모바일 플랫폼으로 확장 중이고, 신작 게임 '테이크 5'를 런칭하며 게임 라인업까지 늘리고 있다.

■ 주요제품 매출구성

모바일 게임	71.42%
PC 게임	25.97%
로열티	2.61%

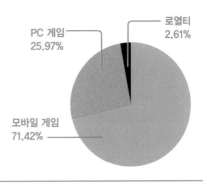

PC 게임
25.97%

로열티
2.61%

모바일 게임
71.42%

출처 | 네이버 금융(2019.12.기준)

◆　소셜카지노(Social Casino) 게임 : SNS에서 상대방과 함께 즐기는 카지노 게임이다. 카지노 게임에 '소셜' 기능이 추가된 것이다. 매일 지급되는 무료 코인을 사용해 무료로 게임할 수 있고, 유료 결제로 게임머니를 충전할 수도 있다. 국내에서 고스톱, 포커 등의 고포류 게임은 웹보드 게임시장으로 보는데, 고포류 게임을 운영하는 게임사는 국내시장에만 한정하고 정부의 규제가 심한 편이다.

회사를 진두지휘하는 김가람 대표

개발자 출신답게 게임 개발 디테일이 살아 있는 것으로 유명하다. 흥행 게임인 '더블유 카지노'를 개발할 때도 이용자의 피드백을 포함한 다양한 데이터를 기반으로 게임 개발 및 수정 작업을 반복하고, 회사 규모가 커진 뒤에도 실무적 지휘를 본인이 전담하는 것으로 알려졌다. 국내 기업 중 유일하게 창업 4년 만에 매출 1,000억원을 달성해 2016년 벤처기업상을 수상했는데 이는 지금까지도 깨지지 않는 최단 기록이다.

투자
근거

세계 3위 소셜카지노 게임 기업, 높은 진입장벽으로 입지 굳히기

소셜카지노 게임은 오프라인 카지노와 온라인 게임의 장점을 극대화한 레저 게임으로 세계 5위 안에 든다. 오프라인 카지노 운영 경험, 오프라인 슬롯머신의 지식재산권 기반이 없이 출발한 유일한 회사다.

소셜카지노시장은 2018년 52억달러로, 연평균 21%의 성장세를 이어왔다. 점차 성장률이 줄기는 하겠지만 연 6% 정도는 유지할 것으로 예상되는 전방산업이다. 상위 15개 업체가 전체시장의 80%, 상위 5개 업체가 전체시장의 64%를 점유하고, 인수합병 이슈를 제외하면 사업자 순위가 변경될 확률이 적어서 한번 흥행궤도에 오르면 매출이 유지되는 경향이 있다.

'더블유게임즈'는 글로벌 소셜카지노 시장점유율 3위 업체다. 2017년 미국 소셜카지노 개발사 더블다운인터액티브(구 디에이트게임즈)를 인수하며 외형과 점유율이 빠르게 성장했다. 최근 국내외 게임회사가 신규 수익원을 확보하기 위해 소셜카지노시장에 진입하려 애쓰고 있지만, 슬롯 콘텐츠 개수, 신규 유저 확보에 대한 비용 등의 진입장벽에 부딪히고 있어 시장에서의 위치는 더욱 굳건해질 전망이다.

더블유게임즈, 더블다운인터액티브 주요제품 (출처 : 금융감독원 전자공시시스템 사업보고서, 2019.03)

2020년 자회사 나스닥 상장으로 시가총액 1조원 기대!

자회사 상장은 시장점유율 상승과 브랜드 가치의 재평가를 불러온다. 일례로 글로벌 소셜카지노 4위 업체인 사이언티픽 게임즈(Scientific Games)는 소셜게이밍 사업부를 분할해 2019년 자회사 사이플레이(Sci Play)를 나스닥시장에 상장했다. 나스닥 상장 가치에 대한 주가 프리미엄으로 PER 51배라는 높은 평가를 받았다.

더블유게임즈는 2020년 자회사 더블다운인터액티브 상장으로 기업가치를 재평가받고, 저평가된 투자지표가 정상화되기를 기대하고 있다. 더블다운인터액티브는 '더블다운카지노'와 '더블다운포트녹스' 등의 인기 소셜카지노 게임을 통해 글로벌시장에서 중요한 위치를 차지하고 있다. 2019년 연간 영업이익 800억원을 달성했고 2020년 미국 나스닥 상장 예정이며 시가총액 규모 1조원을 상회할 가능성이 있다.

마케팅 성과가 기대되는 2020년

유저 트래픽과 결제 패턴 등의 데이터를 분석해서 신규 슬롯 개발은 물론, 마케팅에도 적극적으로 뛰어들고 있다. 초기에는 신규 유저들을 유입하기 위해 마케팅에 힘을 쏟다가, 마케팅 비용을 축소하는 동시에 확보한 유저들의 1인당평균지출금액(ARPU)을 높이는 전략을 실현하면서 영업레버리지 효과를 극대화할 예정이다. 경쟁사에 비해 소극적이었던 마케팅에 새롭게 힘을 싣고 있어, 2020년에 그 효과가 본격적으로 반영되기 시작할 전망이다.

| 1 | ROE, PER, PBR로 종목의 가치를 파악하라!

게임업종 29개 기업 중 9개의 적자기업을 제외한 기업들의 2019년 평균 PER 27.9배, PBR 2.6배, ROE 16.4%이다. 이에 비해 더블유게임즈의 2019년 PER은 8.25배, PBR은 1.3배, ROE는 18.93%로 밸류에이션 지표상 상당히 저평가되어 있다. 특히 수익가치는 평균의 1/3도 안 되는 수준인데도 불구하고 ROE는 18.93%로 월등히 높아 수익성이 뛰어나다고 할 수 있다.

과거 투자지표를 보면 2017년 PER과 PBR이 고점을 찍은 후 지속적으로 하락하는 흐름을 보인다. 또한 최근 4년간 평균 ROE는 약 15.9%로 상당히 양호한 수준이다. 가격은 저렴하고 돈은 잘 버는 더블유게임즈는 투자지표상 매력적인 종목으로 꼽기에 손색없다.

단위 : %, 배

	2015/12	2016/12	2017/12	2018/12	2019/12	2020/12(E)
ROE	16.68		9.04	19.02	18.93	16.19
PER	20.08	14.00	25.50	12.28	8.25	8.56
PBR	2.35	1.66	2.07	1.94	1.30	1.17

PER, ROE
모두 저평가,
수익성 뛰어난
기업

출처 | 네이버 금융(2020.03.24.기준)

과거 주가 흐름에서 최고점은 2019년 5월 10일 78,200원, 최저점은 2016년 11월 25일 30,100원이다. 최고점을 찍은 2019년 매출액은 5,138억원, 영업이익은 1,546억원으로 사상 최대 호실적이었다. 최저점을 찍은 2016년에는 매출액 1,556억원, 영업이익 449억원이었는데, 2016년 11월 당시 중국 게임업체의 부상으로 인한 국내 업체의 경쟁력 우려, 국내 게임시장의 양대산맥인 온라인·PC 게임의 성장률 둔화로 게임 산업의 양적 성장이 종료되었다는 부정적 견해, 게임업종의 전반적 침체, 신작 라인업 부족 등 주가가 하락할 수밖에 없는 구조적인 요인들이 있었다.

2020년 예상 매출액 5,430억원, 영업이익 1,622억원으로 사상 최대의 실적을 기대하고 있어 주가가 빠르게 정상화될 것으로 보인다.

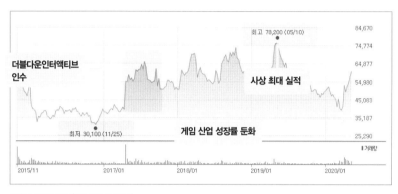

출처 | 네이버 금융(2020.05.08.기준)

| 2 | 유사동종업계 경쟁사와 비교하라!

경쟁사와 모든 투자가치 지표를 비교해봐도 가장 매력적이다. PER, PBR이 저평가되어 있고 영업이익률과 ROE가 1등이다.

매출액증가율은 다소 작아 보이지만, 2020년 신작 '부귀금성'으로 4,000억원 규모의 대만시장에서 매출이 증가할 것으로 보이며, 하이퍼—슬롯 장르(캐쥬얼+소셜카지노) 개발, 2020년 소셜카지노 모바일시장의 성장은 10% 이상으로 예측되며 가치평가가 긍정적으로 이루어질 것으로 보인다.

단위 : 억원, %, 배 | 분기 : 2019.12.

	시가총액	매출액	매출액증가율	영업이익	영업이익률	ROE	PER	PBR
더블유게임즈	12,238	5,138	5.99	1,546	30.09	18.93	8.25	1.30
위메이드	5,258	1,136	−11.88	−93	−8.21	−4.03	N/A	2.05
네오위즈	4,821	2,545	15.32	326	12.80	7.78	15.36	1.12
웹젠	6,480	1,761	−24.30	518	29.42	12.74	13.51	1.43

출처 | 네이버 금융(시가총액은 2020.05.29.기준)

경쟁사 대비 영업이익률,
ROE 모두 1등!

| 3 | 기본 중의 기본! Q(물량), P(가격), C(비용) 가능성을 살펴보라!

소셜카지노 게임의 특징은 라이프사이클이 길다는 것이다. 일반 게임처럼 메인스토리, 전투, 레벨업 시스템 등의 문제로 이용자가 감소할 일이 적다. 실제로 미국 TOP10 모바일 게임의 평균 서비스 기간이 37.4개월인 반면, 소셜카지노는 56.1개월이었다. 주고객의 연령도 40대 이상으로, 이용자 이탈이 적고 구매력이 높은 특징이 있어 Q 증가가 안정적으로 유지되는 메리트가 있다. 향후 대만 진출로 추가 성장 가능성도 높다. 대만 소셜카지노시장은 2,000억~3,000억원 규모로 상위 3개 업체가 전체시장의 60~70%를 점유하고 있다. 경영진의 M&A 시도 또한 신규 Q의 성장을 기대하게 만든다.

효율적인 마케팅으로 C의 효과도 얻었다. 경쟁사 사이플레이가 2018년에 사용한 마케팅 비용이 매출액의 26.4%인 반면, 더블유게임즈는 매출액의 13.8%만 사용했다. 2배 이상의 비용을 절감하면서도 매출액은 사이플레이를 앞섰고, 영업이익은 약 3배 이상 앞질렀다.

| 4 | 실적을 통해 안정성을 확인하라!

최근 5년 동안 매출액과 영업이익이 매년 성장하는 이상적인 성장형 기업의 모습이다.

특히 2017년 더블다운인터액티브를 인수하며 외형이 커지면서 영업이익이 폭발적으로 증가했다. 부채비율 또한 2017년 146.45%에서 2019년 66.07%까지 하락하면서 재무구조가 안정되는 모습이다.

2020년 코로나19 사태에도 소셜카지노는 게임 이용 시간 증가가 오히려 늘어나는 모습을 보이면서 충성도 높은 기존 이용자들을 기반으로 안정적으로 매출 흐름을 이어가고 있다. 이런 점에서 저평가된 밸류에이션은 오히려 프리미엄을 주어야 마땅하다.

단위 : 억원, %

	2015/12	2016/12	2017/12	2018/12	2019/12	2020/12(E)
매출액	1,224	1,556	3,193	4,830	5,138	5,430
영업이익	319	449	810	1,358	1,546	1,622
당기순이익	342	487	356	878	1,103	1,172
부채비율	3.88	15.53	146.45	92.33	66.07	53.21

출처 | 네이버 금융(2020.03.27.기준)

코로나19 여파로 이용 시간 증가, 매출 안정세

미디어 산업

바야흐로 방구석 영화관 시대, 글로벌 OTT 기업들의 전쟁!

대표적인 글로벌 OTT* 플랫폼인 '넷플릭스'가 미국 시장에서 성공을 거둔 뒤 글로벌시장으로 확장하기 위해 노력하고 있다. 월트 디즈니는 '디즈니 플러스'를 선보였고 애플은 '애플TV 플러스' 서비스를 시작했다. AT&T 역시 'HBO 맥스'를 출시해 글로벌 미디어 업계의 경쟁은 더욱 치열해질 것으로 예상된다.

주요 OTT 플랫폼이 아시아에 진출하면서 국내 콘텐츠 제작업체가 콘텐츠를 공

◆ OTT(Over the Top) : 온라인을 통해 영화, 드라마 등 미디어 콘텐츠를 제공하는 서비스를 말한다.

급할 가능성이 높아졌다. 전 세계를 상대로 서비스하는 만큼 수준 높은 콘텐츠를 요구하기 때문에 고품질의 VFX, CG◆ 기술 또한 불가피하게 필요해지기 때문이다. 이처럼 미디어 콘텐츠 산업이 발전함에 따라 국내 미디어 콘텐츠 기업들이 전방위에서 수혜를 받을 것으로 기대된다.

'미디어 콘텐츠 파워' 실감하며 포트폴리오 쌓는 통신사들

국내 통신사 역시 미디어 사업 확장에 나섰다. 2019년 9월 SK텔레콤의 '옥수수(Oksusu)'와 지상파 3사의 '푹(Pooq)'을 통합하여 '웨이브(wavve)'가 나왔고, LG유플러스는 CJ헬로를 인수하며 콘텐츠 투자에 대한 의지를 밝혔다. 무선 부문 성장 한계에 부딪친 통신사들이 새 대안으로 미디어와 콘텐츠의 융합을 꾀하고 있는 것이다.

CJ ENM 계열 PP(방송채널사용사업자)의 방송 사업자 시청점유율은 2018년 기준 13%이고, 종합편성채널 PP 중 1위

■ 2018년 방송사업자 시청점유율 비중

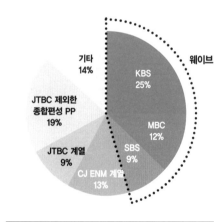

기타 14%

JTBC 제외한 종합편성 PP 19%

JTBC 계열 9%

CJ ENM 계열 13%

웨이브

KBS 25%

MBC 12%

SBS 9%

출처 : 방송통신위원회

◆　VFX(시각효과, Visual Effects) : 존재할 수 없는 장면이나 촬영하기 어려운 장면 등을 구현하기 위한 특수효과다. CG(컴퓨터 그래픽, Computer Graphics) : 컴퓨터 기술을 통해 도형, 그림, 사진 등 시각적 요소를 생성하는 제작 기술을 일컫는다.

인 JTBC 계열은 9%로 둘을 합산하면 22%가 된다. 이는 국내 1위 규모인 KBS와 비슷한 수준이다. 게다가 CJ ENM과 JTBC는 합작 법인을 통해 자체 OTT 서비스를 출시할 예정이므로 콘텐츠 포트폴리오를 더욱 확대하며 경쟁력을 높일 수 있다.

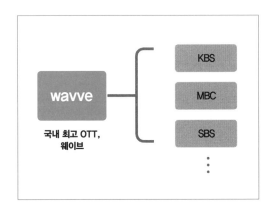

대규모 제작비 = 흥행 보증 수표는 옛말! 종편 중심의 중예산 드라마가 뜬다!

2019년부터 중간 광고가 허용되며 지상파 방송사들은 경쟁력이자 이미지 제고 차원에서 가장 핵심적인 콘텐츠로 꼽히는 드라마에 대한 투자를 늘릴 수 있게 되었다. 드라마는 방송 콘텐츠 중 시간당 제작비가 가장 많이 들어가는 콘텐츠라 종합편성채널은 뉴스와 예능을 중심으로 편성해왔다. 이는 방송통신위원회의 재승인 심사에서 감점 요인이었기 때문에 드라마 편성을 추가하고 있는 추세다.

이른바 '작가빨'이 통하지 않는 드라마가 늘어나면서 작가 매니지먼트업체와도 같았던 외주 제작사의 핵심역량이 다변화되고 있다. 스타 작가는 여전히 드라마 성공에 있어 중요한 요소이지만 연출, 시나리오로 성공적인 중예산 드라마를 제작할 수 있는 여건을 가진 업체들의 약진이 전망된다.

흥행 필수 요소가 된 시각특수효과,
어디까지 성장할 수 있을까?

최근 VFX를 적용한 다수의 영화, 드라마가 등장하면서 시각특수효과는 흥행의 필수 요소로 자리 잡고 있다. VFX 기술력 향상으로 이미지의 자연스러운 영상화가 가능해지자 국내 주요 웹툰업체들까지 드라마시장으로 진출하고 있다. 상상 속에나 존재하던 판타지를 구현하거나 웹툰을 실사화 할 때 시각특수효과는 필수불가결한 요소이며 이는 곧 VFX 업계의 성장으로 이어진다. 여기에 글로벌 OTT 기업들의 콘텐츠 투자까지 더해져 더욱 우호적인 환경이 조성됐다.

미디어시장의 대세로 떠오른 유튜브

많은 기업들이 콘텐츠 투자에 열을 올리고 있을 때 자발적으로 콘텐츠를 확보하여 승승장구하고 있는 기업이 있다. 바로 1인 크리에이터 OTT 플랫폼인 '유튜브'다. 유튜브는 2018년 기준 국내 모바일 동영상 앱 점유율 85.4%로 압도적인 1위이며, 월 이용자수는 20억명에 달한다.

유튜브를 통해 전 세계 이용자들이 동영상 콘텐츠를 공유하고 있다.
(출처 : 유튜브 홈페이지 및 유튜브 아기오리 종이접기 채널)

유튜브의 거침없는 질주는 1인 크리에이터시장을 성장시켰다. 유튜브는 광고를 기반으로 동영상 서비스를 제공한다. 편집되어 있는 동영상 내 광고비의 45%를 유튜브가 순매출로 인식하고, 나머지 55%를 크리에이터가 수취하는 수익 구조를 가졌다. 콘텐츠 직접 투자나 제작이 아닌 광고료를 수익 기반으로 하는 시청자 참여형 업로드 방식이기 때문에 콘텐츠의 확장성이 무한하다.

공동 제작, 판권 판매로 중국 틈새시장 공략!

중국 정부의 한한령 조치에도 불구하고 국내 방송 프로그램에 대한 중국의 수요는 지속됐다. 이에 중국 정부는 소비를 늘리기 위해 서비스업에 대한 규제를 전반적으로 완화할 전망이다. 중국 정부 규제의 기본적인 방향은 중국의 산업정책상 국산화율 증가다. 쉽게 설명하자면 다른 국가의 인기 있는 콘텐츠를 사다 쓰거나 베끼는 것이 아니라 중국 내 크리에이터의 역량으로 자체적인 콘텐츠 제작 비율을 높이겠다는 의미이다.

제조업과 서비스업을 중심으로 외국인의 직접적인 투자가 늘어나면서 앞으로 중국 정부는 규제를 강화하기보다는 자국 산업 성장과 내수 개방 모두를 손에 쥐고 갈 가능성이 높다. 중국 정부의 규제라는 리스크는 여전히 존재하지만 공동 제작과 판권 판매로 틈새시장을 공략하며 최근 2~3년보다 앞으로 더 활발히, 더 많은 미디어 콘텐츠를 수출할 가능성이 높다.

리스크

플랫폼이 다양해지면 콘텐츠 제작사들은 지식재산권을 확보할 수 있다. 그러나 외주 제작사들의 수익 배분 목소리가 높아지며 마진 하락이 예상되고 있다. 수익 배분에 대한 요구가 증가하는 것은 수요자보다 공급자에 힘이 실리고 있음을 증명하는 것이다.

그럼에도 불구하고 미디어 산업의 성장주가 될 TOP3 기업인 스튜디오드래곤, 에코마케팅, 위지윅스튜디오에 대해 알아보도록 하자.

스튜디오드래곤

드라마 제작사 스튜디오드래곤은 미드(미국 드라마) 못지않은 차별화된 스토리와 장르의 시도로 시청자의 눈길을 사로잡아 '믿고 보는 드라마'의 계보를 이어가며 국내 드라마 산업을 주도하고 있다.

회사 정보

국내 최대 드라마 제작사, CJ ENM 드라마사업본부가 전신!

스튜디오드래곤은 2016년 5월 CJ ENM의 드라마사업본부가 분할하며 신설된 회사다. 드라마 콘텐츠를 기획 및 제작해 미디어 플랫폼에 배급하고 VOD, OTT 등을 통한 유통 및 부가 사업을 진행하고 있다. tvN의 〈도깨비〉, 〈미스터 션샤인〉, 〈사랑의 불시착〉 등 완성도와 화제성을 모두 갖춘 드라마를 지속적으로 선보이며 전통 미디어뿐 아니라 뉴 미디어에까지 영향력을 넓히고 있다. 해외 로컬 제작사, 방송사들과 파트너십을 맺으며 현지화를 확대 중이다.

매출구성에서 드라마 판매는 드라마의 국내외 판매로 매출이 발생한 것을 말하며, 드라마 편성은 드라마를 제작하고 방송사에 편성하여 매출이 발생한 것을 말한다. 기타에는 드라마 소품을 협찬하여 발생하는 간접광고 매출 및 DVD, OST, MD 상품, 매니지먼트 수익 등이 포함된다.

■ 주요제품 매출구성

드라마 판매	46.78%
드라마 편성	44.52%
기타	8.70%

드라마 판매 및 편성 수익이 매출의 약 91%를 차지한다.

기타
8.70%

드라마 판매
46.78%

드라마 편성
44.52%

출처 | 네이버 금융(2019.12.기준)

국내 30대 기업 상장 계열 중 유일한 여성 CEO 최진희

최진희 대표는 스튜디오드래곤이 국내 드라마시장 최상위 포식자로 등극할 수 있었던 1등 공신이다. 드라마 제작의 핵심역량은 인재의 상상력과 노하우라는 판단 아래 2020년 2월말 기준 197명에 이르는 국내 최고 크리에이터 군단을 확보했다.

텐트폴 작품*을 넷플릭스에 판매하여 콘텐츠의 해외 유통 판로를 성공적으로 개척했으며, 현재 글로벌 사업자와 공동 제작 및 해외 리메이크 제작을 확대하여 2021년까지 해외 매출 비중을 50%까지 끌어올릴 계획이다.

◆ 텐트폴(Tentpole) 작품 : 흥행이 예상되어 제작사의 수익을 보장해주는 작품을 뜻한다.

양질의 대작 콘텐츠로 '드라마의 영화화' 트렌드 선도

스튜디오드래곤은 197명의 크리에이터, 152편의 지식재산권 라이브러리를 보유한 국내 최대 드라마 제작사로, 2019년 동안 31편의 드라마를 제작하는 등 꾸준히 포트폴리오를 강화하고 있다. 2016년에는 국내 최초의 미국 드라마 리메이크작인 〈굿와이프〉를 제작했으며 2020년 2월 종영한 〈사랑의 불시착〉은 시청률 21.7%를 기록하며 tvN 드라마 역대 최고 시청률을 달성하기도 했다.

스튜디오드래곤은 영화 제작사인 '무비락'의 지분을 인수해 '드라마의 영화화'라는 글로벌 트렌드를 선도하며 플랫폼 다각화 전략으로 지상파 편성을 늘리고 있다.(2019년 〈봄밤〉, 〈의사요한〉을 지상파에 공급한 데 이어 2020년 〈더 킹: 영원의 군주〉를 방영했다.) 지상파가 양질의 대작 콘텐츠를 확보하기 위해 이전보다 적극적으로 나서고 있어 뛰어난 제작 역량을 갖춘 스튜디오드래곤의 성장이 예상된다.

수익 극대화 3단계 전략을 디딤돌 삼아 100여 개 국가로 수출

스튜디오드래곤은 글로벌 로드맵을 크게 3단계로 구분해 그리고 있다. 먼저 아시아를 중심으로 콘텐츠를 제공해 지식재산권을 판매한다. 시장의 확대로 국내 콘텐츠에 대한 수요가 늘어나면 콘텐츠의 판매가도 올라 글로벌 사업자와의 공동 제작이 확대된다. 공동 제작은 현지 제작으로 이어져 자연스럽게 지식재산권으로 인한 수익이 늘어나 매출이 극대화될 수 있다.

스튜디오드래곤은 2019년 상반기 기준 6개 국가와 공동 제작 및 100개국 이상으로 판매 지역을 확대했으며 지난 3년간 넷플릭스에 다수의 콘텐츠를 공급해왔다. 따라서 향후 국내시장에 진출할 글로벌 OTT 서비스와의 협상에서 유리할 뿐만 아니라 현재 추진 중인 할리우드 조인트 벤처* 설립 역시 북미시장 공동 제작으로 이어질 수 있다.

돈 버는 지식재산권을 활용해 '내실 경영'에 집중

드라마 제작사에 투자를 망설이는 가장 큰 요인은 고르지 못한 제작 편수로 인해 이익의 변동성이 크다는 데 있다. 그러나 스튜디오드래곤은 문화창고, 화앤담픽쳐스, KPJ, 지티스트 등의 제작사를 인수해 콘텐츠 기반을 넓히면서 로드맵을 벗어나지 않고 제작 편수를 유지하고 있다. 또한 신인 크리에이터 발굴 및 제작사 인수를 통해 지식재산권 활용의 선순환이 가능하다.

스튜디오드래곤은 콘텐츠 기획, 자금 조달, 제작, 판매 및 유통 등 모든 과정을 총괄하고 있어 안정적이며 내부 크리에이터와 제작사의 성장이 스튜디오드래곤의 수익으로 이어지는 구조를 띤다. 지식재산권을 해외에서 리메이크할 시 기존 크리에이터 협업에서 자유로울 수 있으며, 글로벌 공동 제작에서 안정적인 비즈니스가 가능하다는 점 또한 차별화된 경쟁력이다.

스튜디오드래곤은 드라마 제작으로 글로벌 콘텐츠시장에서 영향력을 확대하고 있다.
(출처 : 스튜디오드래곤 홈페이지)

◆　조인트 벤처(Joint Venture) : 특정 목적을 달성하기 위하여 여러 기업이 공동으로 세우는 기업을 말한다.

| 1 | ROE, PER, PBR로 종목의 가치를 파악하라!

스튜디오드래곤의 ROE는 2017년부터 2020년 최근 평균값이 약 9%에 이를 정도로 꾸준히 높은 수준을 유지하고 있어 안정적이다. 특히 2020년 ROE는 약 11%로 증가할 것으로 기대된다.

PER은 현재 주가/EPS(주당순이익)◆이다. 현재 스튜디오드래곤의 주가가 저렴한 상태이고 예상 EPS도 커지는 상황이라 2020년 예상 PER이 매우 낮아졌다. 2018년과 2019년에 높은 PER로 인해 주가에 부담이 되었다면 2020년에는 PER이 과거 대비 크게 낮아져 밸류에이션이 상승할 가능성이 있다.

단위 : %, 배

	2015/12	2016/12	2017/12	2018/12	2019/12	2020/12(E)
ROE			9.45	9.31	6.37	11.00
PER			61.90	72.30	85.93	43.87
PBR			4.95	6.46	5.31	4.58

**PER이
낮아지는 추세**

출처 | 네이버 금융(2020.04.16.기준)

과거 주가 흐름을 살펴보면 스튜디오드래곤은 2018년 7월 13일 최고점인 123,500원을, 2019년 8월 9일 최저점인 50,900원을 기록했다. 최고점이던 2018년 7월은 한한령이 풀리는 분위기였고 넷플릭스에 〈미스터 션샤인〉이 판매되며 다수의 드라마가 높은 인기를 자랑하는 상황이었다.

◆ EPS(주당순이익)에 대한 설명은 207쪽 참고.

반면 최저점이던 2019년 8월은 투자 대비 효율성에 대한 기대감이 상당히 높게 반영되어 있는 것으로 보여 시장 추정치를 뛰어넘기 어렵다고 보는 견해가 많았다. 제작단가 인상에 따른 원가율 상승은 이익률을 떨어뜨렸고 밸류에이션에 대한 부담이 계속 논란이 되었다.

스튜디오드래곤은 2020년 매출액 약 5,736억원, 영업이익 약 616억원을 예상하고 있다. 예상 실적이 크게 벗어나지만 않는다면 우상향의 흐름을 보일 가능성이 높다.

출처 | 네이버 금융(2020.05.08.기준)

| 2 | 유사동종업계 경쟁사와 비교하라!

스튜디오드래곤은 유사동종업계에 비해 시가총액이 큰 편인 데다가, 가장 중요하다고 할 수 있는 영업이익률과 ROE 모두 높게 나타났다. 한마디로 투자금을 효율적으로 활용하며 영업을 잘하고 있고, 업계 내에서 돈을 잘 벌고 있다는 의미이다.

매출액증가율이 두 번째로 높다는 것은 작년보다 올해 버는 돈의 양도 늘고 속도도 더 빨라졌다는 의미로 볼 수 있다. 이는 스튜디오드래곤만의 차별화된 투자가치이며 이익 및 재무건전성이 상대적으로 좋기 때문에 주가 프리미엄도 가능해 보인다.

	시가총액	매출액	매출액증가율	영업이익	영업이익률	ROE	PER	PBR
스튜디오드래곤	21,409	4,687	20.80	287	6.12	6.37	85.93	5.31
제이콘텐트리	4,883	5,542	6.49	354	6.39	0.34	494.42	1.72
CJ ENM	26,534	37,897	28.06	2,694	7.11	3.65	33.57	1.06
NEW	1,133	1,492	−23.81	−81	−5.46	−7.52	N/A	1.00

출처 | 네이버 금융(시가총액은 2020.05.29.기준)

시가총액도 크고, 영업이익률과 ROE도 높은 편

| 3 | 기본 중의 기본! Q(물량), P(가격), C(비용) 가능성을 살펴보라!

국내외 OTT 기업들의 투자 증가 추세를 보아 스튜디오드래곤의 콘텐츠 제작 Q 증가는 매우 긍정적인 상황이다. 2020년 본격적으로 국내 콘텐츠를 집행할 예정인 글로벌 OTT업체들의 확장은 제작 Q 증가에 더욱 힘을 실어주고 있다.

드라마 제작사가 해외 사업에 집중하는 이유는 제작편수 Q와 판매단가 P를 동시에 증가시키기 위함이다. 일반적인 산업재와 달리 콘텐츠는 추가 판매에 원가가 새로 투입되지 않으면서 해외 판매가 높아 이익 증가에 긍정적이다.

스튜디오드래곤의 해외 매출은 2016년 22%에서 2019년 35%까지 성장하며 2021년에는 50% 이상에 달할 것으로 예상된다. 글로벌 OTT 기업들은 여러 나라에 콘텐츠를 공급하려고 하기 때문에 해외 판매로 인한 Q와 P의 증가는 뒤따라올 수밖에 없다.

| 4 | 실적을 통해 안정성을 확인하라!

실적의 지표를 보는 핵심은 방향성에 있다. 매출액, 영업이익, 당기순이익은 당연히 지속적으로 올라가는 방향성을 가진 기업이 투자가치가 있는 것이고, 우리는 이러한 기업들의 성장성에 투자해 수익을 얻을 수 있는 것이다.

스튜디오드래곤은 최근 4년간 매출액이 지속적으로 증가했고, 영업이익과 당기순이익
또한 증가하는 흐름을 보였다. 부채비율은 일반적으로 100% 이하를 안정적이라고 보
는데 최근 4년 동안 단 한 번도 100%를 넘지 않았기에 재무구조 또한 안정적이라고 볼
수 있다.

단위 : 억원, %

	2015/12	2016/12	2017/12	2018/12	2019/12	2020/12(E)
매출액		1,544	2,868	3,796	4,687	5,622
영업이익		166	330	399	287	592
당기순이익		81	238	358	264	499
부채비율		77.82	24.70	27.68	35.80	33.07

돈 버는 양도
속도도 높아지는
추세

출처 | 네이버 금융(2020.04.16.기준)

에코마케팅

회사
정보

점점 커지는 온라인 광고시장, 동영상 광고 수혜주!

에코마케팅은 온라인 광고대행업 중 광고 제작과 광고 매체 대행을 모두 수행하는 온라인 종합광고대행사이다. 2003년 3월 티엔티커뮤니케이션으로 설립했고 2004년 9월 시스템 컨설팅 및 이메일 마케팅 대행을 시작하면서 상호를 에코마케팅으로 변경했다. 에코마케팅은 '비디오커머스◆'로 광고주 매출을 올리며 성공사례를 축적하고 있다.

■ 주요제품 매출구성

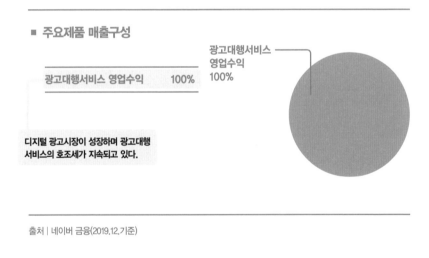

광고대행서비스 영업수익	100%

광고대행서비스
영업수익
100%

디지털 광고시장이 성장하며 광고대행
서비스의 호조세가 지속되고 있다.

출처 | 네이버 금융(2019.12.기준)

◆　비디오커머스 : 비디오(Video)와 상업을 뜻하는 커머스(Commerce)의 합성어로, 동영상 콘텐츠를 통해 마케팅하는 것을 말한다.

매출구성의 100%를 차지하고 있는 광고대행서비스는 광고주를 대신해 광고물을 기획 및 제작하고, 제작한 광고물을 전달하기 위해 매체사에 돈을 집행하는 것을 전문으로 하는 것이다.

'퍼포먼스 마케팅' 개념 최초 도입한 CEO 김철웅

에코마케팅은 광고주의 매출 극대화라는 목표 달성을 위해 마케팅을 지원하는 '퍼포먼스 마케팅'이라는 개념을 처음 도입한 기업이다. 광고 성과를 기반으로 수익을 낸다는 점에서 무엇보다도 인재가 중요했다. 은행원 출신인 김철웅 대표는 유연한 조직문화를 조성하며 신입사원을 키우는 데 매진했다고 한다. 그 결과 상장원년인 2016년 166억원에서 2019년 1,184억원으로 매출을 늘리는 데 성공했다.

투자
근거

효과적인 타깃 광고 진행!
광고주당 광고비 증가!

대량의 데이터를 분석해 마케팅 솔루션을 제시할 수 있는 온라인 전문 광고 컨설팅 업체 수가 많지 않아 시장 성장에 따른 광고 수주경쟁력은 당분간 지속될 것으로 보인다. 사실상 광고주 수에는 변화가 없으나 고액 광고주 수는 2019년 기준 51개로 계속 증가하고 있다. 이는 기존 광고주들이 광고 예산을 증대했다는 걸 의미한다.

광고주에게 가장 효과적인 타깃과 미디어를 선별해 광고를 노출하는 퍼포먼스 마케팅이 각광받고 있고, 소비 경기의 둔화로 지상파 TV 광고를 줄이며 효율적으로 광고하려는 수요가 커지고 있다. 이에 에코마케팅은 15년간의 축적된 데이터로 세밀하고 정교한 타기팅이 가능해 광고주당 광고비 증가가 지속될 전망이다.

고객을 기다리는 광고? 고객을 따라다니는 광고!

국내 디지털 광고시장이 검색 광고에서 디스플레이 광고[*] 중심으로 확대되면서 국내 프로그래매틱 광고[**] 시장이 커지고 있다. 에코마케팅은 머신러닝을 통한 실시간 입찰로 광고주의 매출을 극대화하고 대량의 데이터를 실시간으로 수집 및 관리하는 빅데이터 컨설팅 센터를 운영하여 시장 선점 효과를 누리면서 성장할 것으로 보인다.

2020년 국내 비디오 광고시장은 전년 대비 40% 증가했고 시장 규모가 9,000억원 수준까지 커져 전체 디지털 광고시장의 20%까지 확대될 전망이다. 전체 광고주의 캠페인 중 유튜브, 페이스북, 인스타그램 등 동영상 광고가 차지하는 비중이 약 80%까지 확대되면서 전체 실적 성장을 주도하고 있다. 이처럼 동영상 매체를 기본으로 여기는 디지털 광고시장의 트렌드는 지속될 것으로 보인다.

현재 비디오커머스 업계 1위는 블랭크코퍼레이션이다. 1위 기업의 장기 기업가치가 상승할수록 2, 3위권 기업도 주목을 받는다. 이는 결국 에코마케팅에도 긍정적으로 작용할 수 있다.

베스트셀러 상품으로 자회사인 데일리앤코도 성장

2018년 7월 출시된 클럭(Klug) 미니 마사지기가 뜨거운 사랑을 받으며 자회사인 데일리앤코의 매출이 350억원까지 증가했다.

◆　검색 광고(Search Advertising) : 특정 키워드 검색 시 상단에 노출해 돋보이게 하는 광고 방식이다.
　　디스플레이 광고(Display Advertising) : 이미지, 동영상 등 배너를 노출해 집중을 유도하는 광고 방식이다.

◆◆　프로그래매틱 광고(Programmatic Advertising) : 프로그램이 이용자의 검색 경로, 검색어 등의 빅데이터를 분석하여 이용자가 필요로 하는 광고를 띄워주는 광고 기법을 말한다.

미니 마사지기로 인지도를 높인 브랜드 '클럭'은 판매가 증가함은 물론이거니와 재구매율이 높아 스테디셀러로 자리 잡은 것으로 보인다. 기존 올리브영 340개 점포 외에 홈쇼핑 판매도 진행하며 판매채널을 확대할 예정이다.

마케팅 역량과 시너지를 발휘한 자회사 제품
(출처 : 클럭 공식 온라인 스토어)

사업 아이템과 판매채널 넓히며 글로벌시장 진출에 본격 시동

에코마케팅이 90%의 지분율을 가지고 있는 싱가포르 법인이 데일리앤코의 지분율을 10% 갖게 되면서 데일리앤코의 핵심아이템 클럭의 해외 영업이 더욱 박차를 가할 것으로 보인다. 또한 주주친화정책의 일환으로 분기배당제도◆가 도입된 데다 셀프 네일업 체인 글루가(GlluGa)의 지분 20% 인수를 공시하며 신규 사업 아이템을 확대하는 등 수익을 극대화하고 있다.

체크
리스트

| 1 | ROE, PER, PBR로 종목의 가치를 파악하라!

에코마케팅의 최근 5년간 평균 ROE는 약 24.4%로 매우 높고 유사동종업계와 비교해봐도 최상위권이다. 더 쉽게 설명하자면 1,000원을 투자하면 244원의 이익을 남기고, 이렇게 5년 안에 벌어들이는 이익으로 내가 투자한 돈을 회수하고도 남는다는 뜻이다. 2019년에 역대 최대 ROE를 기록했고, 2020년 예상치는 다소 낮아지긴 했으나 약 27.58%로 여전히 매력적인 수치를 보인다.

◆   분기배당제도 : 분기별로 결산실적에 따라 1년에 최고 4차례의 배당을 할 수 있도록 하는 제도이다.

PER은 현재 주가/EPS(주당순이익)이다. 에코마케팅은 PER이 지속적으로 낮아지는 추세를 보였는데, 이 말은 현재 주가가 계속 싸지거나 EPS가 계속 커진다는 뜻이다. 에코마케팅은 2019년까지 우상향의 주가 흐름을 보였다. 2020년 매우 낮은 예상 PER을 보이고 있으므로 투자가치가 높을 것으로 예상한다.

단위 : %, 배

	2015/12	2016/12	2017/12	2018/12	2019/12	2020/12(E)
ROE	44.63	14.18	10.94	19.46	32.65	27.58
PER		24.34	18.60	12.02	16.52	13.14
PBR		2.55	2.00	2.13	4.89	3.29

EPS(주당순이익)가 커져서 PER이 낮아지는 추세

출처 | 네이버 금융(2020.04.16.기준)

과거 주가 흐름을 살펴보면 에코마케팅은 2017년 9월 22일 최저점인 7,808원을, 2019년 5월 31일 최고점인 44,800원을 기록했다. 최저점이던 2017년 9월은 사드 이슈로 국내 광고주들의 중국 광고 집행이 지연되고, 인건비, 주식보상비용 등의 고정비가 상승하여 3개 분기 연속 감익과 기존 인력들의 이탈현상 등으로 주가가 하락하는 흐름을 보였다.

클릭 미니 마사지기의 메가히트로 최고점 기록

국내 광고주들의 중국 광고 집행 지연, 고정비 상승 등으로 최저점 기록

최고 44,800 (05/31)

최저 7,808 (09/22)

출처 | 네이버 금융(2020.05.08.기준)

최고점이던 2019년에는 1분기 실적에서 전년 대비 100% 이상의 폭발적인 실적 성장세를 보이며 미디어·광고업종 최고의 성장주로 재조명을 받았다. 클럭 미니 마사지기가 메가히트로 매출액을 달성하면서 에코마케팅의 광고주들이 광고비를 대대적으로 증액하던 초호황의 시기였다. 현재 에코마케팅의 주가를 보면 밸류에이션이 저평가되어 있는 것을 확인할 수 있다.

| 2 | 유사동종업계 경쟁사와 비교하라!

에코마케팅은 영업이익률과 ROE 모두 유사동종업계 대비 가장 높은 수준이다. 미디어 산업뿐만 아니라 모든 산업으로 봐도 엄청난 이익률이라고 생각한다. 2019년 매출액증가율 47.55%도 유사동종업계 대비 압도적으로 높다. 이는 에코마케팅이 돈을 잘 벌 뿐만 아니라 더 빠르게 벌고 있다는 뜻이기도 하다.

이익 대비 저평가를 나타내는 PER은 지표상 유사동종업계의 평균보다도 낮은 수준이다. 미래는 예측할 수 없는 것이지만 주식의 가격과 에코마케팅의 기업가치가 차이나는 부분은 정상적으로 돌아올 것이라고 생각한다.

단위 : 억원, %, 배 | 분기 : 2019.12.

	시가총액	매출액	매출액증가율	영업이익	영업이익률	ROE	PER	PBR
에코마케팅	6,172	1,114	47.55	378	33.98	32.65	16.52	4.89
제일기획	19,097	34,217	−1.64	2,058	6.02	15.09	20.04	2.57
이노션	10,340	12,743	3.98	1,219	9.56	9.88	19.26	1.86
나스미디어	2,688	1,170	8.96	306	26.12	15.07	14.16	2.00
인크로스	2,312	345	11.76	122	35.43	14.48	21.74	2.81

출처 | 네이버 금융(시가총액은 2020.05.29.기준)

주가가 가치를 따라잡지 못한 저평가 상태

| 3 | 기본 중의 기본! Q(물량), P(가격), C(비용) 가능성을 살펴보라!

글로벌 미디어사의 등장으로 동영상 광고시장 규모가 커지고 있어 소형 광고주(지역 광고주 등)와 광고 채널 보유 매체사(유튜브, 지상파 방송사 등)의 시장 진입이 더욱 활발해지고 있다. 치열한 경쟁으로 인해 광고비 P가 낮아지고 Q는 늘어나며 디지털 광고시장의 점유율이 빠르게 올라가는 중이다.

산업이 성장하면서 네이버, 카카오와 같은 대형 광고주들이 진입해 시장 규모를 키우고 있다. 현재 동영상 광고는 디지털 광고시장에서 11% 수준이지만 향후 매우 크게 증가할 것으로 기대된다. 이로써 프로그래매틱시장의 Q가 확대될 것으로 전망된다.

| 4 | 실적을 통해 안정성을 확인하라!

에코마케팅의 안정적인 실적 흐름은 성장세 기업의 전형적인 모습이다. 2016년부터 4년 연속으로 매출액과 영업이익, 당기순이익이 꾸준히 증가하며 실적 안정성을 증명했다. 부채비율은 가장 기본적으로 보는 재무지표 중 하나이다. 최근 5년 연속 100%를 크게 하회하는 수준인 것으로 보아 에코마케팅의 재무건전성은 상당히 뛰어나 보인다.

다만 2020년 코로나19라는 국제적 이슈는 에코마케팅의 2020년 실적에도 영향을 미칠 것으로 보인다. 2020년 실적 성장세가 다소 주춤할 수는 있으나 에코마케팅의 기업 가치의 펀더멘털에는 변함이 없기 때문에 성장 흐름이 꺾였다고 볼 수는 없다.

단위 : 억원, %

	2015/12	2016/12	2017/12	2018/12	2019/12	2020/12(E)
매출액	197	166	241	621	1,114	1,117
영업이익	102	68	79	169	378	392
당기순이익	93	67	76	160	334	339
부채비율	50.53	14.89	29.15	33.55	27.55	24.28

코로나19 영향으로 매출은 잠시 주춤할 듯

출처 | 네이버 금융(2020.04.16.기준)

위지윅스튜디오

회사
정보

국내 최초 월트 디즈니 특수효과 협력사! 본격 해외시장 진출!

위지윅스튜디오는 CG 및 VFX 기술을 기반으로 한 서비스를 제공한다. 영화, 드라마 등에 대한 영상 기술 제작뿐만 아니라 뉴미디어 콘텐츠에 대한 영상 기획 및 제작 서비스도 제공한다. 2018년 5월 국내 최초 월트 디즈니 공식 협력사로 선정돼 영화 〈신비한 동물사전2〉, 〈앤트맨과 와스프〉 등의 작품에 참여했다.

매출구성에서 VFX 제작은 디지털 영상 제작기술을 이용해 특수효과를 제작하는 것을 말한다. 드라마 제작에 쓰이는 특수효과가 매출의 2.86%, 광고 제작에 쓰이는 특수효

■ 주요제품 매출구성

VFX는 드라마, 광고 등에 폭넓게 쓰이고 있다.

VFX 제작	72.62%
뉴미디어 제작	22.30%
드라마 제작	2.86%
광고 제작	1.34%
기타	0.88%

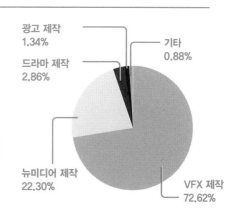

광고 제작 1.34%
드라마 제작 2.86%
기타 0.88%
뉴미디어 제작 22.30%
VFX 제작 72.62%

출처 | 네이버 금융(2019.09.기준)

과가 1.34%를 차지하고 있다. 뉴미디어 제작이란 극장의 스크린X, VR/AR* 같이 통신과 연관된 영상 콘텐츠와 모바일 게임, 놀이공원, 기업 전시 등의 홍보 영상 콘텐츠를 의미한다.

5G 확대, 뉴미디어의 성장으로 시장을 넓혀가고 있다. (출처 : 위지윅스튜디오 홈페이지)

영화사 더부살이에서 미디어 그룹으로 우뚝 선
박관우, 박인규 대표

맨땅에 헤딩으로 시작한 위지윅스튜디오는 20년 넘게 VFX시장에 몸담았던 VFX 1세대 대표 주자 박관우 대표의 기술력, 박인규 대표의 영업 및 경영 능력, 그리고 외부 투자 금으로 설립했다. 2021년 매출액 1,000억원, 영업이익 150억~200억원을 바라보는 업계 유일 흑자 기업이 되었다. 박관우, 박인규 공동대표는 안정적인 경영 성과를 바탕으로 한 미디어그룹의 청사진은 이제 시작 단계라고 말하고 있다.

◆　　스크린X : 영화관에서 전방과 좌우 벽면을 동시에 스크린으로 활용하는 상영시스템을 말한다.
　　　VR(가상현실, Virtual Reality) : 컴퓨터로 만든 가상 세계를 실제와 같이 체험하게 하는 기술이다.
　　　AR(증강현실, Augmented Reality) : 현실의 이미지나 배경에 가상의 정보를 추가하여 하나의 영상으로 보여주는 기술이다.

투자
근거

저렴하고 빠른 디지털 비밀무기 '위지윅시스템'

2018년 5월 월트 디즈니의 철저한 검증을 통과한 후, 위지윅스튜디오는 꾸준히 할리우드 레퍼런스를 쌓고 있다. 〈신비한 동물사전2〉, 〈앤트맨과 와스프〉, 〈아쿠아맨〉 등 2018년 이후 디즈니에 5편 이상을 납품했고, 할리우드 VFX 거장인 존 휴즈가 설립한 타우 필름스(TAU FILMS)와도 전략적 제휴 관계를 맺고 있다. 중국시장에서도 현재 7편 정도의 프로젝트를 진행 중이며, 100억원 규모의 계약 2편 이상이 체결 직전에 있다.

위지윅스튜디오의 차별화된 기술인 '위지윅시스템'은 미국 업체들에 비해 약 1/3에서 1/5 정도 비용이 저렴하다. 모션 캡쳐를 통한 실시간 영상 렌더링을 바탕으로 제작 예산을 약 50% 절감하고, 제작 기간을 약 78% 단축시켜 상당히 경쟁력이 있다.

VFX를 기반으로 거침없이 몸값 상승

글로벌 OTT 플랫폼인 넷플릭스뿐만 아니라 월트 디즈니도 2020년 아시아시장 진출이 가시화될 것으로 보인다. VFX 부문은 tvN 드라마 편성 등 드라마 수주가 증가하여 코로나19로 인한 영화 수주 감소분을 보완할 것이다. 글로벌 영화관 운영사들이 고객을 끌어들이기 위해 특수 포맷 상영관을 도입하는 추세이고, 이미 해외시장에서 자리 잡은 4DX와의 시너지까지 고려하면 VFX의 안정적이고도 폭발적인 성장이 예상된다.

또한 위지윅스튜디오의 자회사인 드라마 제작사 래몽래인과 전시 대행사 에이앤피커뮤니케이션즈가 2020년 코스닥 상장을 추진하고 있다. 래몽래인은 웹소설을 기반으로 2차 창작물 제작을 확대하고 있고, 에이앤피커뮤니케이션즈는 VR, AR, AI 기술을 접목하여 새로운 장르의 전시 콘텐츠를 기획하며 사업 다각화가 이루어지고 있다. 이와 더불어 위지윅스튜디오는 웹소설, 게임, 웹툰 등 자체 지식재산권을 확보하기 위해 조인트 벤처를 설립하여 지식재산권 기반의 신규 비즈니스 모델로 매출과 이익이 늘 것으로 예상된다.

정부의 실감콘텐츠 지원 정책으로 날개 활짝

문화체육관광부는 콘텐츠 산업 3대 혁신 전략으로 2020년부터 XR+α프로젝트*를 추진하여 실감콘텐츠시장을 확대할 계획이다. 2022년까지 콘텐츠 산업에 1조원 이상을 투자할 전망이라 차별화된 기술경쟁력을 보유한 위지윅스튜디오가 혜택을 볼 것으로 기대된다.

초고속·초저지연·초연결의 특징을 가진 5G 환경에서는 생생한 가상현실과 다수의 기기가 데이터를 주고받는 사물인터넷, 자율주행차 운행 등이 가능해진다. 통신사들이 5G 가입자를 확대하기 위해 VR, AR, MR 등 모든 종류의 가상화 개념을 아우르는 XR 콘텐츠 제작 투자를 늘릴 것이며, 콘텐츠에 대한 수요는 위지윅스튜디오의 매출로 이어질 수 있다.

체크
리스트

| 1 | ROE, PER, PBR로 종목의 가치를 파악하라!

2017~2018년 평균 ROE는 약 18%로 유사동종업계와 비교해봐도 결코 낮지 않다. 2020년 예상치는 다소 낮아지긴 했으나 약 16.89%로 여전히 높은 수치이다.

2019년 EPS 223원이 2020년 약 355원으로 약 37.2%로 증가할 것으로 예상되는데도 2020년 예상 PER이 크게 낮아진 이유는, 주식의 가격이 코로나19라는 대외변수로 인해 너무 저렴해졌기 때문이다. 본질가치와 무관하게 값이 떨어진 위지윅스튜디오를 주의 깊게 살펴볼 만하다.

◆ XR+α프로젝트 : 공공·산업·과학기술 분야에 실감콘텐츠를 적용하는 프로젝트다. 실감콘텐츠는 가상현실(VR), 증강현실(AR), 그리고 가상현실과 증강현실의 장점을 섞은 혼합현실(Mixed Reality, MR)을 일컫는다.

단위 : %, 배

	2015/12	2016/12	2017/12	2018/12	2019/12	2020/12(E)
ROE			18.52	18.75		16.89
PER				12.22	76.29	13.59
PBR				1.88	2.66	2.13

코로나19로 주가는 하락했지만 가치는 여전!

출처 | 네이버 금융(2020.04.16.기준)

과거 주가 흐름을 살펴보면 위지윅스튜디오는 2019년 6월 14일 최고점인 7,425원을, 2020년 3월 20일 최저점인 2,380원을 기록했다. 최고점이던 2019년 6월에는 콘텐츠가 5G 패러다임 변화의 중심에 있었다. 시장에서는 CG, VFX 등 실감영상 기반의 콘텐츠가 질적 성장하고 있다고 했고, 동영상 스트리밍 서비스가 확대되며 VFX 투자가 늘어날 것이라는 긍정적 전망도 쏟아졌다.

2020년에도 여전히 5G 스마트폰 수요가 급증하면서 5G 실감콘텐츠에 대한 수요가 증가했다. 위지윅스튜디오는 래몽래인(드라마 제작사), 에이앤피커뮤니케이션(전시·광고 제작사) 등을 인수하여 미디어 콘텐츠 밸류체인 구축을 강화했다. 또한 웹툰·웹소설·게임사의 지식재산권 보유자들과 연대하여 기대가 크지만 위지윅스튜디오의 펀더멘털과 무관하게 코로나19로 인해 주가가 폭락하여 최저점을 찍었다.

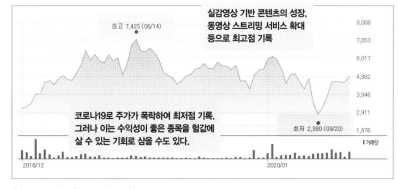

출처 | 네이버 금융(2020.05.08.기준)

위지윅스튜디오는 2020년 예상 매출액 약 876억원, 영업이익 약 133억원으로 전년 대비 매출액 약 100%, 영업이익 약 30% 이상의 성장을 예상하고 있다.

| 2 | 유사동종업계 경쟁사와 비교하라!

특수효과로 돈을 벌고 있는 상장사는 위지윅스튜디오와 덱스터 두 개뿐이라 비교 기업의 수 자체가 적어 비교 기업과의 평가에 대한 의미는 다소 약할 수 있다. 두 기업의 시가총액은 비슷한 수준이나 영업이익과 영업이익률에서 위지윅스튜디오가 덱스터를 압도하고 있다. 매출액의 절대규모는 덱스터가 크지만 매출액증가율은 위지윅스튜디오가 더 크다.

PER과 PBR도 위지윅스튜디오가 더 낮아 위지윅스튜디오가 상대적으로 저평가되어 있지만 덱스터보다 돈을 더 많이, 잘 벌고 있는 상황이다. 이 추세는 지속될 것이라고 예상되어 위지윅스튜디오의 상대적인 투자가치는 매우 높다고 볼 수 있다.

단위 : 억원, %, 배 | 분기 : 2019.12.

	시가총액	매출액	매출액증가율	영업이익	영업이익률	ROE	PER	PBR
위지윅스튜디오	1,486	464	43.40	66	14.29		76.29	2.66
덱스터	1,387	555	35.52	−54	−9.66	−13.02	N/A	3.38

출처 | 네이버 금융(시가총액은 2020.05.29.기준)

경쟁사를 압도하는 영업이익률

| 3 | 기본 중의 기본! Q(물량), P(가격), C(비용) 가능성을 살펴보라!

할리우드 스크린X 부문은 뉴미디어 영상 사업, 5G, VR/AR 등 지속적으로 채택하고 있어 Q의 증가가 다각화되고 있다. 글로벌 VFX시장은 2018년 86억달러에서 2024년에 200억달러까지 연평균 12.8%의 성장을 예상하며 VFX의 물량 증가를 가져오고 있다.

또한 국내 대표 MCN* 업체인 샌드박스네트워크와 사업 협력을 체결하며 위지윅스튜디오의 모션 캡쳐 영상 제작 기술이 1인 미디어, 사이버 캐릭터 등에도 적용돼 중장기적으로 Q의 증가에 도움이 될 전망이다.

| 4 | 실적을 통해 안정성을 확인하라!

위지윅스튜디오는 실적이 꾸준히 안정적으로 성장하고 있다. 최근 4년간 매출액이 지속적으로 성장하고 있고, 2016년 단 한 번의 적자 이후 영업이익과 당기순이익이 폭발적으로 늘고 있다. 특히 2019년 대비 2020년 영업이익과 당기순이익이 역대 최대 증가폭인 약 100%에 가까운 증가율을 기대하고 있어 높은 실적을 예상한다.

미래를 단언할 수 없지만 주식 가격은 실적증가율을 따라가는 선순환 구조를 띠기 마련이다. 부채비율은 2017년 100%를 넘으며 재무건전성이 다소 악화되었으나 최근 50% 미만으로 낮아졌다. 2020년 예상 부채비율이 45.68% 수준이면 재무건전성에 대한 우려는 낮다고 판단해야 할 것이다.

단위 : 억원, %

	2015/12	2016/12	2017/12	2018/12	2019/12	2020/12(E)
매출액		11	130	236	464	876
영업이익		−10	25	50	66	132
당기순이익		−9	5	47	65	116
부채비율		−2,002.95	197.57	34.34	54.98	45.68

2020년 최대 실적 기대

출처 | 네이버 금융(2020.04.16.기준)

악화된 재무건전성은 안정화되는 추세

◆ MCN(Multi Channel Network) : 1인 미디어 창작자들의 콘텐츠 유통, 저작권 관리, 광고 유치 등을 지원하는 일종의 기획사이다.

둘째 마당

4차 산업에 눈길이 간다면?

▷▷ 무인주차장

2차전지 산업

TOP1
포스코케미칼

TOP2
일진머티리얼즈

TOP3
천보

무인화 산업

TOP1
에스원

TOP2
한국전자금융

TOP3
신세계I&C

핀테크 산업

TOP1
NHN
한국사이버결제

TOP2
웹케시

TOP3
세틀뱅크

- 이 책은 좋은 기업과 산업지형을 소개하는 게 목표입니다.
  직접적인 투자로 손실이 발생할 수 있으며, 그 결과는 투자자에게 귀속됩니다.

- 산업별 TOP3 기업 선정 기준은 집필 당시 '시가총액' 순입니다.

- 주식투자로 수익을 얻으려면?
  ① 좋은 기업을 ② 싸게 사면 됩니다.
  지금! 곧바로 사지 마세요! 충분히 공부하고 가격을 확인한 후 투자하세요.

2차전지 산업

포│인│트│요│약

- 전기차시장 확대가 2차전지 성장의 핵심!
- 소비자 인식 변화, 국가 지원금 효과로 국내외 전기차 구매 의향 증가
- 중국, 유럽 등 전기차시장 연평균 50% 성장! 국내 업체에 수혜

2차전지 산업이란?

이름이 친숙하지는 않지만 '2차전지'는 이미 일상생활에 깊숙이 자리하고 있다. 휴대전화, 노트북 등에 들어가는 배터리라고 이해하면 쉬운데, 에너지를 소비하면 방전되는 1차전지와 달리 충전하여 반복 사용이 가능한 배터리다.

전기차, 무인항공기, 사물인터넷 등 수많은 기기에 들어갈 2차전지는 미래산업의 핵심이기 때문에, 구성을 좀 더 자세히 볼 필요가 있다. 양극, 음극, 전해질, 분리막, 용기로 구성되며 양극와 음극 사이의 전해질을 지나, 리튬이온이 이동하며 전기가 발생한다. 따라서 양극재, 음극재, 전해질 등에 기술력을 갖춘 기업이 각광받고 있다.

전기차의 대중화가 당겨올 2차전지시장

2차전지시장은 휴대전화부터 전기차, 에너지저장장치(ESS) 산업의 심장으로서 용도와 수요가 급속히 확대되면서 2025년까지 연평균 23% 성장할 것으로 전망된다. 특히 차세대 전기차시장은 2018년 450만대에서 2025년에는 약 2,200만대로 연평균 26% 증가할 것으로 예상되면서 전기차의 핵심인 고성능 2차전지가 성장을 주도할 것으로 보인다.

글로벌 차세대 전기차시장이 확대되면서 전기차용 수명과 출력 향상에 필요한 인조흑연시장이 급성장할 것이다. 또한 천연흑연은 가격과 고용량의 장점으로 기존 소형시장과 ESS용 중대형시장에서 지속적으로 수요가 증가할 것이므로 천연흑연시장도 지속적으로 확대될 전망이다.

국내외 소비자, 전기차 구매 의향 증가

미국자동차협회(AAA)에 따르면 전기차 구매 의향은 2017년 15%에서 2018년 20% 상승했다. 2018년 9월 한국 환경부가 실시한 국민인식조사 결과도 신차 구매 시 전기차 구매 의향 77%로 소비자 인식이 긍정적으로 전환되는 것을 확인했다.

인식 변화의 가장 큰 원인은 1)전기차 가격 대중화, 2)주행거리 증가, 3)충전 인프라 확충이었다. 소비자가 꼽았던 전기차의 최대 단점인 짧은 주행거리에 대한 개선이 영향을 미친 것으로 해석된다. 배터리 제조사에서도 1회 충전에 400km 이상 주행 가능한 배터리 팩과 기술 개발이 이미 완료되었다. 기술 발전과 구매 심리 증가에 따라 리튬이온배터리 기업의 대량생산이 가동되어 가격 하락이 예상되고, 전기차 원가의 상당 부분을 차지하는 배터리 가격이 하락하면 내연기관차 사이에서 가격경쟁력 강화로서 소비자의 선택을 받기 쉬울 것이다.

중국 정부보조금 폐지하고 의무판매제도 도입! 삼성SDI, LG화학에 기회!

중국은 2012년부터 전기차 가격의 50% 이상을 보조금으로 지급하며 내수시장을 확대해왔다. 보조금은 점차 축소되고 2021년 폐지될 예정이지만, 의무판매제도를 도입하며 내수시장 확대를 유지하고 있다. 중국은 3원계 배터리* 생산업체가 부족하다. 경영난으로 인한 업계 내 구조재편은 기술력이 높고, 보조금 의존도가 낮은 업체에 호재가 될 전망이다. 따라서 배터리 형식 승인은 받았지만, 보조금 지급에서는 제외된 삼성SDI, LG화학 등 한국산 배터리에 기회가 생길 것이라 예상한다.

유럽도 전기차 확대 열풍, 국내 납품사 수혜 예상

유럽의 이산화탄소 배출규제가 2020년에 시행됨에 따라 전기차 열풍이 점점 거세지고 있다. 2019년 하반기에 선보인 신규 모델만 약 30종에 달한다. 특히 폭스바겐은 3,000만원대 보급형 전기차 ID.3를 선보이고, 친환경차 무상보증 기간을 넓

◆ 3원계 배터리 : 상용차에 주로 쓰이는 신에너지 자동차용 배터리로, 리튬, 코발트, 망간을 사용해 제조한다.

히는 등 전기차 대중화에 박차를 가하고 있다.

폭스바겐을 포함해 아우디, 재규어, 포르쉐 등의 유럽 전기차에 탑재되는 배터리의 상당수가 국내 납품사이기 때문에, 유럽발 전기차시장의 확대는 자연스럽게 국내 2차전지업체들의 수혜로 이어질 것으로 예상한다. 글로벌 전기차 전체시장의 연평균 50% 이상의 성장이 큰 무리 없이 지속될 전망이며, 글로벌 전기차시장의 확대로 국내 2차전지업체들의 수혜는 당연히 예상되는 바다.

2차전지 발전에 따라 청소기, 로봇, 무인항공기, IoT시장 확대

산업용 2차전지 기술이 고도화되면서 기기 편의성에 대한 요구도 상승하고 있다. 원격관리를 통한 작업제어, 전원용량증가, GPS 등의 장치는 산업기기 사용에 대한 만족도가 높을 뿐만 아니라, 장시간 사용해도 전원이 끊기지 않아서 작업 안정성과 운영 신뢰도도 높다. 성능과 편의성이 향상되면서 고성능 리튬이온전지에 대한 수용성이 높아지는 것은 물론이고, 표준화팩이 발달하면서 추가개발비 없이 다양한 기기에 적용할 수 있는 것 또한, 시장 확대에 영향을 미친다. 고용량 산업기기에 대한 수요는 에너지밀도가 낮은 납축전지 및 니켈전지로 충족시킬 수 없다는 점, 환경규제로 기존 연료 사용이 어려워진다는 점이 복합적으로 작용하여 2차전지를 중심으로 산업기기시장이 확대될 것을 예상한다.

2차전지 산업의 TOP3 기업인 포스코케미칼, 일진머티리얼즈, 천보를 살펴보자.

포스코케미칼

회사
정보

포스코 계열사, 자체 신성장동력으로 지정!
2차전지 산업 핵심소재 생산기업

내화물*의 시공 및 보수, 각종 공업로의 설계, 제작 및 판매 등을 목적으로 1971년 설립했으며 2차전지 산업소재인 생석회, 음극재, 화성품 등을 가공 판매 중이다. 1994년에 염기성배화물의 제조와 판매 등의 사업을 주목적으로 설립된 삼화화성을 흡수합병했다. 포스코 그룹의 계열사로 기업집단에 소속된 회사는 총 46개로 국내 내화물시장에서 약 18%의 점유율을 차지하고 있다(2017년 기준).

■ **주요제품 매출구성**

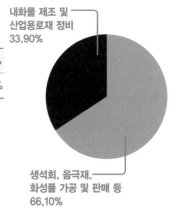

생석회, 음극재, 화성품 가공 및 판매 등	66.10%
내화물 제조 및 산업용로재 정비	33.90%

내화물 제조 및
산업용로재 정비
33.90%

생석회, 음극재,
화성품 가공 및 판매 등
66.10%

- 생석회 : 석회석을 고온에서 연소시켜 제조한 산화칼슘으로 제강, 건축 등에 쓰인다.
- 음극재 : 2차전지를 충전할 때 양극에서 나오는 리튬이온을 음극에서 받아들이는 데 이용되는 소재다.
- 화성품 : 철강제조 공정 중 발생하는 부산물로 흑연전극봉, 2차전지 음극재 등에 사용한다.

출처 | 네이버 금융(2019.12.기준)

전방산업인 전기차와 에너지저장장치(ESS)는 이미 글로벌 트렌드로 자리 잡았기에 핵심 밸류체인 기업인 포스코케미칼은 구조적으로 수혜를 볼 수밖에 없다.

4년 만에 흑자 일군 생산전문가 민경준 대표

포스코가 해외에 세운 첫 일관제철소^{**} 인도네시아 법인은, 초기에 수천억원의 손실을 이어가는 대표적인 해외 부실사업장으로 구조조정 대상이었다. 민경준 대표가 4년 만에 흑자를 만들어내면서 포스코 그룹사의 신사업을 이끌어갈 주역으로 주목 받았다.

민경준 대표는 2030년 회사의 2차전지 소재산업 전체 매출은 17조원, 영업이익은 2조 3,000억원에 이를 것으로 전망했으며, 포스코케미칼의 2차전지가 2025년까지 차세대 자동차시장의 20%를 차지할 것이라는 자신감을 보이는 한편, 글로벌시장에서 중국과 가격 경쟁, 일본과 기술 경쟁에서 우위를 점해야 살아남을 수 있다고 강조했다.

투자
근거

음극재시장 독점!
공장 증설로 전기차 120만대 지원 가능!

국내 유일의 양극재, 음극재 동시 생산기업이다. 양극재는 엘앤에프, 에코프로 등 쟁쟁한 선두업체가 있는 반면에, 음극재는 국내에 경쟁할 만한 기업이 없어 독점시장을 확보할 수 있다. 양극재는 2020년 5월 광양공장 2단계 증설을 통해 연간 생산량을

◆ 내화물 : 1,300도 이상 고온에서도 화학적 성질을 잃지 않아 철강, 석유화학, 세라믹, 시멘트 등 산업 설비에 활용되는 특수 소재다.

◆◆ 일관제철소 : 제선(원료인 철광석과 유연탄 등을 커다란 고로에 넣어 액체 상태의 쇳물을 뽑아내는 공정), 제강(만들어진 쇳물에서 각종 불순물 제거하는 작업), 압연(쇳물을 커다란 쇠판 형태로 뽑아낸 후 여기에 높은 압력을 가하는 과정)의 3공정을 모두 갖춘 제철소다.

25,000톤에서 2023년 90,000톤까지 확대하며 글로벌 점유율을 높일 계획이다.

천연흑연 음극재 2공장은 3,463억원을 투자해 2021년 11월까지 생산능력을 끌어올릴 계획이다. 2018년 1단계 증설로 20,000톤 추가되어 2019년 연생산능력은 44,000톤으로 예상한다. 2022년 3단계 증설까지 완료되면 천연 음극재 생산능력은 74,000톤으로 확대되는데, 이는 전기차 약 120만대를 생산할 수 있는 규모다. 이에 추가로 12,000평 부지를 확보하며, 3공장을 준공해 최대 30,000톤을 추가 증설할 계획이 있다.

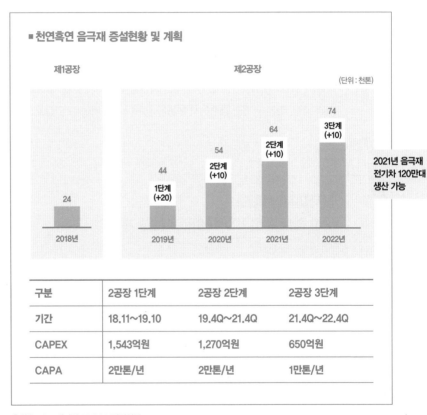

■ 천연흑연 음극재 증설현황 및 계획

구분	2공장 1단계	2공장 2단계	2공장 3단계
기간	18.11~19.10	19.4Q~21.4Q	21.4Q~22.4Q
CAPEX	1,543억원	1,270억원	650억원
CAPA	2만톤/년	2만톤/년	1만톤/년

출처 | 포스코케미칼 2019.3Q 경영실적

양극재시장 후발주자 참여, 그룹사 후원에 힘입어 경쟁력 확보!

2차전지 소재사업을 그룹의 중장기 신성장동력으로 설정하며 활발한 투자를 진행하고 있다. 2차전지의 4대 원료인 음극재는 국내시장에서 독점적 영향력을 발휘하고 있다. 양극재는 후발주자로 참여했지만, 그룹 내 수직계열화를 통한 시너지 효과와 대규모 증설에 필요한 자금력이 뒷받침하고 있어 경쟁력이 있다.

전방업체의 물량, 납기, 품질 등의 요구 조건에 맞게 조달하는 것이 사업의 핵심이다. 포스코그룹사가 2차전지 소재업체에 전폭적 지원을 약속함으로써, 물량확보, 자금조달, 수직계열화를 통한 원자재 수급 등 단일기업을 넘어서는 경쟁우위를 확보했다.

ESS 화재 등 외부 요인 상관없이 이익률 유지하는 소재업체

양극재나 셀◆을 제조하는 업체는 종종 에너지저장장치(ESS) 화재◆◆ 위험에 노출된다. ESS 화재 뉴스가 나올 때마다 이들 업체는 큰 폭의 주가 하락을 보여줬다. 배터리의 안전성을 문제 삼아 단가를 압박하므로 실적에 악영향을 미치기 때문이다.

반면 소재를 납품하는 업체는 고객사의 생산 지연 문제로 매출이 저조할 수 있지만 가격 전이효과로 이익률은 보존된다. 이익률이 보존된다는 것은 실적 안정성이 높다는 뜻이므로 많은 메리트가 있다.

◆ 셀(Cell) : 전기차 배터리의 최소 구성단위를 셀이라고 한다. 셀을 여러개 묶은 것이 모듈, 모듈을 여러개 묶은 것이 팩이고, 팩 형태로 전기차에 탑재된다.

◆◆ 에너지저장장치(Energy Storage System, ESS) 화재 : 생산된 전기를 배터리에 저장했다가 내보내는 장치로 LG화학, 삼성SDI 등 배터리 제조사에서 연이어 화재가 발생해 안정성 문제가 불거졌다.

천연흑연이나 동박 등과 같은 소재의 가격대는 셀 전체 생산에서 큰 비중을 차지하지 않기 때문에 단가 압박이 적은 편이다. 원래 셀 제조비용 중 원소재가 차지하는 비중이 큰 편인데 그중 천연흑연이나 동박 같은 경우는 원소재가 가격이 낮아 포스코케미칼은 제작비 상승에 대한 걱정은 던 셈이다.

안정된 재무구조

2019~2021년까지 영업이익(현금창출능력)은 누적 7,310억원으로 추정한다. CAPEX*는 미래 이윤을 만들기 위해 지출하는 비용인데, 이 비용을 차입할 때 부채비율이 2020년 91%(순차입금 6,120억원), 2021년 98%(순차입금 7,180억원)가 될 것으로 예상한다. 부채비율이 100% 미만으로, 포스코케미칼의 매출액과 영업이익 규모 대비 상당히 안정적이다.

일반적으로 부채비율이 100% 이하면 재무구조가 매우 안정적이라고 보는 편인데, 차입을 하고 공장을 증설해도 부채비율을 90%로 유지하는 것은, 탄탄한 재무구조를 갖췄다는 반증이다.

tip

안정감이 주는 신뢰!
재무구조가 안정적이라고 해서 주가를 올리는 상승동력이 된다고 말하기는 어렵다. 하지만 안정적인 재무구조는 성장동력을 위한 재원 확보는 물론이고, 수요공급에 변동이 있을 때에도 주가가 내려가지 않는, 주가의 하방경직성을 유지해주는 합리적인 근거가 된다.

◆ CAPEX(Capital Expenditure) : 생산 능력을 늘리기 위해 공장을 세울 토지나 생산 장비 등의 유형자산에 지출하는 비용이다.

리스크

글로벌 전방산업인 플랜트, 철강, 조선시장이 위축되거나 악화되면 이 전방산업에 중요한 소재로 쓰이는 포스코케미칼의 내화물사업의 실적이 나빠질 수 있다. 또한 전기차시장, 글로벌 소형전지시장의 성장이 지연되거나 문제가 생긴다면 음극재, 양극재 사업에 부정적 영향을 끼칠 수 있다.

tip 대기업이 공들이는 사업을 찾아라!

국내 TOP 원자재 기업집단이 2차전지 소재사업을 중심으로 판을 짠다는 것은 전방위적 격차를 벌리는 것으로, 주가에 프리미엄 가치는 시기의 문제라고 본다.

체크
리스트

| 1 | ROE, PER, PBR로 종목의 가치를 파악하라!

2차전지 관련 13개 기업의 2019년 평균 PER은 약 42.4배, PBR은 약 2.7배, ROE는 약 5.87%이고, 포스코케미칼은 PER 29.46배, PBR 3.01배, ROE 11.57%이다. PBR은 고평가이고 ROE는 수익성이 높은 편으로, 과거 5년 평균 ROE 또한 약 12.5%로 꾸준히 높

단위 : %, 배

	2015/12	2016/12	2017/12	2018/12	2019/12	2020/12(E)	
ROE	6.68	8.00	17.16	18.96	11.57	7.45	**ROE 높은 편**
PER	23.40	16.22	22.70	28.47	29.46	41.44	
PBR	1.53	1.26	3.65	5.02	3.01	3.01	

출처 | 네이버 금융(2020.04.06.기준)

은 수준을 유지했다. 추정치를 보면 2020년 약 7.45%, 2021년 약 11.2%로 과거보다는 낮아지지만 실적이 성장하는 방향성을 보일 것이기 때문에 여전히 양호하다고 본다.

최저점은 2016년 7월 1일 9,460원, 최고점은 2018년 9월 28일 81,300원이다. 최저점을 기록한 2016년 7월에는 자회사 피엠씨텍이 적자였고 가장 큰 고객사인 모회사 포스코의 구조적 문제로 인해 포스코케미칼의 내화물과 케미컬 사업부 모두 매출액과 이익이 감소하면서 실적이 부진했다.

최고점을 기록한 2018년 9월에는 글로벌 수요 증가에 따른 2차전지 소재 실적 증가, 중국 내 수요와 공급의 불균형으로 중국에 대한 수출 증가, 음극재와 양극재 사업을 모두 하는 국내 유일 포스코케미칼의 저가 매수 기회까지 긍정적인 요인이 많았다. 최고점인 2018년의 매출액은 1조3,836억원, 영업이익은 1,063억원이었다.

2020년 올해 예상 매출액은 1조9,458억원, 영업이익 1,204억원으로 2018년 대비 매출액은 약 40.6%, 영업이익은 약 13.3% 증가할 전망이다. 그리고 2020년, 2021년의 2년간 평균 매출액증가율은 약 22.2%, 영업이익증가율은 약 26.2%로 상당히 높은 성장률이 기대된다.

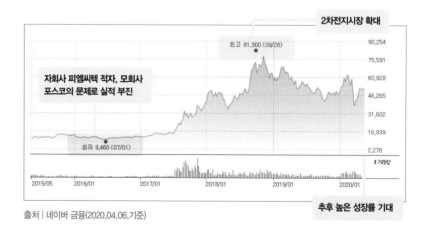

출처 | 네이버 금융(2020.04.06.기준)

| 2 | 유사동종업계 경쟁사와 비교하라!

시가총액, 매출액, 영업이익 규모가 가장 크기 때문에 성장 여력에 의구심이 들 수도 있지만, 경쟁업체 대비 PER, PBR이 저평가되어 있어 가격 측면에서 매력적이다. ROE와 영업이익률 모두 상위권이기에 프리미엄도 고려해볼 만하다.

2020~2021년에도 연평균 매출액 약 25.6%, 영업이익 약 32.9% 증가할 전망이라 중장기적으로 2차전지의 수혜를 받을 수 있을 것으로 생각한다.

단위 : 억원, %, 배 | 분기 : 2019.12.

	시가총액	매출액	매출액증가율	영업이익	영업이익률	ROE	PER	PBR
포스코케미칼	33,848	14,838	6.75	899	6.06	11.57	29.46	3.01
에코프로비엠	25,136	6,161	4.37	371	6.02	12.99	30.37	2.94
엘앤에프	5,843	3,133	−61.41	−77	−2.45	−6.66	N/A	3.56

출처 | 네이버 금융(시가총액은 2020.05.29.기준)

**경쟁업체 대비
PER, PBR 저평가**

| 3 | 기본 중의 기본! Q(물량), P(가격), C(비용) 가능성을 살펴보라!

음극재 2공장 증설, 공장부지 확보, 인조흑연 음극재 공장까지 고려하면 최대 생산능력은 120,400톤이다. 양극재 또한 광양공장 증설로 59,000톤까지 생산능력이 확대될 전망이라 양극재와 음극재 모두 Q가 증가할 것이다.

| 4 | 실적을 통해 안정성을 확인하라!

과거 5년간 연평균 약 4.4%의 매출액성장률을 보여줬다. 비록 영업이익은 2019년에 전년 대비 약 18% 감소했지만 영업이익성장률의 5년간 평균은 약 9.1%였다.

결코 나쁘지 않은 양호한 성장률이다. 최근 5년간 부채비율은 평균 약 37%로 재무건전성도 뛰어나다.

포스코케미칼의 향후 2년간 평균 매출액증가율은 약 22.2%, 영업이익증가율은 약 26.1%로 앞으로의 성장성이 훨씬 기대된다.

단위 : 억원, %

	2015/12	2016/12	2017/12	2018/12	2019/12	2020/12(E)
매출액	12,212	11,177	11,972	13,836	14,838	18,133
영업이익	560	853	1,040	1,063	899	962
당기순이익	322	445	1,040	1,328	1,012	764
부채비율	33.31	27.13	28.16	25.00	71.93	85.63

출처 | 네이버 금융(2020.04.06.기준)

**영업이익은 주춤,
성장성은 기대!**

일진머티리얼즈

회사
정보

2차전지 핵심소재 제조!
삼성SDI, LG화학 등이 주고객사!

스마트폰, 노트북 등에 사용되는 일렉포일(elecfoil, 전지박)의 제조 및 판매를 목적으로 한다. 일렉포일은 구리박으로 전기차 배터리로 쓰이는 2차전지 1개당 20~25kg이 들어가는 핵심소재다. 2015년 인쇄회로기판(PCB)◆용 생산시설의 일부를 2차전지용 일렉포일 생산공장으로 전환하면서 수요 증가에 빠르게 대응했고, 중국 전기차시장 활성화시

■ 주요제품 매출구성

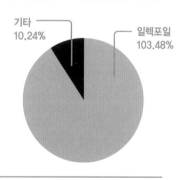

기타
10.24%

일렉포일
103.48%

일렉포일	103.48%
매출 할인 등	−13.72%
기타	10.24%

출처 | 네이버 금융(2019.12.기준)

◆   인쇄회로기판(Printed Circuit Board, PCB) : 절연성 폴리머에 일렉포일을 부착하여 에칭을 통해 미세한 회로를 형성, 수동형 소자와 능동형 소자를 실장할 수 있게 만든 전자부품을 말한다.

기에 맞춰 중국 고객사 확보 및 미국, 일본 대상으로도 마케팅을 확대했다. 일렉포일 경쟁회사 KCFT와 CCP(중국)를 따돌리고 시장점유율 격차를 지속적으로 벌리고 있다. 삼성SDI, LG화학, 중국BYD 등 2차전지 제조업체와 PCB 업체들을 주고객사로 두고 있다.

공동 대표 주재환 CEO

삼성SDI 출신으로 2014년 일진머티리얼즈에 영입되었다. R&D를 중요하게 생각해 포상제도인 일진 스타 어워즈를 운영하기도 했다. 차세대 전기차용 일렉포일이라는 진입장벽이 높은 기술집약체 소재로 국내 전기차 배터리 핵심소재 기업으로 이끌었다.

투자
근거

일렉포일 기술 국내시장 점유율 1위

국내 일렉포일 생산기업은 경쟁사인 SKC, 두산솔루스를 포함하여 3개사가 전부다. 고도의 생산기술이 필요하고, 설비투자에 막대한 자금이 들어가 진입장벽이 높기 때문이다. 일진머티리얼즈는 국내시장 점유율 1위를 유지하며, 위치를 견고히 잡아가고 있다.

2017년 차세대 2차전지용 일렉포일 I2S를 출시해, 고온과 고압에 견딜 수 있게 기술력을 높이며, 전기차의 고출력, 고용량 배터리시장을 겨냥하고 있다.

2020 말레이시아 공장 가동, 전력비와 인건비 50% 절감 예상! 영업마진이 좋아진다!

일렉포일의 비용구조는 원재료비 50%, 전력비 15%, 인건비 11%, 감가상각비 6%, 기타 8%다. 2020년에 말레이시아 2, 3공장 가동을 시작하면서 효과가 나타날 전망인데, 말레이시아의 전력비와 인건비가 절반 이상 저렴하기 때문이다. 비용 감소에 따른 영업마진이 좋아지는 것은 자명하다.

말레이시아 2차전지 음극재용 일렉포일(I2B) 매출액 비중은 2019년 24%, 2020년 50%로 확대 예상되고 있으며, 법인 영업이익률은 20% 중반까지 보고 있다.

2차전지 소재업체 중 고객사 다변화 1위

2019년말 고객 비중은 삼성SDI 50%, LG화학 17%, 중국BYD 10%, 중국CATL5%, 기타(노스볼트 포함) 18%이다. 국내 TOP2는 물론 중국 업체까지 고객사가 잘 분산돼 특정 고객사에 높은 의존도로 인한 단가 압박으로부터 벗어날 수 있다. 비용구조에서 우위를 차지하는 것은 물론 이익률을 지켜내면서 기업가치에 크게 이바지할 수 있다.

시장 움직임에 따른 제품 비중 조절 가능

일렉포일 I2B제품 매출액의 50%를 차지하는 소형전지시장 성장은 둔화할 우려가 있지만, 2021년에 중대형 전지 비중이 확대되면서 30%까지 비중을 줄일 전망이다. 경쟁사 두산솔루스가 신규 진입할 예정이지만, 실질가동률과 국외 배터리업체로서의 공급물량을 감안하면 공급물량은 충분할 것으로 예상한다.

tip

비용 줄여서 영업이익률 높이면 주가 상승!
비용 감소로 영업이익률이 좋아지면 주가에 긍정적으로 반영될 가능성이 매우 높다.
영업이익률의 증가는, 돈을 잘 벌고 있다는 것을 숫자로 증명하는 것이기 때문이다.

| 1 | ROE, PER, PBR로 종목의 가치를 파악하라!

2차전지 관련 13개 기업의 2019년 평균 PER은 약 42.4배, PBR은 약 2.7배다. 일진머티
리얼즈는 PER 42.09배, PBR 3.45배로 PER은 비슷한 수준, PBR은 다소 고평가됐다.
추정치이지만 2020년 예상 PER이 약 28.7배, 2021년 예상 PER이 약 20.7배를 보고 있
다. 주당순이익(EPS)은 지속적인 증가가 예상된다. 따라서 앞으로 PER은 보다 저평가,
즉 더 싸질 전망이다.

ROE는 2015년을 제외하고 평균 10.5%로 양호한 수준을 유지했다. 13개 기업 평균값
인 5.87%에 반해 8.52%로 수익성 또한 양호한 수준이다. 예상 값도 2020년 약 10.1%,
2021년 약 12.4%로 개선될 전망이라 긍정적이다.

종합적인 투자지표로 보면 결코 싸다고 할 수는 없지만 수익성이 꾸준한 흐름을 보여
준다. 동박 업계의 기술경쟁력과 독점적 시장점유율, 2차전지 업계의 성장성을 고려하
면 오히려 프리미엄을 받아도 이상하지 않다.

단위 : %, 배

	2015/12	2016/12	2017/12	2018/12	2019/12	2020/12(E)	
ROE	−15.20	15.14	10.33	7.80	8.52	10.93	ROE 5년째 평균 10.5% 양호
PER	N/A	13.91	38.30	45.71	42.09	28.70	
PBR	2.02	1.91	3.32	3.58	3.45	2.66	

출처 | 네이버 금융(2020.04.06.기준)

주가 최저점은 2015년 8월 28일 5,421원, 최고점은 2018년 8월 31일 60,100원이다.
2015년 최저점 매출액은 3,934억원, 영업이익은 308억원 적자였고, 최고점 2018년에

는 매출액 5,020억원, 영업이익 487억원을 기록했다.

2015년 최저점에는 자회사 오리진앤코, 일진엘이디가 200억원이 넘는 순손실을 기록하면서 실적 악화를 가져왔으며 캐시카우인 일렉포일의 주요 고객사의 중대형전지 증설이 지연되면서 주가에 부정적인 영향을 미쳤다. 반면 최고점을 찍은 2018년에는 코스피지수 자체도 2,200~2,300대로 상당히 좋았고 2분기 실적이 예상치를 상회했을 뿐만 아니라 가동률 상승, 전기차용 동박 수요급증, 원자재 구리의 가격 하락, 말레이시아 공장 증설, ESS 중대형 2차전지시장 성장 등 각종 호재들이 쏟아지는 시기였다.

2020년 4월 29일 기준 주가는 2018년 최고점 대비 약 34% 하락했다. 최고점 실적에 비해 2020년 예상 매출액은 약 36.6%, 영업이익은 약 56.5% 상승할 것으로 전망하고 있어 기업가치에 비해 싸다고 볼 수 있다.

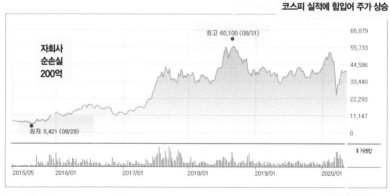

출처 | 네이버 금융(2020.05.11.기준)

| 2 | 유사동종업계 경쟁사와 비교하라!

시가총액이 크지만 매출액 5,502억원, 영업이익 468억원이라는 숫자만 놓고 봤을 때 충분히 성장의 여지가 남아 있다. 경쟁업체보다 PER과 PBR이 다소 고평가되어 있지만

단위 : 억원, %, 배 | 분기 : 2019.12.

	시가총액	매출액	매출액증가율	영업이익	영업이익률	ROE	PER	PBR
일진머티리얼즈	21,511	5,502	8.76	468	8.52	8.52	42.09	3.45
SKC	21,432	25,398	−8.98	1,551	6.11	3.86	32.06	1.16
두산솔루스	12,649	700		102	14.54		45.15	5.73

출처 | 네이버 금융(시가총액은 2020.05.29.기준)

신규 상장되어 매출액
증가율 계산 불가

PER, PBR 고평가,
하지만 ROE 양호 수익성 good!

ROE와 영업이익률 모두 양호해 수익성이 좋다. 매출액증가율이 적은 것도 아니라, 밸류에이션이 고평가라고 해서 투자가치가 낮다고 말하기는 어렵다.

2020년 예상 매출액이 약 24.6%, 영업이익이 약 62.8% 증가할 전망이다. 2022년까지 핵심소재인 배터리용 동박의 공급 부족이 예상되어 실적은 앞으로도 지속적으로 성장할 것이다. 2차전지라는 글로벌 트렌드 산업의 핵심기업이므로 지속적으로 관심을 갖자.

| 3 | 기본 중의 기본! Q(물량), P(가격), C(비용) 가능성을 살펴보라!

전방업체이자, 주요고객사 삼성SDI, LG화학 등 국내 업체와 BYD, CATL 등 중화권 업체까지 CAPA를 약 2~3배 늘리고 있다. 자연스럽게 음극재용 일렉포일 제품인 I2B의 Q가 2배 이상 증가하는 확대 국면으로 접어들고 있다. 일진머티리얼즈도 자체 생산능력을 2021년까지 2배 이상 늘릴 계획을 가지고 있어 매우 긍정적인 상황이다.

tip

Q+C 동시효과는 주가상승의 기회!

전방업체가 CAPA를 2~3배 늘린다는 것은 수요에 대한 자신감의 표현이다. 후방기업은 순차적이고 안정적으로 성장할 수 있는 기회. 여기에 C를 절감함으로써 Q+C의 동시효과를 얻을 수 있는, 기업가치 향상에 더할 나위 없이 좋은 상황이다.

고객사 다변화로 인한 P의 상승효과는 볼 수 없지만, 하방경직성을 지키고 있다. 신제품 I2S가 개발되면 P의 상승효과를 기대해볼 수 있다.

말레이시아 2, 3공장이 가동되면 비용구조의 약 30%를 차지하는 전력비와 인건비를 절반 이상 줄일 수 있다. 공장 가동이 본격화되는 2020년에는 C효과가 극대화되며, 영업이익률에 긍정적인 영향을 미칠 전망이다.

| 4 | 실적을 통해 안정성을 확인하라!

2018년, 2019년 실적의 부침은 있었지만 과거 5년 동안 전반적으로 성장했다. 5년간 매출액증가율의 평균은 약 8.8%, 영업이익증가율의 평균은 약 41.6%로, 역성장한 기간이 있었음에도 매출액과 영업이익은 꾸준히 높은 성장률을 보여줬다. 5년간 부채비율 평균도 약 39.9%로 재무적으로 상당히 양호하다.

2020년, 2021년의 2년간 평균 매출액증가율은 약 26.5%, 영업이익증가율은 약 54%로 과거보다 실적증가율이 개선되는 흐름이 기대된다. 경쟁업체들보다 원재료비가 낮아 수익성이 극대화될 것으로 보여 구조적인 실적 성장이 기대된다.

단위 : %, 배

	2015/12	2016/12	2017/12	2018/12	2019/12	2020/12(E)
매출액	3,934	3,990	4,540	5,020	5,502	7,400
영업이익	144	290	495	487	468	912
당기순이익	−633	406	422	413	468	911
부채비율	87.56	32.60	22.60	31.00	25.81	30.12

출처 | 네이버 금융(2020.04.06.기준)

꾸준한 성장세
부채비율 100% 이하, 양호

회사
정보

든든한 캐시카우를 발판으로, 국내 최초 LiFSI 개발!

천보는 2007년 설립된 화학물질 및 제품 제조업체로, 주요사업 분야는 전자 소재, 2차
전지 소재, 의약품 소재다. 엘에스신소재, Changzhou Chunbo 등 7개의 계열사가 있다.
전자 소재에서는 LCD식각액첨가제 95%, 반도체 공정 소재 90% 이상 점유하며 독점
적 지배력을 보유하고 있다. 폭발적으로 성장하고 있는 2차전지시장에서도 국내 최초
로 LiFSI◆를 개발해 대량생산력 및 가격경쟁력을 획득했다. 의약품 소재는 경기변동성

■ **주요제품 매출구성**

전자 소재	59.35%
2차전지 소재	16.01%
의약품 소재	11.50%
정밀화학 소재	9.41%
기타	3.73%

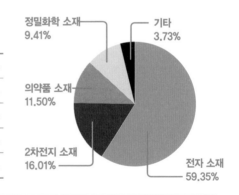

정밀화학 소재
9.41%

기타
3.73%

의약품 소재
11.50%

2차전지 소재
16.01%

전자 소재
59.35%

출처 | 네이버 금융(2019.12.기준)

◆ LiFSI : 고밀도 리튬염. 배터리의 수명이 저하되는 문제를 개선할 수 있는 리튬염 소재 중 하나다. LiFSI가 전체 전
해질에서 차지하는 비중은 현재 4%에서 30%까지 높아질 전망이다.

을 크게 타지 않아서 꾸준한 수요를 보여주고 있다.

화학 소재 전문가 이상율 대표

반도체 공정 소재 개발, 전자 소재 '5-ATZ' 최초 국산화, 2차전지 차세대 리튬염 LiFSI 세계 최초 상용화 등의 업적을 쌓은 화학 소재 전문가다.

2차전지 포트폴리오 다변화 성공

천보의 전해질은 범용화 제품 P(LiPO2F2)를 시작으로, 2016년 F(LiFSI), 2018년 D(LiDFOP) 개발에 성공했다. F제품은 고도의 생산기술과 복잡한 공정과정 때문에 진입장벽이 높은데다가, 일본, 중국 업체보다 앞선 기술력을 자랑한다. D제품은 품질 및 가격을 포함, 생산기술이 압도적으로 우수하다는 평가를 받고, 일본 업체에 독점 공급하는 계약을 맺었다.

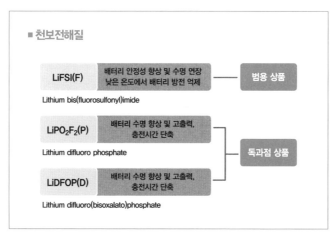

출처 | 천보 IR 자료(2019.3Q)

생산설비 공장 증설하며 매출 극대화

2차전지시장이 커지면서 설비투자 또한 커지고 있다. P제품은 연간 360톤, F제품은 740톤까지 생산할 수 있도록 공장을 증설했다. 2018년 개발된 D제품은 총 250톤을 목표로 전용 공장 준공을 앞두고 있으며, 2020년 하반기에 또 한 번 추가 증설할 계획이다.

LCD패널 화학 소재, 국내외 1위 - 중국시장 확대로 매출 성장 예상

고화질 LCD 패널 제조에 핵심적인 역할을 담당하는 액상정밀화학제품인 아미노테트라졸(ATZ), 메틸테트라졸(MTZ)은 천보의 캐시카우다. 최근 LCD식각첨가제 경쟁사가 생산을 포기하면서 시장점유율 90% 이상을 점유하고 있고, 특히 아미노테트라졸은 국내외시장 점유율 1위를 기록하고 있다.

국내시장은 OLED로 옮겨가는 추세이지만, 중국 LCD업체는 증설되고 있으며 그 규모가 1.5배 이상으로 커지고 있어 매출 성장이 기대된다. 다만 하반기에 중국의 증설이 몰려 있어 매출 회복은 2020년 하반기에 가능할 전망이다.

tip

든든한 캐시카우는 성장의 원동력!

캐시카우는 매출과 영업이익의 안정성을 보장한다. 안정적 현금흐름은 신규 성장동력 개발, 판매채널 다각화 등의 기업성장을 돕는다. 기업의 성장요인이 많아지면 당연히 기업의 미래가치가 올라가고, 미래가치는 주가에 반영돼 장기적으로 우상향하는 모습을 보일 가능성이 높다.

검증된 배터리업체로 성장

완성차 업계 1위 폭스바겐이 오픈 플랫폼을 확산시키면서 더 많은 배터리업체들이 시장에 진입하게 되어 가격경쟁이 치열해질 것이라는 의견이 있다. 하지만 배터리 제조기술에 대한 높은 진입장벽이 존재하고, 기술 및 품질의 안전성 측면에서 중국에서만 높은 비중을 차지하는 CATL을 제외하고는 결국 일본의 파나소닉, 삼성SDI, LG화학 등 검증된 판매실적을 가진 상위 배터리업체로 압축될 수밖에 없다.

리스크 요인보다는 오히려 상위 배터리업체의 경쟁력을 확인시켜주는 기회의 요인으로 작용할 가능성이 더 크다.

체크
리스트

| 1 | ROE, PER, PBR로 종목의 가치를 파악하라!

2019년 2월에 상장했기 때문에 2019년 이전 값은 네이버 금융에 정확하게 나오지 않았다. 2차전지 관련 13개 기업의 2019년 평균 PER은 약 42.4배, 천보는 PER 26.29배로 저평가된 상태다.

2020년 예상 PER은 19.56배로 2019년보다 오히려 싸질 전망이다. ROE는 2019년 13개 기업 평균값이 5.87%, 천보는 ROE 14.49%로 수익성 또한 월등히 좋다. 2020년 예상 ROE도 15.45%로 수익성이 개선될 예상이라 투자지표상 종합적으로 저평가되어 있으면서 돈도 잘 벌고 있다. 또한 여타 2차전지에 비해서 잘 알려지지 않은 점이 오히려 강점이 될 수 있다.

단위 : %, 배

	2015/12	2016/12	2017/12	2018/12	2019/12	2020/12(E)
ROE				24.53	14.49	15.45
PER					26.29	19.56
PBR					2.92	3.13

출처 | 네이버 금융(2020.04.06.기준)

PER이 낮아져서 주가는 저렴해질 듯하다.

천보는 공모가 40,000원으로 2019년 2월 11일 상장한 뒤, 2019년 4월 19일 최고점 88,300원, 2020년 3월 20일 최저점 36,500원을 기록했다. 2019년 최고점을 기록한 당시 매출액 1,353억원, 영업이익 272억원이었으며, 최저점을 기록한 2020년의 추정치는 매출액 약 1,787억원, 영업이익 366억원이다.

2019년 최고점에서는 전기차용 2차전지 전해질 사업의 폭발적 성장, 고에너지밀도를 요구하는 전기차 배터리에 천보의 소재 채택 증가 등 2차전지 업종 내 압도적 성장성이라는 측면에서 긍정적 요인이 더 많았다. 2020년 최저점에는 수익성 높은 2차전지 매출 증가, 생산 라인 가동률 상승, 고객사의 수주 증가 등 실적에 대한 펀더멘털 요인은 변하지 않았으나 코로나19라는 대외변수가 수급에 영향을 미치며 주가가 과도하게 하락했다.

2020년 4월 29일 주가는 최고점 대비 약 25% 하락했으나 오히려 실적은 2019년에 비해 매출액 약 32%, 영업이익 약 35%가 증가할 것으로 기대된다. 2차전지 산업의 실적 성장주로 천보의 투자가치는 여전히 매력적이다.

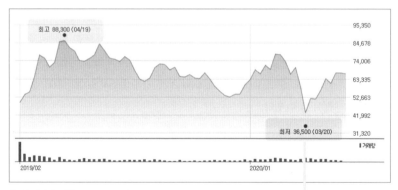

출처 | 네이버 금융(2020.05.11.기준)

코로나19로 급감, 이후 실적은 오히려 증가

| 2 | 유사동종업계 경쟁사와 비교하라!

시가총액이 작지는 않지만 매출액의 성장 여력은 남아 있다고 생각한다. 경쟁업체에 비해 PER, PBR이 저평가됐고, 특히 천보 같은 성장형 기업에게 중요한 지표인 PER이 2019년 2차전지 관련 기업 중 가장 저평가되어 있다. 무엇보다 ROE 값이 가장 높고, 영업이익률도 압도적으로 높아 천보가 수익성 측면에서 탁월하다는 것을 증명하고 있다. 마지막으로 매출액증가율 또한 높은 수준이어서 모든 측면에서 경쟁우위에 있다고 볼 수 있다. 주가도 싸면서 수익성도 좋아 투자매력도가 높은 실적 성장주다.

단위 : 억원, %, 배 | 분기 : 2019.12.

	시가총액	매출액	매출액증가율	영업이익	영업이익률	ROE	PER	PBR
천보	9,380	1,353	11.23	272	20.10	14.49	26.29	2.92
후성	7,399	2,489	−10.45	134	5.40	3.85	93.40	3.56
대주전자재료	4,436	1,164	13.12	27	2.29	−1.11	N/A	3.25
코스모신소재	3,393	2,439	−118.94	−36	−1.49	−4.99	N/A	1.77

출처 | 네이버 금융(시가총액은 2020.05.29.기준)

**ROE는 업계 최고!
알려지지 않은 게 오히려 강점**

| 3 | 기본 중의 기본! Q(물량), P(가격), C(비용) 가능성을 살펴보라!

P, F, D처럼 다양한 제품영역을 상용화하고, 생산공장을 증설해 대량생산력을 갖춤으로써 Q의 증가 효과를 누릴 것이다. P는 범용 제품, F, D는 독과점 품목이라는 점에서 Q 효과가 극대화될 가능성이 높다.

공정효율성과 소재 재활용 등의 차별화된 기술경쟁력은 진입장벽을 형성하는 역할과 더불어, 제품단가 인하 등의 압박에 대처할 수 있게 도와준다. 중장기 측면에서는 기술력에 의한 P 상승효과까지 누릴 가능성이 높을 것으로 생각할 수 있다.

| 4 | 실적을 통해 안정성을 확인하라!

과거 5년 동안 매출액, 영업이익, 당기순이익 모두 2016년 단 한 번의 역성장을 제외하고 연속으로 성장한 성장형 기업이다. 5년 평균 매출액성장률은 약 21.2%, 영업이익성장률은 약 17%로 높은 성장률을 보인다. 5년 평균 부채비율도 약 23.9%로 30% 미만이므로 재무적으로 상당히 양호한 수준이다.

더 중요한 것은 미래의 실적이다. 앞으로의 실적을 예상해보면 2020년, 2021년의 2년간 평균 매출액증가율은 약 37.3%, 영업이익증가율은 약 41.2%로 과거의 실적성장률보다 오히려 더 개선되는 흐름을 보여주고 있어 천보의 실적 성장성에 대한 미래가 밝다.

과거의 실적도 꾸준히 증가했고 재무적으로도 안정적이라 실적에 따른 외형 성장 여력이 충분해 보인다. 앞으로도 제품 다변화, 전해질 첨가제의 구조적 증가 등 실적 성장성이 충분히 예상되기 때문에 천보의 기업가치를 올려줄 것이다.

단위 : %, 배

	2015/12	2016/12	2017/12	2018/12	2019/12	2020/12(E)
매출액	636	720	875	1,201	1,353	1,786.9
영업이익	155	149	180	270	272	370
당기순이익	135	126	148	226	231	309
부채비율	16.94	33.22	32.19	25.23	11.70	16.54

출처 | 네이버 금융(2020.04.06.기준)

실적 증가
+
재무 안정
=
미래 기대

무인화
산업

포|인|트|요|약

■ 주 52시간 근무제, 정부 주도 스마트 팩토리가
무인화 가속

■ 초기 투자비용, 미미한 기술력 등 숙제는 있지만
무인화시장은 성장세

■ 코로나19 이후 더욱 주목해야 할 산업

인건비 부담이 불러온 무인편의점, 무인주차장

주 52시간 근무제의 도입과 최저임금의 가파른 상승은 무인사업이 성장할 수밖에 없는 구조를 만들었다. 주 52시간 근무제는 300인 이상 기업을 시작으로 점차 확대 시행될 예정이며, 최저임금은 2017년 6,470원에서 2019년 8,350원으로 2년 연속 10% 이상 증가했다. 기업 등의 고용주는 근무시간 감소와 인건비 인상으로 기존 업무를 대체할 방법을 찾게 되고, 그 대안으로 무인화가 대두되었다.

편의점은 최저시급에 영향 받는 대표적인 사업이다. 점포의 한 달 수입을 410만원이라고 가정했을 때, 인건비로 지출해야 하는 돈은 약 300만원(8,350원×12시간×30일)이다. 수입의 70% 이상을 인건비로 지급해야 하기에 자연스럽게 무인화에 관심이 쏠린다. GS25, CU 등 대기업 중심으로 20여 개의 무인편의점이 등장하며 그 속도에 박차를 가하고 있다. 패스트푸드점의 키오스크*도입률은 이미 60%를 초과했으며, 비외식업인 주차장도 무인주차장으로 변화 중이다. 에스원, AJ파크 등이 활발하게 사업 확장 중이고, 스마트 주차장을 도입해 매출 40% 상승, 관리비 16% 감소의 효과를 보여 그 수요가 폭발적으로 증가했다.

아마존의 미래? 완전무인화시장은 꾸준한 성장세

미국, 중국은 이미 Amazon Go, Tao Cafe, JD, X-mart, Sam's Club Now 등 다양한 무인점포를 선보이며 무인화시장의 미래를 보여주었다. 우리나라도 키오스크, 로봇사무자동화**를 거쳐 점차 완전무인화를 향하고 있다.

국내 키오스크시장 규모는 2023년까지 연평균 5.7% 성장, 글로벌 키오스크시장 규모는 2020년에 연평균 8.9% 성장할 것으로 전망하고 있다. 시장조사업체 가트너에 따르면 로봇사무자동화시장은 2017년 4억4,300만달러에서 2018년 6억2,900만달러, 2019년 8억2,200만달러, 2020년 10억2,200만달러, 2021년 12억2,400만달러로 지속적으로 성장할 것이라고 본다. 앞으로도 꾸준한 성과를 낼 것으로 기대하지만 초기 투자비용, 기술 결함, 안정성, 고용문제 등의 숙제가 남아 있다.

◆　키오스크(KIOSK) : 무인자동화기기로 고객이 직접 주문과 결제를 할 수 있는 셀프주문 시스템이 대표적이다. 지하철, 전시장 등 공공장소에 설치돼 각종 정보를 제공하는 무인 종합정보안내시스템 또한 키오스크라고 한다.
◆◆　로봇사무자동화(Robotic Process Automation, RPA) : 사람이 반복적으로 처리하는 업무를 로보틱 소프트웨어를 통해 자동화하는 기술이다.

대형 IT 기업과 정부가 선택한 스마트 팩토리

스마트 팩토리는 생산라인의 데이터를 실시간으로 수집해 생산성, 품질 등의 효율성을 극대화 하는 지능형 생산공장이다. MarketsandMarkets의 스마트 팩토리 세계시장 예측 보고서에 따르면 2019~2024년 글로벌 스마트 팩토리 시장 규모는 1,537억달러에서 2,448억달러로 확대를 예상했으며 연평균 성장률은 9.7%로 추정하였다. 또한 국내시장 규모는 2022년까지 약 7조원에 달할 예정이며 산업통산자원부는 2025년까지 국내 30,000개의 스마트 팩토리 보급을 통해 제조업체들의 경쟁력 강화 계획을 실현 중이다.

글로벌 IT서비스는 2019년 1조300억달러에서 2020년 1조810억달러로 연평균 5% 성장하여 2021년에는 1조1,400억달러로 연평균 5.5% 성장할 것으로 본다. 국내 IT서비스시장도 클라우드, 인공지능, 스마트 팩토리 등 신기술 투자가 확대될 것으로 예상된다. 이에 따라 국내 IT서비스는 2019년 1조8,600억에서 2020년 1조9,600억으로 5% 성장에 이어 2021년에는 2조600억으로 연평균 5.2% 성장할 전망이다.

빠른 속도로 도입되는 키오스크 – 연평균 시장성장률 14%

아르바이트생 1주일 고용비용은 키오스크 1대를 임대하는 비용과 맞먹는다. 인건비 절감효과는 1대 당 1.5명 수준이며, 주문이나 결제 회전율이 빠르다는 장점도 있다. 인건비와 임대료에 부담이 큰 자영업계를 중심으로 키오스크에 대한 수요가 증가하고 있으며, 음식점뿐만 아니라 비외식, 도소매업, 서비스업종에서도 무인매장이 등장하고 있다.

2018년 국내 키오스크시장 규모는 약 3,000억원이고, 연평균 14%의 높은 성장률을 기록했다. 해외시장 규모가 2017년 220억달러에서 2023년 310억달러까지 확대될 전망이라 국내 키오스크 사업의 미래도 밝다고 할 수 있다.

패스트푸드점 외에도 대형 쇼핑몰, 지하철 등 키오스크는 이미 우리 생활에 깊숙이 들어와 있다.

완전 무인화에 필요한 연관 산업 수혜 예상

아직까지 국내시장은 모바일 결제와 같은 단순노동을 대체하는 수준의 '부분 무인화'가 대부분이다. 초기 단계에는 키오스크 기기 설치, 앱, 카드 POS, 결제, 보안 등의 자체솔루션 구축에 대한 수요가 있어 단기적으로는 **대기업 계열 시스템통합업체의 수혜가 예상된다.** 장기적으로는 온라인시장에만 의존하던 간편결제가 오프라인시장으로 확대되면서 전자결제사업*의 동반 성장이 예상된다. 또 주문부터 서빙 등 사람이 하던 일을 로봇이나 기계가 대신하면서 외식업계에서는 다양한 정보통신기술을 적용한 서빙로봇, 바리스타로봇 등의 서비스를 선보이고 있다.

최저임금 인상과 주 52시간 근무제 같은 환경 변화로 비용절감에 대한 업체들의 지속적인 관심과 코로나19 이후 비대면 결제를 선호하는 소비자가 증가할수록 무인화 산업은 성장할 것이다. 부분 무인화는 점차 완전 무인화로 진화해 보다 많은 산업에 영향을 미칠 것이며 완전 무인화를 위한 센서, 카메라, RFID**, 서비스로봇, 보안 등 다양한 분야로 성장성이 확대된다.

온·오프라인 경쟁 속에서 성장하는 무인화시장

높은 성장률을 보이는 온라인 업체들이 점차 무인점포 확장에 시동을 걸고 있다. 상당한 금액의 투자비가 들어도 적극적인 이유는 오프라인 업체에 특화되어 있는 소매·유통에서 우위를 차지하기 위해서다. 단순히 오프라인 매장을 확보하는 데서 그치는 것이 아니라, 고차원의 쇼핑경험을 제공한다.

오프라인 사업자도 경쟁우위를 지키기 위해 무인화 서비스를 개발하는 데 동참

◆ 　전자결제사업 : 온라인 가맹점 결제와 지급을 대행하는 서비스로, 거래 금액에 비례해 수수료를 수취한다.
◆◆ 　RFID(Radio Frequency Identification) : 무선주파수 인식 시스템으로 무선주파수를 이용하여 물건이나 사람 등을 식별하는 기술이다. 안테나와 칩으로 구성된 RFID 태그에 정보를 저장하여 적용 대상에 부착한 후 RFID 리더기를 통하여 정보를 인식한다.

하고 있다. 월마트의 '스캔앤고' 서비스가 대표적이다. 이들의 경쟁 심화는 시장 규모가 확대된다는 점에서 긍정적이다.

'스캔앤고'를 이용하면 셀프체크아웃 계산대에서 직접 결제가 가능하다. (출처 : 월마트 홈페이지)

밀레니얼세대와 코드가 맞는 무인화 서비스

밀레니얼세대(Y세대), Z세대가 소비시장에서 주류로 자리 잡기 시작했고, 밀레니얼세대가 선호하는 빠른 속도와 편의성, 비대면 서비스는 무인화시장과 잘 맞아떨어진다. 정보통신기술진흥센터에서 밀레니얼 세대를 대상으로 실시한 설문조사에 따르면 최악의 쇼핑경험은 '기다림'이었고, 키오스크를 선호하는 이유 또한 '대기 시간이 짧아서', '처리 시간이 짧아서'였다.

유통 선도업체들은 주 고객층을 확보하기 위해 보다 혁신적인 쇼핑경험을 제시할 것이고, 새로운 기술에 거부감이 적은 밀레니얼세대는 긍정적으로 응답할 가능성이 높다.

리스크

기술적인 결함이 발견되거나 고용문제가 발화되면 사회적 합의를 통해 문제를 해결해야 하는 어려움이 있다. 일례로 무인 운행 중인 인천지하철 2호선은 시민안전 위협, 인력감축 우려 등의 문제로 갈등을 빚은 적이 있다.

여기서 무인화 산업 TOP3로 에스원, 한국전자금융, 신세계I&C를 선정했다.

> **PBR이 오르는 경우는?**
>
> PBR(Price on Book-Value Ratio, 주가순자산비율)은 주가를 주당 순자산가치로 나눈 값이다. 주당 순자산가치는 (총자산-총부채)/발행주식수이며, 1주당 장부상의 가치를 말한다. 주당 순자산가치가 높다는 것은 자기자본 비중이 크다는 것이다.
>
> PBR은 유동성의 영향을 많이 받는다. 시중에 돈이 많이 풀리면 PBR은 올라가게 된다. 기업가치의 성장 속도보다 금융시장에서 돈의 유입 속도가 빠르면 금융자산의 가치가 상승하기 때문에 PBR이 오르는 것이다. 반대로 기업가치가 아무리 성장해도 돈이 빠져나가면(유동성이 축소되면) PBR은 하락할 수밖에 없다.
>
> PBR은 기업의 청산가치라고 이해하면 쉬운데, 예를 들어 PBR 1배라는 것은 그 기업의 시가총액이 자본총액과 동일하다는 말이다.
>
> 보통 PBR 1배를 국내 주식시장의 심리적 저항선이라고 한다. 따라서 코스피 지수가 PBR 1배 이하면 저평가로 보는 게 일반적이다.

에스원

회사
정보

삼성에버랜드로 시작한 국내 최고 보안업체, 국내 점유율 56%

1977년 11월 한국경비실업 주식회사로 설립되었으며, 1981년 국내 최초로 시스템 경비 영업을 시작, 1996년 1월 한국증권거래소에 주식 상장했다. '종합 안심솔루션회사'로서 첨단 보안시스템과 부동산 종합서비스 등 차별화된 고객서비스로 대한민국의 보안 및 건물관리시장을 선도하고 있다.

2014년 삼성에버랜드로부터 건물관리 사업을 양수했고, 정보보안솔루션 개발 및 공급 사업을 담당하는 자회사 시큐아이의 보유주식을 전량 삼성SDS에 매각했다. 주력사업인 보안시스템은 76만 가입자 확보 등 매출 기준 국내시장 점유율이 56%에 달했다.

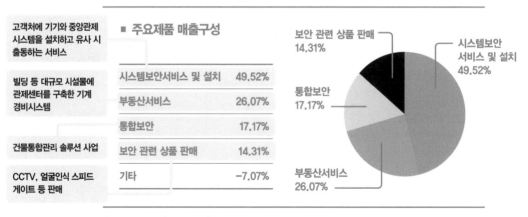

■ 주요제품 매출구성

고객처에 기기와 중앙관제 시스템을 설치하고 유사 시 출동하는 서비스

빌딩 등 대규모 시설물에 관제센터를 구축한 기계 경비시스템

건물통합관리 솔루션 사업

CCTV, 얼굴인식 스피드 게이트 등 판매

시스템보안서비스 및 설치	49.52%
부동산서비스	26.07%
통합보안	17.17%
보안 관련 상품 판매	14.31%
기타	-7.07%

보안 관련 상품 판매 14.31%
시스템보안 서비스 및 설치 49.52%
통합보안 17.17%
부동산서비스 26.07%

출처 | 네이버 금융(2019.12.기준)

삼성그룹 재무전문가 노희찬 대표

삼성전자 경영지원실 경영지원팀장, 삼성디스플레이 경영지원실장, 삼성그룹내 구조조정본부 재무팀, 미래전략실 감사 등을 맡아온 노희찬 신임대표는 재무전문가로서 삼성전자 및 삼성디스플레이 사업경험을 접목시켜 에스원을 글로벌 보안 솔루션 기업으로 육성할 것으로 기대되고 있다.

투자
근거

보안영역 다양화와 무인점포 증가가 수요 증대 요인

이전의 보안시장이 개인 안전 및 재산을 책임지는 물리적 영역이었다면, 앞으로는 핵심경쟁력 유출 방지와 같은 정보 보안 영역까지 확대된다. 보다 다양해진 소비자 수요가 가입자 및 사업기회를 추가 확보하며 매출과 이익이 개선될 것으로 기대한다.

무인점포 보안, 무인터널 안전시스템 등이 수요 증대의 요인이 되고 있다. 특히, 얼굴인식 출입솔루션은 새로운 성장동력으로 자리매김할 것으로 예상한다. 2019년부터 삼성계열사에 공급을 확대해 상품판매 및 운용수익이 늘어날 것으로 예상되며, 결과적으로 매출액은 3~5년간 3,000억원에 달할 전망이다.

B2C까지 확장

SK텔레콤이 ADT캡스를 인수하며 통신과 보안 결합상품을 선보였고, 보안 산업에 인공지능, 사물인터넷 등 정보통신 기술을 접목한 지능형 서비스로의 발전 가능성을 보여주었다. 이에 에스원은 LG유플러스와의 결합으로 대응했다. SK텔레콤의 보안시장 진입은 경쟁 구도라기보다는 보안시장 자체의 규모가 커지는 선순환으로 이어지는 상황으로 보는 게 합리적이다.

또한 물리보안시장에서 점유율은 SK텔레콤의 ADT캡스 인수 전보다 오히려 3% 증가해 에스원 57%, ADT캡스 33%, KT텔레캅 10%로 추정된다. 에스원이 B2B를 넘어 B2C까지 보안 산업을 구조적으로 확장할 것으로 기대된다.

주주친화정책으로 배당수익률 양호

주주친화적 배당정책을 가지고 있다. 0.89%였던 시가배당률이 1.41%로 증가하는 추세고, 배당성향 또한 2018년 15.86%에서 2019년 73.4%까지 증가했다.

동종업계 배당률은 갤럭시아컴즈 1.5%, 나무기술 0%, 푸른기술 0.19%, 한국전자금융 2%, 한네트 2.6%, 케이씨티 2.9% 수준이다(2020년 5월 4일 종가, 2019년 배당금 기준). 한네트와 케이씨티는 시가배당률이 높지만 주가가 하락한 것이 큰 요인이다. 또 한네트는 배당성향이 줄고 있고 케이씨티는 배당성향과 배당금 모두 줄고 있어 에스원의 꾸준한 배당금 유지 및 배당성향 증가가 돋보인다.

체크
리스트

| 1 | ROE, PER, PBR로 종목의 가치를 파악하라!

IT서비스 관련 18개 기업의 2019년 평균 PER 약 30.2배, PBR 약 2배인 것에 비해 에스원은 PER 24.28배로 저평가, PBR 2.39배로 다소 고평가이다. PER이 저평가이기 때문에 현재도 메리트가 높은데 2020년 예상 PER 약 19.86배, 2021년 예상 PER 약 18.8배로 주당순이익(EPS)이 지속적으로 증가해 PER이 계속해서 저평가될 전망이라 가격적인 매력이 높아질 것으로 보인다.

ROE는 2019년 업계 평균 9.2%보다 높은 11.32%이고, 2015~2019년 평균 12.4%를 유지했다. 2020년 예상 ROE 약 11.68%, 2021년 약 11.8%로 앞으로도 평균 이상의 양호한 수준으로 유지될 전망이라 긍정적이다.

단위 : %, 배

	2015/12	2016/12	2017/12	2018/12	2019/12	2020/12(E)
ROE	16.58	13.51	12.42	8.34	11.32	11.68
PER	24.66	23.71	28.37	37.09	24.28	19.86
PBR	3.44	2.70	3.00	2.69	2.39	2.01

**PER은 저평가,
ROE는 업계
평균 이상**

출처 | 네이버 금융(2020.04.28.기준)

2016년 7월 22일에 최고점 116,500원을, 2020년 3월 27일에 최저점 72,000원을 기록
했다. 2016년 최고점 실적은 매출액 1조8,302억원, 영업이익 2,057억원이었다. 최저점
2020년 실적은 매출액 2조2,658억원, 영업이익 2,132억원을 예상하고 있다.

최고점이던 2016년에는 스마트 시설관리, 부동산 펀드 활성화에 따른 전문 건물관리
수요 증가, 시스템 보안서비스 성장으로 주가 프리미엄을 받을 만한 긍정적 요인이 많
았다. 2020년 최저점에서는 코로나19라는 대외변수가 작용한 것으로 보인다. 오히려
긍정적인 요인이 많았는데, 1인가구 및 실버세대 증가로 인한 보안사업 확장, 언택트
트렌드에 맞는 차세대 통합 출입관리 솔루션 수요 증가 등이 그 예다.

현재 주가는 2016년 최고점보다 약 27% 하락했지만 매출액 약 23.8%, 영업이익 약

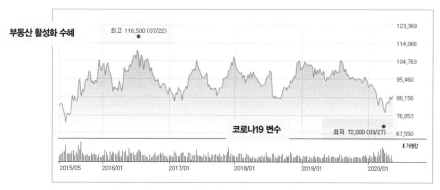

출처 | 네이버 금융(2020.05.08.기준)

3.7% 증가가 예상되기 때문에 지금의 주가하락은 과도하다고 생각한다. 기업가치는 견조하므로 경기의 변동과 무관하게 매출액과 영업이익이 꾸준하게 이어지는 경기방어주의 안정적 성격까지 가져갈 수 있는 좋은 진입 기회일 수 있다.

| 2 | 유사동종업계 경쟁사와 비교하라!

유사동종업계 중 가장 큰 시가총액을 가졌지만, 실적 성장의 여력은 남아 있다고 생각한다. PER은 다소 높고, PBR도 고평가 상태다. 수치로만 보면 비싼 건 분명하지만 완전 동일한 사업 구조를 가진 기업은 없기 때문에 단순히 수치로 판단해서는 안 된다. ROE, 영업이익률 모두 평균 이상으로 수익성이 좋아 투자가치가 낮다고 할 수는 없다. 2019년 매출액, 영업이익은 기업 평균과 비슷하지만 2020년, 2021년 2년 연평균 매출액증가율 약 5.2%, 영업이익증가율 약 7.5%로 양호한 값이 기대된다.

단위 : 억원, %, 배 | 분기 : 2019.12.

	시가총액	매출액	매출액증가율	영업이익	영업이익률	ROE	PER	PBR
에스원	35,415	21,515	6.19	1,968	9.15	11.32	24.28	2.39
NICE평가정보	11,050	4,109	7.06	513	12.49	19.30	20.77	3.72
현대오토에버	9,429	15,718	10.31	802	5.10	11.71	18.85	2.08
다우기술	8,211	32,455	38.28	5,075	15.64	14.62	4.60	0.62
아이마켓코리아	3,846	29,238	−0.39	520	1.78	4.31	23.27	0.93

출처 | 네이버 금융(시가총액은 2020.05.29.기준)

수치만 보면 고평가!
완전히 동일한 경쟁업체는 없으므로 여러가지 요소 살펴보기

| 3 | 기본 중의 기본! Q(물량), P(가격), C(비용) 가능성을 살펴보라!

물리적인 보안시스템이 정보보안 영역으로 확장되며, 상품 및 가입자가 증가해 Q의 효과는 확실하다 할 수 있다. 캐시카우인 보안시스템과 카메라, 지능형 보안 CCTV 등 상

품은 군부대, 국민은행 데이터센터, 삼성중공업 등에서 신규수주가 늘어났다. CU 무인편의점도 대학교 위주로 보안시스템을 도입 중이며 연내 100개 사업장까지 확대하는 중이다. 무인편의점 가입자당평균매출(ARPU)◆이 기존 대비 2배 이상 상승하는 결과를 낳아 P와 Q의 효과를 동시에 볼 수 있는 매우 긍정적인 상황이다.

| 4 | 실적을 통해 안정성을 확인하라!

2017~2019년은 이익 측면에서 부침이 있었지만 전반적으로 실적이 성장하는 경향을 보인다. 매출액의 5년 연평균 증가율은 약 4.6%였고, 영업이익은 역성장을 포함했음에도 5년 연평균 증가율 3.7%를 기록했다. 5년간 부채비율의 평균은 약 34.9%로 재무적으로 매우 양호했으며 2020~2021년에도 약 31%를 유지하며 안정적으로 이어갈 전망이다. 2020~2021년 2년 평균 매출액증가율은 약 5.2%, 영업이익증가율은 약 7.5%로 과거의 역성장에 대비해 훨씬 안정적이고 높은 수준의 실적의 성장성이 기대된다.

시가총액을 꾸준히 키워가는 에스원이었지만, 최근 코로나19 대외변수로 인해 펀더멘털과 무관한 가격 하락을 겪었다. 독점적 시장점유율과 무인화 트렌드, 높은 배당성향의 경기방어주로 투자매력도는 여전히 건재하다.

단위 : 억원, %

	2015/12	2016/12	2017/12	2018/12	2019/12	2020/12(E)
매출액	17,996	18,302	19,423	20,183	21,515	22,658
영업이익	1,726	2,057	2,026	1,991	1,968	2,132
당기순이익	1,554	1,405	1,433	1,030	1,466	1,594
부채비율	42.24	32.77	30.94	33.31	35.20	31.03

출처 | 네이버 금융(2020.04.28.기준)　　　　　　　**부채비율은 과거에도, 앞으로도 매우 양호!**

◆　가입자당평균매출(Average Revenue Per User, ARPU) : 서비스에 가입한 사람 1명이 특정 기간 동안 지출한 금액의 평균을 말한다.

회사
정보

자동화기기 분야 1위, 신규 사업으로 무인화시장 진출

금융기관 자동화기기를 종합적으로 관리하기 위해 2000년 한국신용정보의 금융사업 본부가 분사되어 설립된 회사다. 주요 사업 영역은 현금자동입출금기(이하 ATM) 관리◆ 와 금융자동화기기 부가가치통신망(이하 CD VAN)◆◆ 등의 현금지급기 사업이다.

동종업계에서 장기간 압도적인 1위를 지키고 있다. 특히 2017년 나이스핀링크를 인수하면서 ATM 점유율 59%, CD VAN 점유율 48%를 달성하며 최상위 지위를 인정받았다.

앞으로는 금융기관 자동화기기시장이 축소될 것이라 예상하여 새롭게 무인화시장에 진출했다. 주차장 위탁 관리 및 무인운영 서비스를 제공하는 무인주차 사업과 키오스크 사업을 신규로 영위하고 있다. ATM이 탄탄한 캐시카우 역할을 하고, 시가총액이 가장 커서, 무인화 사업으로 주춤할 수 있는 주가를 받쳐줄 힘이 있다고 생각해 한국전자금융을 무인화시대 유망기업으로 선정했다.

◆ 현금자동입출금기(ATM) 관리 : 은행이 설치해 운영하고 있는 무인점포를 전반적으로 관리해주는 것으로 자금 정산, 장애 처리, 보안경비 등 기기운영을 담당한다.

◆◆ 금융자동화기기 부가가치통신망(CD VAN) : 지하철, 편의점 등 유동인구가 많은 곳에 CD기를 설치하고 운영을 하청에 맡긴 뒤, 현금 출금 건당 수수료를 수취하는 사업이다.

■ 주요제품 매출구성

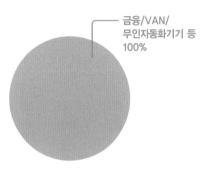

금융/VAN/무인자동화기기 등   100%

금융기관이 보유한 ATM을 관리하고, 예금인출 등의 금융 서비스를 제공하며(VAN), 키오스크나 무인주차장 등 무인 자동화기기를 개발하고 공급하는 사업을 한다.

출처 | 네이버 금융(2019.12.기준)

새로운 먹거리를 찾아 나선 구자성 대표

2014년 한국전자금융에 대표이사로 취임 후 내실 경영을 위해 기존 ATM, CD VAN 관리 사업에 집중했다. 현재는 기존 사업을 활용한 무인주차장과 무인자동화기기 사업에 집중하고 있다. 무인자동화기기 관리 운영사업과 판매정보관리시스템(이하 POS) 사업으로 포트폴리오를 확대하면서 외형성장과 수익성을 모두 잡았다.

투자 근거

기존 산업 캐시카우 확보, 무인주차장시장 매출 기대

은행 지점 통폐합으로 국내은행의 ATM 수가 2013년 36,000대에서 2018년말 28,000대 수준으로 감소하는 추세임에도 불구하고, 금융/VAN 사업부 매출액은 2019년에도 약 5% 성장했다. 안정적 현금흐름으로 두자릿수 매출액 및 이익증가율이 유지될 전망이다.

2019년 한국전자금융 전체 매출 대비 무인주차장 매출 비중은 약 11.7%이다. 현금 CD기 사업보다 이익률이 높을 뿐만 아니라 시장점유율 확대로 가격경쟁력도 확보할 수 있다. 한국전자금융의 무인주차장 매출은 2017년 158억원, 2018년 240억원, 2019년 330억원으로 2017~2019년 연평균 약 44% 성장했다.

국내 무인주차장 규모는 2,000억 수준인 데 반해, 주차환경이 비슷한 일본은 4조원 이상이다. 경쟁사들도 활발하게 신규 사이트를 확보하는 추세이므로, 성장잠재력이 충분히 크다.

키오스크를 구매하는 점주는 메뉴를 업데이트해줄 소프트웨어를 보유했는지, AS가 신속한지, 렌탈을 할 수 있는지가 중요한데 한국전자금융은 자체 소프트웨어 개발, 전국망이라는 점에서 경쟁사보다 앞서 있다. 전국 C/S 지사, 충분한 콜센터 인력으로 고객 문의에 대한 편의성이 좋기 때문에 긍정적인 평가로 이어질 것으로 예상한다.

자동화기기시장 감소세, 대기업 참여 시 수익성 우려

은행이 비용을 절감하기 위해 최근 수년간 ATM 기기 수를 줄였고, 이로 인해 전방시장 자체가 축소되고 있다. 경기부진으로 소상공인들이 POS 구입 및 교체시기를 미뤄, 2015년에 인수한 POS 단말기 제조사 'OK POS'의 매출이 큰 폭으로 감소하기도 했다. 또한, 무인주차나 키오스크 산업에 대기업 계열사가 참여하면서 가격 하락에 따른 수익성 악화가 우려된다.

체크
리스트

| 1 | ROE, PER, PBR로 종목의 가치를 파악하라!

무인화 및 유사 IT서비스 관련 18개 기업의 2019년 평균 PER 약 30.2배, 평균 PBR 약 2배인 것에 비해 PER 58.94배, PBR 1.51배로 전체적으로 고평가된 것은 사실이다. 예상치지만 2020년 PER 약 9.4배, 2021년 PER 약 6.9배로 2020년부터는 과도하게 고평가된 PER이 정상화되면서 상당히 싸질 전망이다.

18개 기업 2019년 평균 ROE는 9.2%인데, 한국전자금융은 2.9%로 매우 낮다. 다만 과거 5년 평균 ROE는 약 11%로 높은 수준이고, 2020년 약 12.9%, 2021년 약 15.6%로 평균 이상으로 올라갈 전망이라 개선된 수익성으로 인한 선순환을 기대해볼 만하다.

투자지표상 다소 고평가로 보일 수 있으나 캐시카우 및 독점적 시장점유율, 무인주차장의 신사업 트렌드의 성장성을 고려해 관심을 가지고 지켜보자.

단위 : %, 배

	2015/12	2016/12	2017/12	2018/12	2019/12	2020/12(E)
ROE	10.21	12.96	13.54	15.11	2.90	12.93
PER	17.67	12.02	20.81	14.48	58.94	9.39
PBR	1.73	1.48	2.67	1.73	1.51	1.03

고평가된 PER의 거품이 빠지고 있다.

출처 | 네이버 금융(2020.04.28.기준)

2015년 6월 19일 최저점인 2,875원을, 2018년 4월 13일 최고점인 15,600원을 기록했다. 2015년 최저점 실적은 매출액 1,525억원, 영업이익 123억원을, 2018년 최고점에는 매출액 2,944억원, 영업이익 249억원을 기록했다.

2015년 최저점에는 국내 ATM 관리 시장이 성숙기에 접어들며 경쟁심화, 신규고객 확보 지연, 중국경제 성장둔화 우려로 중소형주 급락 등의 이슈가 있었다. 2018년 최고점 당시에는 무인화 시대의 유아독존이라는 칭호 아래 무인기기 성장 본격화, NICE핀링크 인수로 캐시카우 ATM/CD VAN사업 강화, 판매량 증가로 원가율 개선 등 긍정적 요인이 많았고 실적도 역대 최대실적이었다.

2020년 5월 4일 종가는 5,860원으로 최고점 대비 약 62% 하락했지만 2020년 예상실적은 2018 최고점 대비 매출액 약 1%, 영업이익 약 18.5% 증가할 전망이다. 무인화 관련 1등 기업인데 주가가 많이 싸기 때문에 투자매력도가 높다고 판단한다.

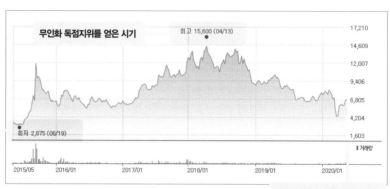

ATM
출혈경쟁으로
실적 악화

무인화 독점지위를 얻은 시기

최고 15,600 (04/13)

최저 2,875 (06/19)

거래량

2015/05   2016/01   2017/01   2018/01   2019/01   2020/01

출처 | 네이버 금융(2020.05.08.기준)

너무 싼 주가, 투자매력도 UP!

| 2 | 유사동종업계 경쟁사와 비교하라!

유사동종업계 대비 시가총액이 크다. 매출액과 영업이익도 최상위 수준이지만, 실적인 매출액, 영업이익이 성장할 기회는 여전히 남아 있다고 생각한다. PER 58.94배는 관련 18개 기업의 평균보다도 매우 비싼 수준이다. 절대적인 값으로 봤을 때 고평가된 건 사실이지만 이것이 지속적인 추세(또는 방향성)를 보이는지 판단하는 것이 중요하다. 2020년 예상 PER은 9.39배로 내려가며 정상화될 전망이라 단일 연도의 값만 보고 비싸다고 단정 짓기는 어렵다.

ROE와 영업이익율 모두 평균보다 낮지만 2020년, 2021년 개선폭이 상당하여 앞으로의 방향성은 긍정적이다. 또, 매출액증가율이 2019년에 역성장했지만 2020년, 2021년 2년 평균 매출액증가율 약 14%, 영업이익증가율 약 59.6%로 큰 폭으로 오를 것으로 전망한다.

높은 밸류에이션을 가진 기업 중 가장 큰 폭의 개선을 기대하고 있다. 독보적 시장점유율, 안정적 캐시카우 및 신규 고객사 증가, 높은 재무건전성 등 다양하고 탄탄한 실적 성장을 기대한다.

단위 : 억원, %, 배 | 분기 : 2019.12.

	시가총액	매출액	매출액증가율	영업이익	영업이익률	ROE	PER	PBR	
한국전자금융	2,349	2,829	−4.07	160	5.67	2.90	58.94	1.51	
갤럭시아컴즈	1,377	856	4.91	86	10.11	10.04	14.93	1.39	**고평가된 건 사실, 하지만 여전히 상승 추세**
나무기술	1,084	847	22.43	41	4.81	23.65	23.07	4.54	
한국정보인증	2,023	426	8.69	93	21.76	8.65	16.52	1.38	
푸른기술	1,022	234	−6.41	4	1.59	2.17	174.38	3.30	
케이씨에스	587	395	15.70	34	8.69	14.10	19.09	2.61	
한네트	437	259	−5.02	19	7.22	3.19	31.60	1.02	
케이씨티	544	201	−53.23	13	6.38	2.26	47.68	1.11	

출처 | 네이버 금융(시가총액은 2020.05.29.기준)

| 3 | 기본 중의 기본! Q(물량), P(가격), C(비용) 가능성을 살펴보라!

키오스크나 무인주차장 사업은 성장 초입단계라 P보다 Q에 영향 받을 확률이 높다.

CD기나 ATM 사업은 각 점유율이 50% 정도로 압도적인 1위인 관계로 점유율이 크게 상승하기 어렵고, 은행점포 축소와 현금사용량 감소로 전체시장이 작아지고 있다. 따라서 P를 높이기는 어렵다고 본다. 다만, 은행 ATM 관리 외주 증가와 인터넷은행 CD VAN 제휴사가 확대되어 시장이 구조적으로 성장하며 트렌드를 이어가고 있다. 이에 Q가 늘어날 전망이며 내년 매출액이 2배 이상 증가할 것으로 예상한다.

무인주차장이 늘어나면서 주차장 위탁관리사업에 필요한 장비에 대한 선투자 비용, 임차료 등의 비용이 증가되지만, 나이스핀링크 합병으로 IT인프라가 효율적으로 통합되면서 비용절감에 성공해 기업가치에 긍정적 반영이 기대된다. Q의 증가에 따라 주가가 어떻게 반응하는지 지켜보자.

| 4 | 실적을 통해 안정성을 확인하라!

2019년을 제외하고 매출액, 영업이익, 당기순이익 모두 대체적으로 성장하는 성장형 기업임에 분명하다. 매출액의 5년 연평균 증가율은 약 18%를 기록했고, 영업이익의 5년 연평균 증가율은 약 11%에 달했다. 역성장을 포함해도 매출액과 영업이익은 높은 성장률을 보여주었다. 또한 5년간의 부채비율 평균은 약 128%로 100% 초과해 재무적으로 다소 우려돼 지속적으로 확인할 필요가 있다.

2020년 예상 매출액증가율은 약 5%, 영업이익증가율은 약 84%다. 매출액증가율은 과거보다 낮지만 영업이익증가율은 크게 오를 것으로 보여 실적의 성장성은 긍정적이다.

최근 주가는 본질가치와 무관한 코로나19 대외변수의 영향을 받아 하락하고 있지만, 캐시카우의 독점적 시장점유율, 신규 무인화 사업의 높은 확장성, 국내 무인기기 중 가장 다양한 사업포트폴리오, 언택트 문화의 구조적 트렌드 등의 강점으로 기업가치는 여전히 견조하다.

단위 : 억원, %

	2015/12	2016/12	2017/12	2018/12	2019/12	2020/12(E)
매출액	1,525	2,155	2,410	2,944	2,829	2,968
영업이익	123	155	211	249	160	295
당기순이익	94	132	164	123	28	190
부채비율	79.22	90.42	142.69	149.03	180.98	137.43

출처 | 네이버 금융(2020.04.28.기준)

부채비율 100% 초과로 관리 필요

신세계I&C

회사
정보

신세계 그룹 IT서비스 공급!
IT유통, 플랫폼 사업 분야도 운영

1997년 4월에 설립했으며 수익발생 기준으로 IT서비스, IT유통, 플랫폼 3개의 사업부문을 운영하고 있다. 신세계 그룹 비즈니스에 최적화된 안정적인 IT시스템을 공급한다. 한국토지주택 공사로부터 부지를 매입해 데이터 센터를 세우고 데이터 센터의 안정성, 효율성, 확장성을 확보했다. 김포에 기존 구로공장의 2배인 신규 데이터센터를 개설하면서 계열사 프라이빗 클라우드 전환율을 높이는 한편 중소 중견기업으로 대외 매출 비중을 확대할 계획이다.

■ **주요제품 매출구성**

컨설팅, 유지보수 등 서비스	42.16%
솔루션 및 IT기기 등 유통	35.70%
플랫폼 서비스 이용료 등	12.10%
서비스 장비 등	8.72%
기타	1.32%

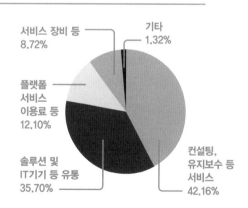

서비스 장비 등
8.72%

기타
1.32%

플랫폼
서비스
이용료 등
12.10%

솔루션 및
IT기기 등 유통
35.70%

컨설팅,
유지보수 등
서비스
42.16%

출처 | 네이버 금융(2019.12.기준)

유통업계에서 보기 드문 정보기술 전문가 김장욱 대표

신세계가 아시아를 대표하는 종합서비스 그룹이 되는데, 신세계&C가 그 플랫폼이 될 것이라는 자신감을 보였다. 2025년까지 사업규모를 2배 이상 성장시켜 글로벌 기업으로 만들겠다는 목표로, 사업을 디지털 중심으로 재편하고 IT 전략사업에 박차를 가하고 있다. 비즈니스 시스템 서비스, 인공지능 기반 디지털 서비스, 셀프 스토어 등 다양한 디지털 사업 영역에서 성과를 창출하고 있다.

신세계 그룹 온라인 투자증가에 따른 실적 향상

신세계&C는 신세계 및 이마트 계열사에 IT서비스를 제공하는 캡티브 마켓[*]을 형성한다. 이마트와 이마트 에브리데이에 셀프 계산대 및 전자가격표시기[**] 도입, 스타필드 시티(위례, 부천 등) 사업 등으로 매출성장률이 20% 수준이며, 모회사의 리테일 IT 투자 확대로 매출성장세에 박차를 가할 전망이다.

온라인 법인 SSG닷컴[***] 등 신세계그룹사의 본격적인 온라인 투자에 따라 고도화된 IT기술을 유통에 접목하면서 신속배송, 자율주행 배송, 무인매장, 스마트물류와 데이터센터 등 IT 관련 투자규모를 늘리고 있기 때문에 이와 관련된 IT서비스, 컨설팅, 유지보수, 플랫폼서비스를 총괄적으로 관리하는 신세계&C가 자연스럽게 실적이 올라가는 선순환으로 이어질 수밖에 없다.

◆　캡티브 마켓(Captive Market) : 대기업에서 계열사를 적극적으로 이용해 운영하는 내부시장을 가리킨다. 넓은 개념으로는 공급자 수가 제한되어 소비자가 원하는 제품을 살 수 없는 독과점 시장으로 쓰인다.

◆◆　전자가격표시기(Electric Shelf Label, ESL) : 실시간으로 상품정보를 바꾸거나 표시할 수 있는 자동화 시스템이다.

◆◆◆ SSG닷컴 : 신세계그룹이 신설한 온라인 통합법인으로 신세계와 이마트 온라인 사업부를 각각 물적 분할한 뒤 합병했다.

국내 최초 완전 무인편의점 오픈, 리테일테크 선두

국내 최초로 완전 무인편의점을 오픈하며 리테일테크 선두기업으로의 수혜가 예상된다. '저스트워크아웃' 솔루션은 SSG PAY를 활용했기 때문에 무인계산대, 무인점포의 확산은 SSG PAY의 거래량 증가로 이어질 것이다. 솔루션에 사용된 클라우드 기반 POS 시스템 또한 클라우드 사업에 긍정적인 신호를 보여주었다. 2019년 김포 데이터 센터를 신축하며 클라우드 사업도 본격적으로 성장할 전망이다.

리테일테크는 유통산업에 인공지능, 사물인터넷, 빅데이터, 클라우드 등의 4차 산업혁명 기술을 접목한 것으로, 유통업에서 경쟁적으로 개발하고 있어 지속적으로 확산할 것으로 예상한다. 인터마인즈와 같은 인공지능 기반 리테일테크 기술을 보유한 스타트업에 투자하는 등 오프라인 매장의 디지털화와 온라인 쇼핑몰 경쟁력 강화를 위해 총력을 기울이는 중이며, 계열사 전환율을 높이고 중소 중견기업 대외매출 비중을 확대하는 노력을 하고 있다.

스타필드 연이은 개점과 매출 증대, IBS 매출 상승

2017년 고양 스타필드, 위례 스타필드 시티가 개점하며 IBS(Intelligent Building System) 매출이 증가했다. IBS는 빌딩자동화, 통합보안 등의 IT기술을 활용한 빌딩 운영관리 시스템으로 스타필드·스타필드 시티의 IBS는 신세계I&C가 담당하고 있다. 2019년 9월 부천, 2020년 안성, 2022년 청라 등 이어지는 스타필드 출점으로 인해 IBS의 장기 매출 성장이 안정적으로 유지될 전망이다.

그동안 신세계I&C가 유통 분야에서 쌓아온 다양한 IT시스템 구축 및 운영 노하우를 바탕으로 스타필드 하남에 스마트 주차 솔루션과 위치기반 서비스*인 'SSG LBS 플랫폼'을 구축하는 등 사업을 확대할 계획이다.

| 1 | ROE, PER, PBR로 종목의 가치를 파악하라!

IT서비스 관련 18개 기업의 2019년 평균 PER은 약 30.2배, 평균 PBR은 약 2배인 것에
비해 PER 17.35배, PBR 0.88배로 모두 저평가되어 있어 매력적이다. 특히 PER은 지표
상으로 매우 저평가되어 있다. 과거에도 양호한 수익성을 보여줬고 실적 성장이 기대
되면서 과거 평균 수준 이상의 수익성으로 개선될 전망이라 긍정적이다.

18개 기업의 2019년 ROE 평균이 9.2%인 데 반해 신세계I&C는 5.44%로 2019년만 봤을
때는 수익성이 다소 부족하지만 2015~2019년 과거 5년 평균은 약 6.7%로 양호하다.

단위 : %, 배

	2015/12	2016/12	2017/12	2018/12	2019/12	2020/12(E)
ROE	4.16	1.54	5.98	16.32	5.44	
PER	24.83	49.45	14.29	6.64	17.35	
PBR	1.02	0.76	0.81	0.96	0.88	

출처 | 네이버 금융(2020.04.28.기준)

PER, PBR 모두 저평가

2015년 7월 24일에 최고점 223,000원, 2016년 11월 4일에 최저점 61,300원을 기록했
다. 최고점 2015년에는 매출액 2,611억원, 영업이익 110억원이었고 최저점 2016년에는
매출액 2,963억원, 영업이익 87억원이었다.

◆ 위치기반 서비스(Location Based Service, LBS) : 빅데이터를 기반으로 실내공간에서 고객들이 보다 쉽게 길을 찾을
수 있도록 돕는 서비스다. 지도상에 할인정보를 제공하거나 특정 위치에 이벤트를 개최하는 등 다양하게 활용할
수 있다.

최고점 2015년은 플랫폼 결제 건수 증가로 인한 그룹 지급결제 인프라 잠식이라는 문제가 있었지만 이마트 홈쇼핑 사업 진출 수혜, 모바일전자결제 플랫폼 SSG PAY 런칭 기대감, 그룹 면세 사업 확장에 따른 유통 솔루션 독점공급으로 성장성에 대한 기대감이 높은 시점이었다. 반면 최저점 2016년에는 SSG PAY로 인한 인건비 마케팅 비용증가, 신세계티비쇼핑 지분법 손실, 신사업 관련 비용증가 등 실적 악화 요인이 많았고 특히 이익이 큰 폭으로 하락하였다.

2020년 추정치는 최고점이었던 2015년보다 매출액 약 94%, 영업이익은 약 97% 상승할 것으로 예상하고 있어 지금의 주가하락은 과도하다고 판단된다.

출처 | 네이버 금융(2020.05.08.기준)

| 2 | 유사동종업계 경쟁사와 비교하라!

유사동종업계에 비해 시가총액, 매출액, 영업이익, PER, PBR이 낮다. 이에 따라 실적(매출액+영업이익)이 성장할 여지가 충분하다고 생각한다. ROE와 영업이익율 또한 업계평균보다 낮은 수준이라 이익관련 지표도 개선이 더 필요해 보인다. 다만 매출액 증가율은 최고로 높아 성장성은 긍정적이다. 다른 기업에 비해 수익성은 다소 낮지만 2015~2019년 평균값으로 유추해봤을 때 개선될 여지가 충분해 보인다.

가격적인 메리트가 상당한 시점이므로, 2019년 증설 완료한 데이터 센터를 통한 수익성 높은 클라우드 사업의 매출 증가, 적자였던 SSG PAY 양도에 따른 비용구조 개선과 현금 1,100억원으로 인한 안정적 현금흐름 창출 등 기업가치를 지속적으로 상승시켜줄 이슈들을 지켜보자.

단위 : 억원, %, 배 | 분기 | 2019.12.

	시가총액	매출액	매출액증가율	영업이익	영업이익률	ROE	PER	PBR	
신세계I&C	2,305	4,560	18.09	185	4.06	5.44	17.35	0.88	
아시아나IDT	1,743	2,461	0.29	114	4.62	−5.44	N/A	1.67	매출 증가 최고! 성장성 기대
롯데정보통신	6,097	8,457	4.02	411	4.86	14.77	11.21	1.60	
포스코ICT	7,244	9,698	4.40	481	4.96	11.13	20.54	2.20	
삼성SDS	147,405	107,196	6.39	9,901	9.24	11.76	20.44	2.30	

출처 | 네이버 금융(시가총액은 2020.05.29.기준)

| 3 | 기본 중의 기본! Q(물량), P(가격), C(비용) 가능성을 살펴보라!

유통업체 산업구조가 변화하면서 전자가격표시기, 무인점포 시스템 모두 매출액이 20%가 넘는 등, IT 투자 트렌드가 강화되어 Q가 긍정적 증가 추세로 가고 있다. 클라우드 사업 또한 새로운 Q의 증가를 의미한다. 라스트마일 딜리버리*와 풀필먼트** 등의 서비스를 제공하기 위해서는 물류 및 배송 인프라를 확대해야 하는데, 소비자 구매 패턴을 예측하고 적정량의 재고량을 계산하는 등의 빅데이터를 구축하기 위해서는 IT 투자를 수반해야 하므로 구조적으로 성장할 수 있는 기회이다.

....

◆ 라스트마일 딜리버리(Last Mile Delivery) : 최종 소비자에게 가까울수록 소규모 주문이 자주 발생해 파편화된 주문을 스마트 공급망관리를 통해 최종 소비자에게 직접 도달하는 서비스혁신이다.
◆◆ 풀필먼트(Fulfillment) : 상품을 보관하고 있다가 주문이 들어오면 직접 운송해주는 서비스다. 소규모 다품종 제품을 취급하고 빠른 배송이 가능하다는 장점이 있다.

C는 일시적으로 떨어질 수 있다. 데이터센터 이전 비용이 2019년에 일회성으로 반영되기 때문이다. 그러나 SSG PAY를 양도하면서 2020년 6월 약 600억원의 현금이 유입될 예정이다. 리테일테크, 클라우드, 인공지능 등 신규 성장동력이 기대될 뿐만 아니라 신세계I&C가 SSG PAY에 연간 부담하던 마케팅 비용 약 130억~140억원이 감소되어 영업이익이 좋아질 것으로 예상된다. 이는 Q의 증가와 C의 감소 두 가지 면에서 긍정적인 신호다.

| 4 | 실적을 통해 안정성을 확인하라!

2016년, 2018년 이익부문에서 부침은 있었지만 매출액, 영업이익, 당기순이익이 성장하는 것을 봐서는 성장형 기업이다. 매출액의 5년 연평균 증가율은 약 15.1%이고, 영업이익의 5년 연평균 증가율은 약 19.3%로 지속적으로 양호한 성장률을 보인다. 5년간 부채비율 연평균도 약 41%로 양호하다.

2020년 실적을 예상해보면, 2019년 대비 매출액은 약 11%, 영업이익은 약 17.4% 증가가 기대된다. 전방산업인 국내 IT서비스도 2020년에 20%, 2021년에 21% 성장할 것으로 예측되니 구조적 수혜를 입을 기업을 눈여겨보자.

단위 : 억원, %

	2015/12	2016/12	2017/12	2018/12	2019/12	2020/12(E)
매출액	2,611	2,963	3,202	3,735	4,560	
영업이익	110	87	154	149	185	
당기순이익	68	25	99	293	107	
부채비율	30.76	33.39	36.47	59.03	45.43	

출처 | 네이버 금융(2020.04.28.기준)

**매출 증가
연평균 15.1%
부채비율도 양호**

핀테크 산업

포|인|트|요|약

- 핀테크계 최강자는 페이 서비스, 국내외에서 독보적 질주!

- 금융위원회, 핀테크 기업에 3,000억원 규모 지원 예정!

- 국회 본회의 통과한 데이터 3법으로 시장 확대 청신호

핀테크계 대세 중의 대세, 페이 서비스

'핀테크(Fintech)'는 '금융(Finance)'과 '기술(Technology)'이 결합한 서비스 또는 그런 서비스를 제공하는 회사를 일컫는 말이다. 비대면 계좌 개설, 비대면 금융상품(대출/펀드/보험 등) 구매, 모바일 디바이스 결제 등 금융 업무의 시작부터 끝까지를 온라인/모바일에서 가능하게 하는 서비스이다.

새로운 시도가 가장 많이 일어나는 핀테크 분야는 단연 '페이 서비스'이다. 글로벌 핀테크 유니콘 가운데 42~45%는 페이 서비스를 제공하는 업체이고 각 대륙별 1등도 모두 페이 서비스 사업자이다. 국내 역시 독보적인 1등 핀테크 사업자는 페이 서비스 업체인 비바리퍼블리카이다.

그간 페이 서비스는 적립금이나 은행 잔고 내에서만 사용할 수 있었으나 소액여신 기능이 추가되면 페이 서비스 업체가 먼저 결제금을 지급하고 이후 정산을 받는 후불결제가 가능해질 전망이다. 현재 금융당국은 핀테크 지급결제회사에 대한 소액여신 기능을

비바리퍼블리카는 모바일 금융 서비스 애플리케이션 '토스'를 운영한다. (출처 : 토스 홈페이지)

추가하는 관계법령 개정을 검토 중이며 후불결제가 허용되면 결제시장은 크게 확대될 것으로 기대한다.

2020년 핀테크 지원 전략 키워드는 투자와 개방

금융위원회의 2020년 핀테크 지원 전략 키워드는 투자와 개방이다. 금융위원회는 2020년 1분기에 핀테크 기업에 집중적으로 투자하는 3,000억원 규모의 '핀테크 혁신펀드'를 조성하여 핀테크 기업을 지원할 예정이다.

P2P 금융*은 2020년 8월부터 온라인투자연계금융법 시행을 통해 제도권 안으로 들어오게 될 것이다. 또한 2019년 12월 오픈뱅킹 서비스가 전면 시행되면서 핀

◆ P2P(Peer to Peer) 금융 : 일종의 크라우드 펀딩으로 은행과 같은 금융기관을 거치지 않고 온라인 플랫폼을 통해 개인끼리 자금을 빌려주고 돌려받는 것을 말한다. 대출 신청인이 P2P 서비스를 제공하는 플랫폼에 대출을 신청하면, 다수의 투자자가 자금을 빌려주고 정해진 기간 동안 이자를 얻는 방식이다.

테크 기업의 수수료 부담은 대폭 줄어들 것으로 보인다. 이에 카카오페이, 네이버페이 등이 결제시장에 들어와 지배력을 더욱 넓혀갈 것으로 전망하고 있다.

카카오와 네이버가 온라인 결제시장을 빠르게 침투하고 있다. (출처 : 카카오페이 및 네이버페이 홈페이지)

마침내 통과된 데이터 3법, 기대효과는?

지난 2020년 1월 9일 데이터 3법*이 국회 본회의에 통과되었다. 종전에는 금융/신용정보는 금융회사가 독점했으므로 한 개인의 금융정보는 각 상품 가입 금융회사별로 분산 관리되어 종합적인 관리가 어려웠다. 그러나 데이터 3법 중 하나인 신용정보법이 통과되며 마이데이터** 사업자가 개인의 금융정보를 종합적으로 수집 및 관리할 수 있게 되었다.

◆ 데이터 3법 : 개인정보보호법, 신용정보의 이용 및 보호에 관한 법률(신용정보법), 정보통신망 이용촉진 및 정보보호 등에 관한 법률(정보통신망법)을 일컫는다.

◆◆ 마이데이터 사업 : 고도로 타게팅된 생애주기별 금융상품 추천 사업을 말한다. 여러 금융회사에 분산된 특정 고객의 금융정보를 고객의 요구만 있으면 마이데이터 사업자가 일괄 수집하여 관리할 수 있다.

카카오페이·카카오뱅크, 페이코, 네이버페이 등 주요 핀테크업체들의 경우 마이데이터 외에도 개인의 종합적인 금융/신용정보를 활용한 신용평가시스템을 구축하여 중금리 맞춤 대출 서비스 사업을 추진할 계획이다. 데이터 3법 통과로 인해 사업을 진행하기 좋은 환경이 되어 핀테크업체는 더 성장할 수 있을 것이다.

그렇다면 핀테크 산업 TOP3 기업인 NHN한국사이버결제, 웹케시, 세틀뱅크에 대해 자세히 알아보자.

NHN한국사이버결제

회사 정보

네이버, G마켓 등 고객사 보유! 휴대폰 결제 진출!

2006년 주식회사 한국사이버페이먼트를 흡수 합병한 뒤 온라인 전자결제 대행, 온 · 오프라인 VAN◆ 및 휴대폰 결제인증 사업을 영위하고 있는 NHN 계열사이다. 국내 온라인 쇼핑몰인 G마켓 등을 포함해 약 65,000개의 인터넷 쇼핑몰을 고객사로 보유하고 있으며, 휴대폰 결제로도 진출하며 사업 영역을 확대하고 있다.

매출구성에서 PG◆◆ 사업은 신용카드사, 은행 등으로부터 결제대금을 지급받아 가맹점에 재지급하는 데 발생하는 수수료로 얻는 수익이다. 오프라인 VAN은 신용카드사와 오프라인 매장 간의 결제정보를 중계하는 사업을 말하며, 온라인 VAN은 온라인 쇼핑몰 고객으로부터 발생하는 신용카드 정보 및 결제정보를 신용카드사와 가맹점 사이에서 중계해주는 사업을 일컫는다. O2O사업이란 온라인과 오프라인이 결합한 것으로 주로 전자상거래에서 얻는 수익을 말한다.

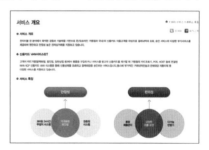

NHN한국사이버결제는 VAN 서비스를 지원한다.
(출처 : NHN한국사이버결제 홈페이지)

◆　VAN(부가가치통신망, Value Added Network) : 신용카드사와 가맹점 간 계약에 따라 결제 서비스를 제공한다.

◆◆ PG(결제 사업자, Payment Gateway) : 전자상거래에서 구매자로부터 대금을 수취해 판매자에게 지급되도록 정산을 대행한다.

■ 주요제품 매출구성

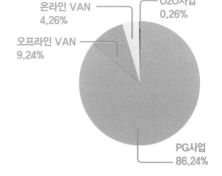

PG사업	86.24%
오프라인 VAN	9.24%
온라인 VAN	4.26%
O2O사업	0.26%

배달, 숙박, 택시, 부동산 등 온라인과 오프라인을
결합한 다양한 영역에서 수익을 얻고 있다.

출처 | 네이버 금융(2019.12.기준)

전자결제시장과 함께 성장하며 내실 다지는 박준석 대표

박준석 대표는 지난 2017년 대표이사 자리에 올라 NHN한국사이버결제를 국내 최초 온·오프라인 통합결제 서비스를 제공하는 기업으로 만들며 전자결제 서비스, VAN 서비스, 페이코 서비스, 스마트 서비스 등의 사업을 통해 전자결제 산업을 선도하고 있다. NHN한국사이버결제는 다양한 사업 포트폴리오를 바탕으로 시장 변화에 효과적으로 대응하고 있다.

투자
근거

정부의 규제 완화가 준 기회, 어떻게 작용될까?

금융혁신지원 특별법 시행에 따라 2019년 4월부터 도입된 금융규제 샌드박스*는 핀테크 사업자가 시장에서 자유롭게 비즈니스 활동을 할 수 있는 환경을 조성했다. 규제 샌드박스 운영 외에 핀테크 사업자와 금융회사 등이 간편결제 서비스를 추진할 수 있도록 인프라를 혁신하고, 빅데이터 분석·이용 및 데이터 결합의 법적 근거를 명확하게 하는 등 데이터 활용을 저해하는 규제를 정비하며 다양한 계획을 수립했다. 이러한 정부의 규제 완화는 NHN한국사이버결제의 사업 성장에 긍정적 요인으로 작용할 수 있다.

tip

국내 PG시장 현황은?

국내 PG시장은 NHN한국사이버결제, KG이니시스, LG유플러스가 독점하고 있다. 3사 독점체제는 장기적으로 매출의 안정성을 보장하기 때문에 NHN한국사이버결제에게 좋은 환경이다. 게다가 경쟁사인 LG유플러스가 PG사업을 비바리퍼블리카에 매각할 예정이라 NHN한국사이버결제의 시장점유율은 더 오를 것으로 기대된다.

국내 최초 애플 앱스토어 PG사 선정!
해외 가맹점의 국내 결제 서비스 증가로 매출↑

NHN한국사이버결제는 글로벌 PG사인 사이버소스(CyberSource), 아디엔(Adyen)과 전략적 파트너십을 맺으며 국내 가맹점의 해외 진출 또는 글로벌 기업의 국내 진출 시 결제시스템을 담당하고 있다. 루이비통, 자라, 아이허브, 네스프레소 등 이름만 들어도 알 만한 다수 글로벌 가맹점의 결제 및 정산 처리 서비스 등을 진행하고 있다.

해외 직구, 소셜 커머스, 오픈 마켓의 성장으로 PG 결제 수요가 증가하면서 2019년 8월에는 국내 최초로 애플 앱스토어의 PG사로 선정되기도 했다. 유통업계의 온라인 시장 확대, O2O 트렌드 확산, 해외 직구 매출 확대 등으로 인해 NHN한국사이버결제의 PG 및 온라인 VAN 사업 부문의 매출 성장은 지속될 것으로 보인다.

◆ 금융규제 샌드박스 : 샌드박스(Sandbox)는 아이들이 뛰어놀 수 있는 안전한 모래놀이터라는 단어로 보호받는 안전한 영역을 의미한다. 금융규제 샌드박스는 새로운 금융 서비스에 규제 유예 등 특례를 부여하여 실험하고 검증해볼 수 있도록 하는 제도로 신기술로 인한 시행착오를 줄여주는 역할을 한다.

언제 어디에서든 장 보는 '엄지족'이 매출의 원동력!

모바일 쇼핑시장은 스마트폰의 보급, 모바일 쇼핑 앱 출시 등으로 성장한다. 휴대폰 결제의 간편함과 더불어 신용카드 미사용자가 휴대폰 결제를 주 결제 수단으로 사용하며 휴대폰 결제 서비스를 제공하는 거래 규모는 계속 커지고 있다.

PG 서비스는 온라인 쇼핑 거래량과 밀접한 관련이 있다. 스마트폰의 확산과 결제의 편의성으로 인해 최근 온라인 쇼핑시장은 급속도로 성장하고 있다. 2019년 통계청 자료에 따르면 2019년 12월 국내 온라인 쇼핑 거래액은 전 분기 대비 12.5% 증가한 12조5,900억원 수준이며, 이 중 모바일 쇼핑 거래액은 전 분기 대비 14.1% 증가한 8조2,500억원으로 온라인 전체에서 모바일 비중이 약 65.6%를 나타냈다. 2019년 전체 온라인 쇼핑 거래액은 전년 대비 18.3% 증가한 134조5,800억원이었으며, 이 중 모바일은 전년 대비 약 25.5% 증가한 86조7,000억원을 기록했다.

향후 연간 600억원 이상의 외형 성장 기대

2019년 8월 애플 앱스토어에서 NHN한국사이버결제를 전자지급결제 대행사로 선정한 데 이어 글로벌 OTA* 1위 업체인 익스피디아(Expedia)는 국내 전자지급결제 대행을 NHN한국사이버결제에 맡겼다. 그동안은 비자, 마스터 등 글로벌 카드로만 결제할 수 있었으나 이번 정책 변경으로 국내 모든 신용카드와 체크카드까지 결제가 가능하게 되어 편의성이 높아질 것이다.

주목할 부분은 결제 시 발생하는 모든 국내 수수료를 NHN한국사이버결제의 PG 매출로 인식하게 되었다는 것이다. 익스피디아 그룹은 월 1,000억원 이상의 거래액을 유지

◆ OTA(Online Travel Agency) : 온라인 여행사를 일컫는 말로 글로벌 업체로는 익스피디아, 호텔스닷컴, 트립닷컴 등이 있고 국내 업체로는 야놀자, 인터파크투어, 여기어때 등이 있다.

하면서 국내 주요 온라인 여행사 중 가장 많은 거래액을 기록한 곳이다. 또한 2020년 2분기부터 캐나다 최대 전자상거래 플랫폼인 쇼피파이(Shopify)의 국내 서비스에도 원화결제를 제공할 예정이다. 이러한 글로벌 업체의 원화결제 서비스로 2019년 전체 거래액 5% 수준이었던 해외결제 거래액이 2020년 10% 수준까지 확대될 전망이다.

체크
리스트

| 1 | ROE, PER, PBR로 종목의 가치를 파악하라!

NHN한국사이버결제의 최근 5년간 평균 ROE는 약 13.7%로 대체적으로 성장하는 모습을 보여줬다. 2019년 핀테크 관련 15개 기업의 평균 ROE가 약 16.5%인데 NHN한국사이버결제는 20.20%로 더 높은 수준이다. 주목할 것은 ROE가 꾸준히 개선되어 2020년에는 약 22.3%로 수익이 극대화될 전망이다.

2019년 핀테크 관련 15개 기업의 평균 PER은 23배, PBR은 3.1배인 것에 비해 NHN한국사이버결제는 PER은 20.77배, PBR은 3.79배이다. NHN한국사이버결제 같은 성장기업은 수익성 지표가 더 중요한 것을 고려하면 PBR은 다소 높지만 PER이 비싸지 않은 수준이다. NHN한국사이버결제처럼 시장을 독점하는 기업이라면 오히려 지금보다 더 높은 밸류에이션의 프리미엄이 가능하다고 본다.

단위 : %, 배

	2015/12	2016/12	2017/12	2018/12	2019/12	2020/12(E)
ROE	11.08	10.96	10.78	15.47	20.20	22.28
PER	50.12	24.36	33.63	15.52	20.77	25.03
PBR	5.20	2.58	3.37	2.22	3.79	4.71

점점 증가하는 ROE, 독점적 위치로 성장 확신!

출처 | 네이버 금융(2020.04.23.기준)

최근 5년간의 추이를 살펴보면 NHN한국사이버결제는 2016년 12월 9일 최저점인 9,005원을, 2020년 4월 3일 최고점인 39,400원을 기록했다. 2016년의 실적은 매출액 2,721억원, 영업이익 115억원이었고, 2020년 예상 실적은 매출액 약 5,597억원, 영업이익 401억원으로 역대 최대 실적을 예상하고 있다.

최저점이던 2016년 12월에는 매출원가 상승으로 영업이익률 하락, 네이버페이로 인한 고객사 이탈 우려, 페이코 사업 투자비 증가 등 부정적인 요인이 많았다.

반면 최고점이던 2020년 4월에는 코로나19로 인한 온라인 쇼핑 거래액 급증, 해외 고객사 증가, O2O 무인 결제 서비스 매출 확장 등 긍정적인 요인이 복합적으로 작용됐다.

출처 | 네이버 금융(2020.04.23.기준)

| 2 | 유사동종업계 경쟁사와 비교하라!

NHN한국사이버결제는 유사동종업계 대비 PER과 PBR이 다소 높다. 그러나 NHN한국사이버결제가 시장점유율을 압도하는 1등 기업이니만큼 주가 프리미엄을 받아야 할 합당한 근거가 뒷받침된다면 높은 밸류에이션은 정당화될 수 있다.

NHN한국사이버결제의 ROE와 영업이익률은 모두 고르게 양호한 수준이며 매출액증가율은 가장 높다. 추정치이긴 하나 2020년에는 전년 대비 약 25%에 가까운 매출액증가율을 기대하고 있어 기업의 본질가치는 더 오를 것이라고 기대한다.

단위 : 억원, %, 배 | 분기 : 2019.12.

	시가총액	매출액	매출액증가율	영업이익	영업이익률	ROE	PER	PBR
NHN 한국사이버결제	12,106	4,699	8.60	321	6.83	20.20	20.77	3.79
KG이니시스	6,502	9,561	3.41	861	9.01	21.61	9.49	1.81
KG모빌리언스	3,203	1,922	−5.27	348	18.10	8.18	10.20	0.79
다날	2,594	1,912	5.23	109	5.70	13.96	7.58	0.96

1등 업체의 프리미엄이 주가에 곧 반영될 것이다.

출처 | 네이버 금융(시가총액은 2020.05.29.기준)

| 3 | 기본 중의 기본! Q(물량), P(가격), C(비용) 가능성을 살펴보라!

이미 다수의 해외 가맹점들이 NHN한국사이버결제의 결제시스템을 사용하고 있다. NHN한국사이버결제는 애플 앱스토어뿐만 아니라 미국의 테슬라(Tesla), 아이허브, 캐나다 최대 전자상거래 플랫폼인 쇼피파이 등에 결제 서비스를 지원하고 있다. 이와 같은 Q의 증가는 NHN한국사이버결제의 매출 성장으로 이어진다.

| 4 | 실적을 통해 안정성을 확인하라!

NHN한국사이버결제는 5년 연속 매출액, 영업이익, 당기순이익이 모두 성장한 매우 이상적인 성장형 기업이다. 매출액의 5년 연평균 증가율은 약 23.8%이고, 영업이익의 5년 연평균 증가율은 32.5%에 달했다. 추정치이긴 하지만 향후 2년 평균 매출액 증가율은 약 18.9%, 영업이익 증가율은 약 24.4%로 여전히 탄탄한 실적을 기대할 수 있다.

부채비율은 일반적으로 100% 미만을 양호하다고 보는데, 다소 높은 수준이다. 그러나 2016년부터 2019년까지 NHN한국사이버결제의 순부채비율(이자가 발생하는 부채가 자본 대비 차지하는 비율)은 계속 마이너스였고, 대부분 무이자부채였다. 이자보상배율은 2019년 기준 약 87배였는데 이는 영업이익으로 차입금 이자를 갚고도 이자의 약 87배의 돈이 남는다는 의미이다. 부채비율이 높은 편이기는 하나 순부채비율과 이자보상배율로 인해 우려할 수준은 아니라고 본다.

단위 : 억원, %

	2015/12	2016/12	2017/12	2018/12	2019/12	2020/12(E)
매출액	1,955	2,721	3,520	4,327	4,699	5,597
영업이익	109	115	179	218	321	401
당기순이익	93	102	102	168	245	320
부채비율	75.31	95.19	111.56	141.33	144.91	123.33

출처 | 네이버 금융(2020.04.23.기준)

**부채비율은 높지만 매출액, 영업이익,
당기순이익 모두 상승세!**

웹케시

회사
정보

금융 · 기업 대상 국내 B2B 핀테크시장의 선두 주자!

웹케시는 1999년 7월에 설립되어 B2B[◆] 핀테크 서비스 및 비즈니스 소프트웨어를 주요 사업으로 하고 있다. 웹케시는 금융기관과 개별 기업시스템을 실시간으로 연결하는 서비스를 지원한다. 이를 통해 주요 은행 22개, 증권사 24개, 카드사 18개, 보험사 40개 등 금융기관과 연결하여 기업 금융 업무 대부분을 처리할 수 있다.

■ 주요제품 매출구성

경리나라	32.11%
브랜치	23.28%
인하우스뱅크	21.87%
e금융사업	14.18%
기타	8.56%

B2B 솔루션 상품
서비스가 포함된다.

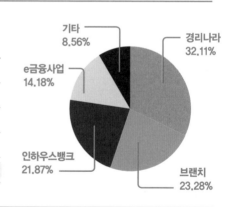

출처 | 네이버 금융(2019.12.기준)

◆　B2B(Business to Business) : 기업과 기업 사이에서 이루어지는 거래를 말하며, 여기에서는 주로 전자상거래를 가리킨다.

166

웹케시의 B2B 핀테크 서비스는 고객 규모 및 유형에 따라 인하우스뱅크(공공기관 및 초대기업용), 브랜치(중견 및 대기업용), 경리나라(중소 및 소기업용) 등으로 나뉜다. e금융사업은 인터넷뱅킹, 모바일뱅킹 등에 금융시스템을 구축하는 것을 말한다.

동남은행 출신 창립멤버 윤완수 부회장

동남은행은 외환위기 때 사라졌지만 몇몇 직원들이 의기투합하여 웹케시를 만들어 국내 최초 편의점 현금자동입출금기, 가상계좌 등의 혁신기술을 선보였다. 윤완수 부회장도 웹케시 창립 멤버 중 한 명이다. 웹케시는 B2B 핀테크라는 한 우물에 집중하여 마침내 국내 1등이 되었으며 현재 16,000여 개의 중소기업이 경리나라를 쓰고 있다. 인공지능, 블록체인◆ 등 핀테크를 적용할 수 있는 기술 개발에 몰두하며 성장하고 있다.

투자
근거

경리 업무의 핵심기능을 담은 '경리나라' 출시!

웹케시는 B2B 핀테크 플랫폼 시장의 선두주자로, 모든 금융기관과 기업시스템을 통합하고 연결하며 부가적인 금융 업무 서비스를 제공하고 있다. 웹케시는 인하우스뱅크, 브랜치, 경리나라, 브랜치G의 사업 구조를 가지고 있는데 2017년 12월부터 판매된 경리나라는 2020년에 20,000개를 넘을 것으로 기대하고 있다.

기존 대부분의 경리 업무는 엑셀 등 수기 작성으로 진행했으나 경리나라는 업무의 효율성을 높여주며 실제로 필요한 서비스를 제공하고 있어 독보적인 경쟁력을 갖추고 있

◆　인공지능(Artificial Intelligence)은 인지, 학습, 추론, 지각 등과 같은 인간의 지능적인 행동을 컴퓨터가 수행할 수 있도록 실현한 기술이다. 블록체인(Black Chain)은 보안성을 높이기 위해 데이터를 분산하여 저장하는 기술이다.

다. 2018년 경리나라의 판매채널은 은행채널과 회사판매 불과 두 곳뿐이었지만 현재는 은행채널 내 제휴은행이 11개 늘었고, 새마을금고와 케이뱅크가 추가되며 지속적으로 확대될 전망이다. 이 외에도 세무사 및 제휴사 추천, 온라인 가입이 가능해지며 하루 최대 80~100개 기업이 가입하고 있다.

차별화된 기술과 클라우드형 제품으로 실적 향상 전망!

중소기업은 대금을 지급할 때 일반적으로 국세청 홈택스에서 세금계산서 확인→내부 결제→인터넷뱅킹 접속→대금 지급의 순서로 진행한다. 그러나 경리나라는 한 화면에서 모든 걸 처리할 수 있어 타업체들이 모방하기가 어렵다. 더욱이 웹케시는 다년간의 금융 시스템 통합 업무로 은행 전산시스템에 접근이 가능하기 때문에 진입장벽을 형성할 수 있어 유리하다.

웹케시는 기기 제한 없이 웹을 통해 저장하는 클라우드형 제품으로 이익을 높이고자 한다. 클라우드형 제품은 인프라 구축 비용이 들지 않고 사용자 수에 따른 월 단위 과금 방식이기 때문에 중소기업에서도 경제적으로 운영할 수 있다. 클라우드형 제품으로 인해 웹케시의 영업이익률이 개선될 가능성이 높다.

국내 유일 B2B 핀테크 플랫폼 기업으로 안정적 성장!

2020년 오픈뱅킹서비스가 전면적으로 실시되며 NH금융 API플랫폼서비스[*]에 대한 수요가 급증할 것으로 예상된다. 또한 웹케시는 국내 제품을 클라우드 버전으로 전환하여 글로벌 ERP[**] 기업인 SAP에 보급할 예정이다.

◆ API(Application Programming Interface)는 특정 프로그램 내 데이터에 다른 프로그램이 접근할 수 있도록 설계한 통신 기술이다. NH금융이 플랫폼을 제공하면 외부 프로그램 개발자가 이를 활용해 새로운 서비스를 만들 수 있다.

◆◆ ERP(Enterprise Resource Planning) : 기업의 생산, 물류, 재무, 회계, 영업 등 경영 활동 프로세스를 통합적으로 관리하며 기업 정보를 공유해주는 전사적 자원관리시스템을 말한다.

웹케시 B2B 핀테크 솔루션의 핵심경쟁력은 금융기관과 ERP를 얼마나 많이 연결하고 있는지에 있다. 웹케시는 글로벌 33개국 407개 금융기관 및 국내 모든 ERP와 연결되어 있어 독보적인 위치에 있으며 기업들은 웹케시 솔루션을 통해 통합적인 자금 관리가 가능하다. 따라서 B2B 핀테크 시장 1등 기업인 웹케시는 솔루션 이용 기업들과 함께 성장할 수 있다.

체크
리스트

|1| ROE, PER, PBR로 종목의 가치를 파악하라!

웹케시가 포함된 약 20개 기업의 2019년 평균 ROE 약 8.7%, 평균 PER 약 34.4배, 평균 PBR 약 2배인 것과 비교해보자. 웹케시는 평균보다 높은 ROE로 높은 수익률을 보이고 있고, PER은 저렴하며, PBR은 다소 비싼 편이다.

예상치이긴 하나 웹케시의 PER은 2020년 약 30.77배, 2021년 약 20배 수준으로 더 저렴해질 가능성이 높고, ROE 역시 견조하기 때문에 투자지표가 나쁘지 않다.

단위 : %, 배

	2015/12	2016/12	2017/12	2018/12	2019/12	2020/12(E)
ROE				28.29	24.23	17.88
PER					30.98	30.77
PBR					5.24	4.98

**PER이 더
낮아지는 추세**

출처 | 네이버 금융(2020.04.23.기준)

실적의 추이를 살펴보면 웹케시는 2019년 2월 8일 최저점인 24,800원을, 2019년 5월 17일 최고점인 68,500원을 기록했다. 최저점이던 2019년 2월에는 SI사업부 구조조정으로 매출액 감소, 공공기관 및 대기업의 B2B IT인프라 투자 축소, 청약 받은 기관들의 매도 물량 등 부정적 요인이 많았던 것으로 보인다. 최고점이던 2019년 5월에는 2018년 매출액 대비 약 21.5% 감소한 612억원이었고, 영업이익은 57.6% 증가한 93억원을 기록했다.

웹케시는 2020년 매출액 약 20%, 영업이익 약 40%가 증가할 전망이다. 중장기적으로 기업가치가 상승할 것으로 보이며 이는 밸류에이션 상승에도 긍정적 영향을 줄 수 있다.

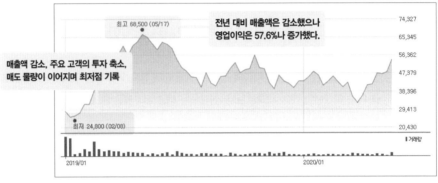

출처 | 네이버 금융(2020.04.23.기준)

| 2 | 유사동종업계 경쟁사와 비교하라!

웹케시는 유사동종업계 대비 PER과 PBR이 낮은 편이며 특히 PER이 저평가되어 있어 상대적으로 저렴하다. ROE는 최상위 수준으로 돈을 잘 벌고 있다고 볼 수 있는데, 웹케시의 ROE는 2020년 약 18%, 2021년 약 20%로 여전히 견조할 것으로 추정된다.

웹케시의 매출액은 예상치이긴 하나 2020년 약 13.4%, 2021년 약 13.1%로 증가할 것으로 보인다. 기업은 은행의 인터넷뱅킹을 이용할 필요 없이 웹케시 플랫폼만으로 국내 모든 은행과 서비스가 가능하다는 점, 아직 B2B 핀테크 시장 도입률이 20%에도 미치지 못했다는 점, 웹케시의 모든 솔루션이 클라우드로 제공된다는 점에서 웹케시만의 차별화된 투자가치는 당분간 지속될 것이라고 생각한다.

단위 : 억원, %, 배 | 분기 : 2019.12.

	시가총액	매출액	매출액증가율	영업이익	영업이익률	ROE	PER	PBR
웹케시	3,815	612	−21.54	93	15.15	24.23	30.98	5.24
더존비즈온	35,607	2,627	15.78	668	25.43	18.78	48.54	6.95
비즈니스온	1,365	157	4.67	62	39.52	12.14	30.62	3.62
한국전자금융	2,349	2,829	−3.91	160	5.67	2.90	58.94	1.51

출처 | 네이버 금융(시가총액은 2020.05.29.기준)

아직 매출액은 작지만 B2B 핀테크 강자로서 성장가능성은 높다.

| 3 | 기본 중의 기본! Q(물량), P(가격), C(비용) 가능성을 살펴보라!

웹케시의 인하우스뱅크 솔루션의 누적 고객사 수는 2019년 500개에서 2020년 600개까지 확대될 전망이다. 브랜치 솔루션은 매년 1,000개의 신규 기업이 유입되어 2019년 12월 말 기준 누적 고객사 수 6,250개를 기록했다. 경리나라 솔루션 역시 2020년에 약 13,000개의 신규 고객사가 추가되어 30,000명을 돌파할 것으로 예상된다. 이처럼 웹케시의 모든 솔루션은 매년 고객사 수를 확대하며 Q의 폭발적인 성장을 보여주고 있다.

또한 웹케시는 모든 솔루션을 클라우드로 제공하기 때문에 판매 증가가 그대로 이익에 반영된다. 매월 신규로 유치된 유료 가입자들이 이익에 기여하는 구조라 손익분기점에만 도달하면 고정비 C의 증가 없이 수익을 증대할 수 있다.

| 4 | 실적을 통해 안정성을 확인하라!

웹케시의 매출액은 2016년 최고 실적을 달성한 이후 계속해 역성장했다. 그러나 영업이익은 지속적으로 성장하고 있으므로 투자가치가 없다고 단정 지을 수는 없다. 매출액과 영업이익은 중요도에 경중을 두기 어려울 정도로 모두 중요한 지표이기 때문이다. 또한 웹케시의 과거 5년간 부채비율은 평균 약 118%에 달할 정도로 재무지표가 다소 불량하였으나 2019년부터 안정적인 수준으로 낮아져 현재의 재무건전성은 높다고 할 수 있다.

추정치이긴 하지만 향후 2년 연평균 매출액증가율은 약 13.2%, 영업이익증가율은 약 31.6%로 실적이 증가할 것으로 예상된다. 과거의 매출액 감소 때문에 웹케시의 투자가치를 부정적으로 판단할 필요는 없어 보인다.

단위 : 억원, %

	2015/12	2016/12	2017/12	2018/12	2019/12	2020/12(E)
매출액	887	918	774	780	612	694
영업이익	41	35	38	59	93	119
당기순이익	23	−5	36	55	93	106
부채비율	190.75	200.26	115.97	66.16	16.69	18.30

매출 역성장으로 주가는 저렴해졌다. 오히려 기회일 수도!

출처 | 네이버 금융(2020.04.23.기준)

회사
정보

간편현금결제, 가상계좌 등 현금결제시장 1등 플랫폼

세틀뱅크는 2000년 10월 9일 설립되어 간편현금결제, 가상계좌, PG 등 금융 서비스를 지원한다. 가상계좌 중계 서비스와 펌뱅킹 서비스를 기반으로 핀테크시장에 진입하였으며 이후 시장 트렌드에 맞춰 신결제시스템을 지속적으로 출시하며 종합 전자결제 핀테크 기업으로 성장했다.

매출구성에서 간편현금결제는 공인인증서나 OTP 없이 비밀번호, 지문인식 등 간단한 인증을 통해 구매 절차를 간소화한 전자결제 서비스를 말한다. 가상계좌란 기관이 고객에게 부여하는 입금전용계좌를 말하며, PG란 전자상거래에서 구매자로부터 대금을

■ **주요제품 매출구성**

간편현금결제의
사용범위가 확대되
며 시장선점 효과를
누리고 있다.

간편현금결제	44.67%
가상계좌	33.58%
PG	16.02%
펌뱅킹	3.59%
기타	2.14%

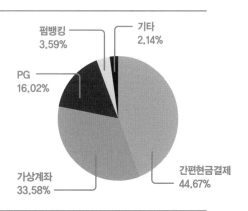

출처 | 네이버 금융(2019.12.기준)

세틀뱅크

173

수취해 판매자에게 지급되도록 정산을 대행하는 것을 말한다. 펌뱅킹은 기업고객의 호스트 컴퓨터와 금융기관의 서버를 전용회선으로 연결해 기업자금관리를 편리하게 하는 서비스를 가리킨다.

기업분석을 바탕으로 종합 IT기업으로 확장시켜가는 이경민 대표

이경민 대표가 2009년에 세운 모회사 민앤지는 휴대전화번호 도용방지 서비스를 최초로 개발했다. 2019년 상장한 세틀뱅크 역시 가상계좌 시장점유율 약 95%를 누리며 고성장을 이어가고 있다. 다양한 회사의 포트폴리오로 시너지 여부를 고민하는 이경민 대표는 최근 프로바이오틱스 기업인 바이오일레븐까지 인수하며 종합 IT기업으로 회사를 성장시키고 있다.

가상계좌 서비스가 캐시카우, 다양한 서비스를 자체 금융결제망에 연동, 수익 극대화!

세틀뱅크는 국내 최초로 가상계좌(2002년), 간편현금결제(2015년) 서비스를 출시하여 전자금융 결제시장을 선도하는 대표 핀테크 플랫폼으로 성장했다. 핀테크 서비스 기획력과 대형 거래처 운영 노하우를 바탕으로 결제 접근성을 높이고, 카드와 휴대폰 등 다양한 결제수단을 통한 간편결제 서비스를 제공한다.

세틀뱅크는 간편현금결제 시장점유율 1위(97%), 가상계좌 시장점유율 1위(68%)라는 독보적인 시장 지위를 확보하고 있다. 특히 실시간/일괄 입금을 위해 가상계좌를 발급하

◆ 캐시카우(Cash Cow) : 확실히 수익을 내는 상품이나 사업을 의미하며, 시장성장률은 떨어지지만 시장점유율이 높아 계속해서 현금 수익을 내는 사업을 말한다.

는 서비스는 안정적인 캐시카우* 역할을 하고 있다.

간편현금결제는 신용카드 결제에 비해 PG 수수료가 낮다는 이점이 있다. 플랫폼 및 가맹점은 수수료 부담이 적은 자체적 페이의 선불금 충전 결제방식, 계좌 등록 결제방식을 활용해 고객을 모으고 있는데, 두 방식 모두 세틀뱅크의 금융 결제망을 이용하게 되므로 실적 성장에 긍정적이다.

정부의 '제로페이' 정책으로 수혜주 등극!

정부의 현금활성화 정책으로 현금결제시장은 고성장했다. 현금결제 시 신용카드(15%) 대비 2배 높은 현금결제 소득공제율(30%)을 주고, 국가가 주도하는 간편현금결제 서비스인 '제로페이' 소득공제율을 40%로 운용했다. 신용카드사는 경영 악화로 카드 사용 혜택을 줄였으며, 스마트폰의 대중화로 전자결제가 글로벌 트렌드로 자리매김했다. 이러한 상황은 이미 시장에서 높은 지위를 확보하고 있는 세틀뱅크가 지속적으로 수혜를 받는 데 유리하다.

차별화된 경쟁력을 바탕으로 글로벌 결제시장 진출

세틀뱅크는 국내 금융 VAN사 중 유일하게 은행 시스템을 직접 운영한 노하우를 가지고 있다. 전자금융감독규정, 은행의 보안 심의, 금융권 규제 환경을 모두 준수하는 기술력이 있고, 이를 안정적으로 운영할 수 있는 체계 또한 갖추고 있다. 이는 세틀뱅크만의 강력한 경쟁력으로 작용하여 시장에서 높은 진입장벽을 구축했다.

나아가 세틀뱅크는 신규 영업 모델을 통해 결제사업의 블루오션 시장을 만들어내고 있다. 중소형 전자상거래업체 등 자체 현금결제 서비스 도입을 원하지만 서비스를 직접 운영하고 관리하는 것은 어려운 업체를 대상으로 모든 가맹점이 자체 브랜딩할 수 있는 오픈형 간편현금 결제시스템을 구축해주는 것이다.

이 외에도 국내에 진출하는 글로벌 브랜드에 서비스를 제공하고, 국내 브랜드가 해외에 진출할 시 현지 사업자와 전략적 제휴를 맺어 시장 진출을 지원하는 등 해외 진출을 위한 성장동력을 충분히 갖추고 있다.

리스크

핀테크 산업 내 빠른 기술의 변화, 환경 및 정책의 변화에 대응하지 못하거나 경기 불황으로 인해 일반 소비가 위축될 경우 타격을 받는다. 또한 신종 바이러스, 해킹 등으로 인프라에 장애가 발생할 수 있다는 리스크도 있다.

체크
리스트

| 1 | ROE, PER, PBR로 종목의 가치를 파악하라!

세틀뱅크를 포함한 약 20개 기업의 2019년 평균 ROE 약 8.7%, 평균 PER 약 34.4배, 평균 PBR 약 2배인 것과 비교하면 세틀뱅크는 거의 2배에 가까운 ROE 값을 보여주고 있어 매력적이다. 반면 PER은 저평가되어 있다.

2020년에도 주당순이익과 주당순자산은 증가하고, PER과 PBR은 낮아질 것으로 보여 가격적인 부담은 없을 것으로 전망된다. ROE가 소폭 하락하는 것은 아쉽지만 세틀뱅크의 종합적인 투자지표는 양호하다.

단위 : %, 배

	2015/12	2016/12	2017/12	2018/12	2019/12	2020/12(E)
ROE				25.15	15.54	12.42
PER					19.72	15.17
PBR					2.34	1.61

PER, PBR이
낮아 가격 부담이
없는 상태

출처 | 네이버 금융(2020.04.23.기준)

과거 주가 흐름을 살펴보면 세틀뱅크는 2019년 7월 12일 최고점인 57,900원을, 2020년 3월 20일 최저점인 11,800원을 기록했다. 최고점이던 2019년의 실적은 매출액 656억 원, 영업이익 134억원이었다. 반면 최저점을 찍은 2020년은 예상치이긴 하나 2019년보다 매출액 약 15.7% 증가한 759억원, 영업이익 약 22.4% 증가한 164억원으로 전망된다.

최저점이던 2019년 7월에는 정부의 현금결제 시장 활성화 정책, 핀테크시장 내 높은 진입장벽, 모회사 민앤지와의 시너지 및 해외 진출 기대 등 상장한지 얼마 되지 않았기에 긍정적인 요인이 많이 부각되었다. 최저점이던 2020년 3월은 코로나19가 국내외로 확산되며 50% 넘게 급락하는 기업들이 수두룩했다. 세틀뱅크도 3일을 제외하고는 외국인이 계속적으로 매도하여 세틀뱅크의 견고한 펀더멘털과 무관하게 최고점 대비 62% 하락했다.

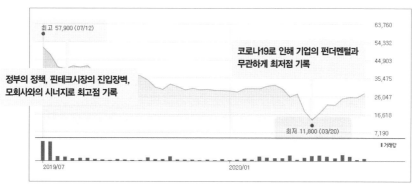

출처 | 네이버 금융(2020.04.23.기준)

| 2 | 유사동종업계 경쟁사와 비교하라!

세틀뱅크는 유사동종업계 대비 PER과 PBR이 비싸지 않은 수준이고, 4개사의 평균값보다도 낮다. 영업이익률은 최상위 수준으로 많은 이익을 남기고 있다. 추정치이긴 하나 2020년 매출액증가율 약 12.3%, 영업이익증가율 약 23.9%로 성장세를 보일 전망이라 세틀뱅크의 기업가치는 더 오를 것이다.

단위 : 억원, %, 배 | 분기 : 2019.12.(SBI핀테크솔루션즈는 2019.03.)

	시가총액	매출액	매출액증가율	영업이익	영업이익률	ROE	PER	PBR
세틀뱅크	3,151	656	14.69	134	20.49	15.54	19.72	2.34
SBI핀테크 솔루션즈	2,103	788	19.76	150	19.07	30.05	33.78	7.95
갤럭시아컴즈	1,377	856	5.16	86	10.11	10.04	14.93	1.39
가비아	2,024	1,483	15.23	237	16.00	15.73	10.48	1.47

출처 | 네이버 금융(시가총액은 2020.05.29.기준)

영업이익률, ROE 모두 상위권

| 3 | 기본 중의 기본! Q(물량), P(가격), C(비용) 가능성을 살펴보라!

시장조사업체인 모도 인텔리전스(Mordor Intelligence)에 따르면, 세계시장 기준 국내 핀테크시장 추정 규모는 2019년 약 3조449억원이고, 연평균 10% 이상 성장하며 2023년에는 약 4조8,859억원에 달할 것으로 전망하고 있다. 정부 주도의 현금사용 활성화 정책으로 현금결제시장이 빠르게 성장하고 있고, 세틀뱅크는 주요 은행 및 증권사와 이미 플랫폼을 구축해 시장을 선점하고 있으므로 간편결제 서비스 Q는 증가할 것으로 기대된다.

또한 글로벌 전자결제 서비스 공급사인 MC페이먼트와 협약을 체결해 아시아 내 결제 네트워크를 구축할 예정이라 싱가포르, 베트남, 말레이시아 등 7개 가맹점에서 이용할 수 있는 크로스보더 서비스로 Q가 더욱 확대될 전망이다.

| 4 | 실적을 통해 안정성을 확인하라!

세틀뱅크는 단 한 번의 역성장 없이 5년간 매출액, 영업이익, 당기순이익이 모두 성장한 기업이다. 과거 5년간 연평균 매출액증가율 약 32.5%, 연평균 영업이익증가율이 약 24.1%에 달하며 꾸준한 수익을 보여줬다. 부채비율 또한 안정적인 편이며 2020년 45.39%까지 낮아질 전망이라 재무건전성이 양호하다. 추정치이긴 하지만 2020년, 2021년 2년간 매출액증가율의 평균은 약 12.2%, 영업이익 증가율의 평균은 약 17.4%로 성장하여 실적이 탄탄해질 전망이다.

단위 : 억원, %

	2015/12	2016/12	2017/12	2018/12	2019/12	2020/12(E)
매출액	219	262	393	572	656	759
영업이익	58	74	94	132	134	164
당기순이익	51	52	94	120	129	152
부채비율	74.49	78.70	149.04	106.71	52.96	45.39

더욱 탄탄해질 것으로 전망된다.

출처 | 네이버 금융(2020.04.23.기준)

스마트기기
덕후라면?

돈이 된다! 주식투자

폴더블폰 산업

반도체, OLED 산업

5G 통신장비 및 소재 산업

TOP1
제이앤티씨

TOP1
PI첨단소재

TOP1
RFHIC

TOP2
비에이치

TOP2
덕산네오룩스

TOP2
서진시스템

TOP3
KH바텍

TOP3
이녹스첨단소재

TOP3
오이솔루션

- 이 책은 좋은 기업과 산업지형을 소개하는 게 목표입니다.
  직접적인 투자로 손실이 발생할 수 있으며, 그 결과는 투자자에게 귀속됩니다.

- 산업별 TOP3 기업 선정 기준은 집필 당시 '시가총액' 순입니다.

- 주식투자로 수익을 얻으려면?
  ① 좋은 기업을 ② 싸게 사면 됩니다.
  지금! 곧바로 사지 마세요! 충분히 공부하고 가격을 확인한 후 투자하세요.

폴더블폰 산업

포 | 인 | 트 | 요 | 약

- 고가에도 불구하고 매진 행렬 이어가는 신성장 동력 폴더블폰
- 5G 및 콘텐츠와의 시너지 효과! 타 산업으로 확장하며 부가가치 증대!
- 글로벌 업체들의 폴더블폰 출시 계획! 국내 부품 기업에게는 고성장 기회!

폴더블폰, 새로운 모바일 경험을 설계하다!

폴더블폰* 관련 부품 산업은 과거 업황 변동으로 많은 기업들이 구조 조정하여 단기간에 공급을 재개하는 것이 어려운 상황이다. 그러나 지난 2019년 9월 6일 삼성전자가 출시한 '갤럭시 폴드'가 전 세계적으로 매진 행

삼성전자의 두 번째 폴더블폰 갤럭시 Z플립
(출처 : 삼성전자 홈페이지)

◆ 폴더블폰(Foldable Phone) : 접었다 폈다 할 수 있는 스마트폰으로, 펼치면 태블릿으로도 활용할 수 있다.

렬을 이어가며 새로운 모바일 카테고리의 가능성을 보여줬다. 향후 글로벌 스마트폰 제조업체들이 폴더블폰시장에서 우위를 차지하기 위해 열띤 경쟁을 벌일 것으로 예상되며, 이에 폴더블폰 관련 부품도 구조적으로 성장하게 될 것이다.

5G 및 콘텐츠와의 연계로 시너지 효과 창출

5G 인프라가 확대되고 콘텐츠가 증가함으로써 이를 최적의 환경에서 즐길 수 있는 폴더블폰에 대한 수요도 늘어날 것이다. 동영상 스트리밍 트래픽은 전 세계 인터넷 트래픽의 70% 이상을 차지하는데 향후 80% 이상으로 확대될 것으로 전망되고 있다.

데이터 급증은 5G 인프라 확장을 촉발하기 마련이다. 5G는 4G에 비해 20배 빠르고(초고속), 통신 지연은 10배 짧으며(초저지연), 10배의 단말 동시 접속(초연결)이 가능하므로 콘텐츠 사용이 훨씬 용이하다. 초고속, 초저지연, 초연결의 5G 인프라 확대는 폴더블폰과 시너지 효과를 낼 수 있을 것이다.

국내 폴더블폰 부품 기업, 글로벌 스마트폰시장 정조준

글로벌 스마트폰 출하량은 2018년 15.2억대에서 2019년 13.9억대, 2020년 14.3억대로 오르며 회복될 것으로 전망된다. 삼성전자를 비롯한 글로벌 스마트폰 제조업체들이 폴더블폰 출시에 합류하면서 글로벌 폴더블폰 출하량은 2019년 50만대, 2020년 720만대, 2023년 3,680만대로 증가할 것이다.

전체 판매량 대비 폴더블폰 판매량 비중은 2019년 0.1%에서 2020년 0.5%, 2023년에는 2.4%로 오를 것으로 예상한다. 따라서 기술경쟁력을 갖춘 국내 폴더블폰 관련 부품 기업들이 해외 스마트폰업체를 고객으로 확보하게 될 것이라는 긍정적인 예측을 해볼 수 있다.

화웨이에서 출시한 폴더블폰 메이트 엑스(Mate Xs). 자체 개발 5G 통합칩을 탑재했다.
(출처 : 화웨이 코리아 홈페이지)

리스크

가장 큰 우려는 폴더블폰시장의 확장성에도 불구하고 여전히 가격에 대한 부담이 존재한다는 것이다. 폼팩터*의 새로운 변화에도 실제 판매량은 저조할 수 있다는 것이 리스크 요인이다.

이제 폴더블폰 산업의 TOP3 기업인 제이앤티씨, 비에이치, KH바텍을 살펴보자.

◆　폼팩터(Form Factor) : 하드웨어의 크기, 형태, 구성 등을 이르는 말이다.

제이앤티씨

제이앤티씨는 박막유리를 원재료로 슬리밍, 코팅 등의 가공을 통해 보호필름이 불필요한 스마트폰 전면 커버글라스를 제조하고 있다. 차별화된 기술경쟁력이 단연 눈에 띈다.

회사
정보

세계 최초 3D 강화유리 양산!
모바일 기기를 넘어 차량용 시장 진입!

제이앤티씨는 휴대폰 부품을 생산하는 업체로, 강화유리 사업 부문과 휴대폰용 커넥터 사업 부문을 영위한다. 세계적으로 4-Bended 강화유리를 생산할 수 있는 기업은 제이앤티씨와 삼성전자만 있다. 제이앤티씨는 뛰어난 강화유리 가공 공법과 모회사인 진우엔지니어링과의 협업을 통하여 신제품 생산 시 장비를 빠르게 업그레이드할 수 있는 역량을 가지고 있다.

제이앤티씨의 매출에서 가장 높은 비중을 차지하는 강화유리는 스마트폰의 카메라, 전면, 후면 등을 보호하기 위한 유리로 일반 유리보다 5배 이상 충격에 강하면서 얇고 가볍다는 특징이 있다. 커넥터는 전자부품을 상호 연결해 전류가 흐르게 하기 위한 부품을 일컫는다.

■ 주요제품 매출구성

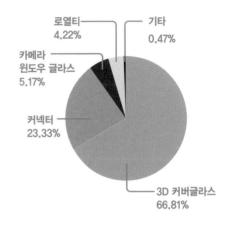

3D 커버글라스	66.81%
커넥터	23.33%
카메라 윈도우 글라스	5.17%
로열티	4.22%
기타	0.47%

휴대폰 카메라용, 이어폰용,
RF용 커넥터 등이 있다.

출처 | 네이버 금융(2019.12.기준)

삼성, 화웨이 고객사 확보한 김성한 대표

제이앤티씨 김성한 대표는 2014년 세계 최초로 3D 커버글라스*를 개발한 데 이어 2018년 또 한 번 세계 최초로 스마트폰 키리스 커버글라스**를 개발했다.

삼성디스플레이, LG디스플레이, 중국 BOE, 즉 글로벌 3대 디스플레이 메이커를 고객사로 확보했으며, 2018년에는 중국 화웨이에 독점 공급을 이끌어냈다. 향후 폴더블, 롤러블, 사물인터넷 등에 적용할 수 있는 3D 커버글라스를 공급할 계획이다.

◆   3D 커버글라스 : 스마트폰이나 자동차 등 기기 내부를 보호하기 위해 쓰이는 부품으로 강화유리덮개를 말한다.
◆◆ 키리스 커버글라스 : 키리스(Keyless)란 버튼 없는 디스플레이 기술을 말하며, 측면 버튼을 터치로 대체하는 키리스를 보호하는 강화유리덮개를 일컫는다.

모바일 기기용 강화유리시장은 여전히 성장 중

세계 모바일 기기용 강화유리시장 규모는 2018년 75.7억달러에서 2020년까지 연평균 9.8% 증가하여 91.4억달러의 시장을 형성할 것으로 전망된다. 국내 모바일 기기용 강화유리시장 규모 역시 2011년 1조285억원에서 2020년까지 연평균 9.5% 증가하여 약 2조2,495억원의 시장을 형성할 것으로 예상된다. 이처럼 국내외 모바일 기기용 강화유리시장이 성장함에 따라 제이앤티씨의 기능성 강화유리 제품도 동반 성장하게 될 것으로 보인다.

출처 | 금융감독원 전자공시시스템 제이앤티씨 4분기 사업보고서(2020.04.08.기준)

3D 커버글라스로 중국시장 총공세!

기존에는 스마트폰에 사용되는 강화유리의 대부분을 중국 업체로부터 공급받았으나 3D 커버글라스로 디스플레이 디자인이 변화되면서 제이앤티씨 생산량이 늘고 있다. 3D 2세대 제품군은 유리 곡면의 각도가 90도에 근접한 제품으로 현재까지 출시된 3D

글라스 중에서는 가공 난도가 가장 높다.

3D 커버글라스를 제조하고 있는 업체는 제이앤티씨, 렌즈 테크놀로지(Lens Technology), 비엘 크리스털 매뉴팩토리(Biel Crystal Manufactory)가 있으며 제이앤티씨가 전체 시장의 30% 정도를 차지하는 것으로 추정된다. 그중 키리스 커버글라스를 제작하는 것은 제이앤티씨가 유일하다. 커브드 디스플레이를 적용한 제품이 확대되면 화웨이, 소니, 블랙베리 등 기존 고객사의 물량이 증가하고 신규 고객사가 늘게 되므로 중국에 공급할 물량은 더욱 증가할 것으로 기대된다.

모바일 기기 및 차량용 시장 진출로 신사업 본격화

차량용 디스플레이 수요가 늘자 제이앤티씨는 스마트폰의 3D 성형 기술, 반사 및 눈부심 방지 기술, 3D 인쇄 기술 등을 차량용 시장에도 접목해 새롭게 시장에 진입하려 하고 있다. 향후 디스플레이 패널의 고해상도 및 대형화 추세에 힘입어 차량용 시장의 규모가 확대되면 제이앤티씨의 신규 사업도 탄력을 받을 것이다.

또한 제이앤티씨는 반사 방지 기술을 휴대폰용 강화유리에 식각하여 구현함으로써 필름의 약점인 내스크래치의 한계를 극복한 커버윈도우를 개발했다. 반사 방지, 내지문, 방오, 내스크래치성 기능을 갖춘 동시에 통화 시 스마트폰의 강화유리가 얼굴에 직접 닿는다는 점에서 착안해 항균 기능까지 겸비한 강화유리도 개발하고 있다.

리스크

경쟁사인 중국 기업의 시장 진입에 대한 우려도 있지만 제이앤티씨는 한 단계 고도화된 2세대 3D 커버글라스까지 양산하며 기술 격차를 벌리고 있어 단시간 내 따라잡기는 힘들 것이다. 이러한 리스크 요인은 기회로 볼 수도 있다.

| 1 | ROE, PER, PBR로 종목의 가치를 파악하라!

제이앤티씨를 포함한 폴더블폰 관련 14개 기업의 2019년 평균 ROE는 약 5.3%인데 제이앤티씨는 35.27로 압도적으로 높다. 이는 폴더블폰 관련 기업들과 비교해 최상위권으로 수익성이 좋다는 뜻이다. 향후 ROE는 2020년 약 26.69%, 2021년 ROE 약 22.83%를 예상하며, 2019년보다는 다소 낮아지지만 여전히 높은 값으로 좋은 수익성을 유지할 것으로 보인다.

단위 : %, 배

	2015/12	2016/12	2017/12	2018/12	2019/12	2020/12(E)
ROE					35.27	26.69
PER						6.20
PBR						1.41

압도적으로 높은 **ROE**

출처 | 네이버 금융(2020.04.16. 기준)

최근 주가 추이를 살펴보면 제이앤티씨는 2020년 3월 5일에 최고점인 11,850원을, 2020년 3월 23일에 최저점인 4,820원을 기록했다. 신규 상장주는 일반적으로 상장 첫날 가장 높은 가격을 보이고 그 이후로 기관 매도가 나오면서 지속적으로 하락하는 모습을 보인다. 제이앤티씨 역시 상장 당일 183만주 넘게 기관의 매도가 쏟아졌다.

2020년 3월 23일에는 기관이 48만주에 가까운 매도 물량을 쏟아내 단일 최대 하락폭을 기록하며 최저점을 찍었다. 그러나 이는 제이앤티씨의 기업가치에 문제가 생겼다기보다는 수요와 공급이 주요 원인으로 작용했을 가능성이 높다.

예상치이긴 하지만 2020년 제이앤티씨의 실적은 매출액 약 5,156억원, 영업이익 약 983억원으로 사상 최대 실적을 전망하고 있다.

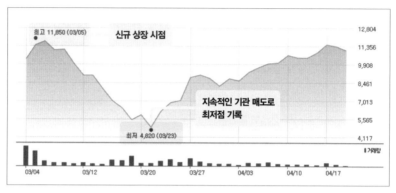

출처 | 네이버 금융(2020.04.21.기준)

| 2 | 유사동종업계 경쟁사와 비교하라!

제이앤티씨는 유사동종업계와 비교해 매출액은 상대적으로 적으나 영업이익은 매출액 대비 최상위 수준이고, ROE 또한 최상이다. 가장 중요한 영업이익률 역시 24.72%로 제이앤티씨를 포함한 폴더블폰 관련 14개 기업의 평균 영업이익률인 약 4.9%보다 압도적으로 높다.

추정치이지만 2020년 영업이익률 약 19%, 2021년 약 20%로 예상되어 다소 낮아지긴 하지만 여전히 높은 수준을 유지할 것으로 보인다. 매출액증가율은 유사동종업계 14개 기업의 2019년 평균 매출액증가율인 약 8.1%를 훨씬 뛰어넘는 68.35%로 높으며, 2020년에도 약 34%로 높은 수준을 유지할 것으로 보인다.

단위 : 억원, %, 배 | 분기 : 2019.12.

	시가총액	매출액	매출액증가율	영업이익	영업이익률	ROE	PER	PBR
제이앤티씨	7,115	3,862	68.35	955	24.72	35.27		
동진쎄미켐	9,203	8,753	5.81	1,049	11.98	17.78	14.71	2.42
인터플렉스	2,368	4,392	39.92	−168	−3.82	−12.23	N/A	1.83
코리아써키트	2,131	5,434	1.42	139	2.55	0.21	475.20	0.98
후성	7,399	2,489	−9.46	134	5.40	3.85	93.40	3.56
유티아이	2,635	631	31.46	63	10.04	8.10	59.68	4.65

출처 | 네이버 금융(시가총액은 2020.05.29.기준)

| 3 | 기본 중의 기본! Q(물량), P(가격), C(비용) 가능성을 살펴보라!

제이앤티씨가 신제품 키리스 커버글라스를 비롯하여 다양한 프리미엄 커버글라스 제품을 출시하며 P의 상승이 예측된다. 최근 스마트폰 디자인 트렌드에 따라 편리하면서 일체감을 주는 키리스 커버글라스가 각광받고 있어 Q의 증가로 이어지는 선순환 또한 기대된다.

제이앤티씨는 키리스 커버글라스를 납품할 수 있는 유일한 업체이다. 게다가 현재 개발 중인 신제품 UTG◆ 기술이 폴더블폰, 롤러블폰 같은 플렉시블 디스플레이에 사용될 것이고, 2020년 하반기에는 차량용 일체형 3D 커버글라스를 양산할 예정이라 Q는 더욱 증가할 것으로 보인다.

◆ UTG(Ultra Thin Glass) : 기존 유리의 단점 극복을 위해 30마이크로미터(㎛) 수준으로 얇게 가공된 유리에 유연성과 내구성을 높이는 강화 공정을 더한 폴더블 디스플레이용 커버 윈도 소재. 삼성전자가 출시한 갤럭시 Z플립의 핵심소재로 사용됐다.

| 4 | 실적을 통해 안정성을 확인하라!

제이앤티씨는 2017년과 2018년을 제외하고는 매출액, 영업이익, 당기순이익이 대체로 성장했다. 매출액의 5년 연평균증가율은 약 21%를 기록했고, 영업이익의 5년 연평균증가율 또한 약 151%에 달했다. 최근 5년간의 부채비율 평균은 약 104%로 다소 높았지만 계속적으로 낮아져 2019년에는 51.75%를 기록했다. 추정치이지만 제이앤티씨의 부채비율은 2020년 약 34.5%, 2021년 약 38.3%로 개선될 전망이다.

또한 제이앤티씨는 추정치이긴 하나 향후 2년간 평균 매출액증가율 약 23%, 영업이익증가율 약 10%로 실적이 증가할 것으로 기대된다.

단위 : 억원, %

	2015/12	2016/12	2017/12	2018/12	2019/12	2020/12(E)
매출액	2,135	3,044	2,683	2,294	3,862	5,156
영업이익	115	476	134	255	955	983
당기순이익	131	276	51	281	877	1,030
부채비율	139.27	166.36	90.72	76.24	51.75	34.50

향후 2년간 실적 증가 기대

출처 | 네이버 금융(2020.04.16.기준)

비에이치

회사
정보

FPCB 및 응용부품 전문 벤처기업! 삼성, LG 등 주요 고객!

비에이치는 첨단 IT산업의 핵심부품인 FPCB*와 응용 부품을 전문으로 제조하는 기업이다. 주요 목표 시장은 스마트폰, OLED, LCD모듈, 카메라모듈, 가전용TV, 전자부품 등이며 주요 고객은 삼성전자, LG전자, 삼성디스플레이 등 국내 대형 IT 제조업체들이다. 일본, 중국 등 해외 고객까지 확보하기 위해 전력을 다하고 있다.

■ 주요제품 매출구성

제품	비율
RF-PCB, BU	74.70%
다층	14.89%
양면	10.07%
상품	0.28%
기타	0.06%

상품
0.28%
기타
0.06%
양면
10.07%
다층
14.89%
RF-PCB, BU
74.70%

RF-PCB는 비에이치가 성장할 수 있는 기초 체력이다.
BU(Backlight Unit)는 광원 장치로 액정 뒤에서 빛을 방출한다.

출처 | 네이버 금융(2019.12.기준)

◆   FPCB(Flexible PCB) : 연성회로기판을 말하며, 각종 전자제품의 핵심부품으로 쓰인다.

비에이치의 매출구성 중 74% 이상을 차지하는 RF-PCB(Rigid Flexible PCB)는 단단한 경성기판과 FPCB가 하나로 통합된 경연성 인쇄회로기판을 말하며 주로 핸드폰, PC 등 전자제품에 활용된다.

글로벌 종합전자부품업체로 견인하는 대표이사 이경환

이경환 대표이사는 1999년 창업 이래 줄곧 회사 경영을 맡으며 창업 1세대의 프리미엄과 위기관리 능력으로 회사를 안정적으로 이끌고 있다. 스마트폰 폼팩터의 변화 트렌드로 최근 폴더블폰까지 함께 성장하면서 글로벌 초우량 고객사인 애플에 장기 납품하고 있으며 그 외 자동차 전장, 로봇 산업 및 세라믹 반도체 등으로 사업을 확장하며 글로벌 종합전자부품업체로 초석을 다지고 있다.

투자
근거

스마트폰 출하량 증가로 매출 증가 예상

2020년에는 북미 제조사의 스마트폰 출하량 반등과 OLED 채택 확대에 따른 낙수효과*로 영업이익이 연간 약 37% 가량 증가할 것으로 기대된다. 또한 삼성전자, LG전자 등 주요 고객사의 2020년 하반기 스마트폰 연내 출하량은 8,000만대로 2019년 대비 약 30% 증가할 것으로 보인다.

보수적으로 가정하여 신모델 내 OLED 채택률을 100%가 아닌 75%로 잡아봐도 디스플레이 고객사의 OLED 공급점유율은 88% 올라가게 된다. 비에이치의 FPCB가 폴더블 디스플레이, 중화권 고객사, 안테나 케이블, 배터리 등에 채택되며 매출액과 영업이익이 상승할 것으로 기대된다.

◆ 낙수효과 : 고소득층 및 대기업의 부가 늘어나면 경기가 활성화되어 중소기업에도 혜택이 돌아가는 효과를 말한다.

5G 스마트폰 출시로 OLED 탑재율 증가, 수혜 가능성↑

2020년 하반기 5G 스마트폰이 출시되면 구모델 사용자들이 단말기를 교체할 가능성
이 크고, OLED 탑재율 또한 크게 증가할 것으로 예상된다. 게다가 일부 신모델에는 온
셀터치(On Cell Touch)* 기술이 채택되어 기존 상품에 비해 평균 판매가가 높아지므로
기회 요소가 된다. 2020년은 국내 업체 위주로 폴더블용 RF—PCB가 확대될 것이며 장
기적으로는 북미 스마트폰에 폴더블 폼팩터가 적용되어 비에이치의 외형 성장은 극대
화될 것이다.

비에이치는 2019년 하반기부터 노트북 키보드용 신규 OLED를 공급하고 있으며, 폴더
블 관련 매출도 개시되었다. 또한 디스플레이 고객사의 중화권 공급량 증대는 비에이
치의 이익을 위한 새로운 성장동력이 될 수 있다.

◆ 온셀터치(On Cell Touch) : 스마트폰 LCD 패널 위에 터치 센서를 부착하는 기술이다.

tip **비에이치 고객사인 삼성디스플레이의 시장점유율에 주목!**

비에이치의 국내 고객사인 삼성디스플레이는 모바일 OLED 글로벌 시장에서 80%가 넘는 점유율을 자랑하고 있다. 삼성디스플레이의 와이옥타(Y-OCTA)◆ 기술력이 압도적이기 때문에 향후 북미에 공급할 플래그십 모델에 와이옥타가 채용이 될 가능성이 높다. 이처럼 비에이치의 고객사가 시장점유율을 독점하고 있는 상황이므로 Q는 크게 늘 것이며, 이는 P 경쟁력으로 이어질 것으로 전망한다.

체크
리스트

| 1 | ROE, PER, PBR로 종목의 가치를 파악하라!

비에이치를 포함한 폴더블폰 관련 14개 기업의 2019년 평균 PER 약 77배, 평균 PBR 약 2.3배인 것에 비해 비에이치는 PER 12.40배와 PBR 2.36배로 저평가되어 있다. 자산가치보다 수익가치가 더 중요하다고 생각되므로 비에이치가 저평가되어 있다는 것은 긍정적인 의미로 볼 수 있다.

단위 : %, 배

	2015/12	2016/12	2017/12	2018/12	2019/12	2020/12(E)
ROE	8.31	-22.94	35.84	49.27	24.22	25.84
PER	9.91	N/A	18.41	6.26	12.40	6.57
PBR	0.76	2.49	5.59	2.57	2.36	1.40

매출액도 높고
ROE도 높아서
매력적!

출처 | 네이버 금융(2020.04.16.기준)

◆ 와이옥타(Y-OCTA) : 삼성디스플레이가 독자적으로 구축한 생산 기술로, 패널 위에 터치필름을 부착하는 대신 패널을 얇게 제조해 일체형으로 생산하는 방식을 말한다.

이보다 더 중요한 ROE를 살펴보자. 폴더블폰 관련 14개 기업의 2019년 평균 ROE는 약 5.3%인데 비에이치의 ROE는 24.22%로 눈에 띄게 높다. ROE는 실적의 외형 크기 대비 상대적인 비교가 중요하다. 약 6,500억원에 가까운 매출액 대비 24.22%의 ROE는 굉장히 좋은 이익률이다.

추정치이긴 하나 비에이치는 2020년 ROE 약 25.8%, 2021년 약 24.2%로 타기업 대비 최상위 수준을 유지할 전망이다. 또한 2020년 예상 PER 약 6.6배, PBR 약 1.4배로 가격은 더 저렴해질 것으로 예상되어 중장기적 투자매력도는 더 높아질 것이다.

최근 5년간의 추이를 살펴보면 비에이치는 2016년 6월 24일에 최저점인 2,050원을, 2017년 12월 1일에 최고점인 30,350원을 기록했다. 최저점이던 2016년 6월에는 국내 FPCB 산업 구조조정으로 투자심리 악화, 개별 기업 상황을 반영하지 않은 공급가격 책정, 고객사의 단가 인하 압력 등 실적에 부정적인 요인이 많았다. 반면 최고점이던 2017년 12월에는 기대 이상의 4분기 수익성, 연간 애플에 공급하는 RF-PCB 증가, 신규 FPCB 추가에 대한 기대 등 긍정적인 요인이 있었다.

비에이치의 2020년 예상 실적은 최고점이던 2017년 대비 매출액증가율 약 22%, 영업이익증가율 약 5%로 역대 최대 실적을 보일 것으로 기대된다.

출처 | 네이버 금융(2020.04.16.기준)

| 2 | 유사동종업계 경쟁사와 비교하라!

비에이치는 유사동종업계 대비 매출액과 영업이익이 가장 크다. 그러므로 실적의 외형 규모가 작은 타 폴더블폰업체 대비 매출액과 영업이익의 증가율이 탄력적으로 올라가기 어려운 게 사실이다. 그럼에도 불구하고 가장 중요한 영업이익률은 9.55%로, 비에이치를 포함한 폴더블폰 관련 14개 기업의 평균 영업이익률 약 4.9%를 2배가량 넘는 수준을 보인다.

예상치이지만 비에이치의 영업이익률은 2020년 약 11.4%, 2021년 약 12.1%로 견조하게 높은 수준을 유지할 것으로 보인다. 매출액증가율은 2019년 -14.72%로 감소하였지만, 2020년 약 28%, 2021년 약 13%로 개선될 전망이다.

단위 : 억원, %, 배 | 분기 : 2019.12.

	시가총액	매출액	매출액증가율	영업이익	영업이익률	ROE	PER	PBR
비에이치	5,732	6,549	-14.72	626	9.55	24.22	12.40	2.36
인터플렉스	2,368	4,392	39.92	-168	-3.82	-12.23	N/A	1.83
뉴프렉스	316	1,283	-34.37	-100	-7.76	-17.75	N/A	0.92
액트	1,561	524	-20.24	10	1.88	-3.40	N/A	1.92

출처 | 네이버 금융(시가총액은 2020.05.29.기준)

경쟁사 대비 매출액도 크고, 성장률도 높다.

| 3 | 기본 중의 기본! Q(물량), P(가격), C(비용) 가능성을 살펴보라!

2019년 4분기 기준 '갤럭시 폴드' 수요는 공급을 5배 상회하는 수준이었다. 2020년부터 삼성전자, 화웨이, 샤오미, 오포, 모토로라 등이 새로운 폼팩터 형태의 폴더블폰을 출시할 계획이며, 애플은 2022년 폴더블 아이폰을 출시할 것으로 보여 폴더블폰시장의 성장 속도는 더욱 빨라질 것이다.

만약 애플이 2022년 폴더블 아이폰 출시를 계획한다면, 2020년 삼성디스플레이 OLED 투자는 큰 폭으로 증가할 것으로 예상되며, 비에이치도 낙수효과를 누릴 것으로 기대된다. 최근 폴더블폰에 대한 수요가 증가하고 있고, 스마트폰 업체들이 폴더블폰 신모델 출시를 계획하는 것을 감안하면 2021년 폴더블폰시장 규모는 2,000만대를 상회할 가능성이 높다.

│ 4 │ 실적을 통해 안정성을 확인하라!

비에이치는 2019년 한 해를 제외하고는 매출액, 영업이익, 당기순이익이 성장세를 보인 성장형 기업이다. 5년간 평균 매출액증가율은 약 21%이고, 영업이익증가율은 약 12%를 기록했다.

최근 5년간의 부채비율을 보면 평균 약 172%로 100%를 넘는 수준을 보여 재무건전성은 불량한 수준이다. 다만 2019년 부채비율은 가장 낮은 71.03%이고 점차적으로 낮아지고 있어 재무건전성이 상당 부분 개선될 전망이다. 사업 확장을 위한 시설 투자금 목적으로 부채비율이 증가한 것은 아닌지도 확인해야 한다.

추정치이긴 하지만 비에이치의 향후 2년간 평균 매출액증가율은 약 20.4%, 영업이익증가율은 약 36.2%로 높은 실적 증가를 예상하고 있다.

단위 : 억원, %

	2015/12	2016/12	2017/12	2018/12	2019/12	2020/12(E)
매출액	3,646	3,720	6,913	7,679	6,549	8,402
영업이익	94	−258	757	910	626	955
당기순이익	87	−245	464	839	566	814
부채비율	208.60	192.95	240.28	149.99	71.03	73.92

출처 | 네이버 금융(2020.04.16.기준)

시설투자금으로 부채비율이 증가했을까?
점점 줄어드는 추세

KH바텍

회사 정보

IT기기와 LED 조명 사업 등을 병행하며 성장궤도 진입!

KH바텍은 가전, 휴대폰, 노트북 등 휴대용 IT기기의 기구물 위주로 사업을 영위하다가 현재는 이동통신 산업 및 LED조명 산업을 주요 영업으로 하며 FPCB 사업도 함께 진행하고 있다. KH바텍은 2019년 말 기준 베트남, 중국 현지 생산 법인 등 총 6개의 연결대상 종속회사◆를 보유하고 있다.

■ 주요제품 매출구성

알루미늄 캐스팅	38.65%
FPCB	17.14%
마그네슘 캐스팅	1.03%
기타	**43.18%**

기타에는 '금형'이 포함되는데 완성품의 틀을 2개 만들어 그 사이에서 형태를 찍어내는 것을 말한다.

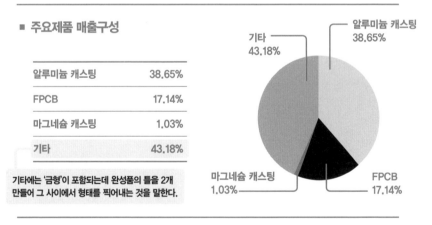

출처 | 네이버 금융(2019.12.기준)

◆ 연결대상 종속회사 : 지배, 종속관계가 성립하는 주식회사가 타 회사의 의결권이 있는 주식 또는 출자지분의 50/100을 초과 소유해 경영권을 지배당하는 기업을 말한다.

KH바텍의 매출에서 높은 비중을 차지하는 알루미늄 캐스팅은 뛰어난 외관 디자인, 전기전도성, 저중량, 높은 내구성을 자랑한다. 또한 KH바텍은 FPCB 분야의 기초 연구와 제조 능력을 보유하고 있으며, 마그네슘 캐스팅 휴대폰, PDA, 디지털 카메라, 노트북 등 첨단 ICT 제품에 사용되는 마그네슘내외장품은 뛰어난 전자파 차폐 효과가 있다. 기타에는 금형 및 상품이 포함된다.

기술 개발로 위기를 극복한 KH바텍 남광희 회장

최대주주인 남광희 회장은 "회사 경영은 자전거 타기와 비슷하다. 넘어지지 않으려면 계속 움직여야 한다."고 하면서 끊임없는 기술 개발을 강조한다. 고객사인 블랙베리가 스마트폰시장에서 경쟁력을 잃으며 위기를 겪었으나 2016년 세계 최초로 메탈케이스 가공기술인 ADC공법을 개발하면서 기술력으로 위기를 극복했다. 고부가가치 폴더블 폰용 힌지 공급이 늘며 KH바텍을 힌지 분야의 승자로 재도약시키고 있다.

투자
근거

폴더블폰 시대의 핵심부품 '힌지' 제조, 독점 공급!

'힌지'는 폴더블 디스플레이의 2개 패널을 접고 펼치는 데 필요한 이음새 역할을 하는 필수 부품이다. 특히 폴더블용 힌지는 스마트폰을 접었을 때 2개의 패널이 맞닿아 충격이 가해지므로 뛰어난 성능이 요구된다. 20만번의 접힘 테스트를 통과해야 하는 만큼 힌지는 폴더블폰 시대의 핵심부품으로 자리 잡고 있다.

마이크로소프트(펄크럼 힌지), 삼성(PEN), 애플 맥북(리빙 힌지) 등 스마트폰 제조사들은 노트북과 스마트폰에 다양한 힌지 제품을 적용하고 있다. KH바텍은 과거 폴더폰이 흥행했을 당시 글로벌 1등 업체였던 핀란드의 노키아(Nokia)에 힌지를 납품하며 전성기를 누렸다. 노키아 내에서 시장점유율 1위였던 만큼 힌지 제조와 관련한 뛰어난 기술력을 보유하고 있다.

최고 기술을 집적한 외장케이스로 매출 확대

KH바텍은 현재 최고의 금속가공방법인 'IDC(Insert Die Casting)'라는 공법을 통해 외장케이스 제조에 출사표를 던졌다. 스마트폰 케이스 제조기술은 크게 'Full CNC'와 'Stamping CNC'로 나누어진다. 'CNC'란 메탈을 물리적으로 조각하여 만드는 금형기술을 말한다. 따라서 'Full CNC'는 말 그대로 전체 공정을 식각하는 것이고, 'Stamping CNC'는 틀을 형성한 후 부분적으로 식각하는 방식을 일컫는다. 전자는 주력 상품에, 후자는 중저가 상품에 주로 쓰인다.

KH바텍의 IDC는 외부 테두리를 'CNC' 방식으로 제조하고 다이캐스팅♦으로 틀을 형성한 뒤 레이저로 용접하는 기술이다. IDC는 중저가 모델에 시범적으로 적용될 예정이며 'Stamping CNC'에 비해 경제성과 효율성이 뛰어나기 때문에 더욱 확대될 것으로 예상한다.

스마트폰의 진화가 역대 최대 실적을 가져온다!

KH바텍은 폴더블폰의 핵심부품인 힌지를 독점 공급하고 있으므로 2020년 매출액은 전년 대비 약 50% 이상, 영업이익은 약 885% 증가하여 2014년 이후 역대 최대 실적을 보일 것으로 기대하고 있다.

폴더블 스마트폰의 형태가 한 번 접히는 원폴딩에서 두 번 이상 접히는 멀티폴딩 형식으로 진화하면 대당 탑재되는 힌지의 수량이 증가할 것이고, 롤러블폰♦♦, 스트레쳐블폰♦♦♦ 등으로 힌지 공정의 난도가 오르면 단가도 상승할 것으로 예상된다.

♦ 다이캐스팅(Die Casting) : 필요한 제품 형태에 완전히 일치하도록 정확하게 가공된 금형에 녹인 금속을 넣어 금형과 똑같은 제품을 만드는 정밀주조법이다.

♦♦ 롤러블폰(Rollable Phone) : 유연하게 둘둘 말아 사용하는 스마트폰으로, 형태를 다양하게 변형하여 사용할 수 있다.

♦♦♦ 스트레쳐블폰(Stretchable Phone) : 늘리거나 줄여서 사용할 수 있는 스마트폰을 말한다.

리스크

고객사가 단가 인하를 요구하고 있고, 구조상 경쟁사의 진입이 불가피하기에 수익에 악영향을 끼칠 수 있다.

체크
리스트

| 1 | ROE, PER, PBR로 종목의 가치를 파악하라!

KH바텍을 포함한 폴더블폰 관련 14개 기업의 2019년 평균 PER 약 77배, 평균 PBR 약 2.3배인 것에 비해 KH바텍은 PER 값이 마이너스로 평균보다도 떨어졌다.

예상치이긴 하나 2020년 PER 약 15.63배 수준으로 상당히 개선된 수치를 보여줄 전망이라 과거 PER 값만으로 판단하는 것은 옳지 않다. ROE 역시 2020년 약 14.2%까지 급격하게 개선될 가능성이 높아 밸류에이션 및 이익 지표가 정상적인 수준으로 돌아올 전망이다.

단위 : %, 배

	2015/12	2016/12	2017/12	2018/12	2019/12	2020/12(E)
ROE	7.59	−6.73	−16.29	−20.27	−6.36	14.20
PER	16.20	N/A	N/A	N/A	N/A	15.63
PBR	1.16	1.04	1.28	0.90	2.75	2.10

과거 PER 값으로만
평가할 필요가 없다
는 걸 보여준 사례

출처 | 네이버 금융(2020.04.16.기준)

최근 5년간의 추이를 살펴보면 KH바텍은 2015년 4월 24일 최고점인 26,800원을, 2018년 11월 2일 최저점인 6,280원을 기록했다. 최고점이던 2015년 4월에는 고객사 다변화로 인한 체질 개선, 신모델 출시 기대, 해외 고객사 공급 양산 수율 향상 등 긍정적 요인이 있었다. 최저점을 찍은 2018년 11월은 모바일시장의 수요세 부진, 해외 거래선 신규모델 진입 지연, 구미 공장 구조조정에 따른 적자 전망 등 부정적 요인이 더 많았다.

2020년 힌지 경쟁사들이 도태되는 극심한 환경을 딛고 일어선 KH바텍은 폴더블폰이라는 메가트렌드의 성장 초입에 있다. 2020년은 전년 대비 매출액 약 50.7%, 영업이익 약 386% 증가가 예상되어 KH바텍의 주식가치에 영향을 줄 가능성이 높다.

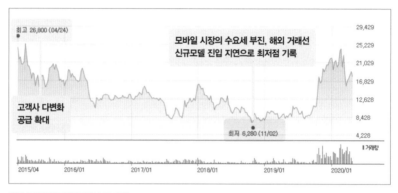

출처 | 네이버 금융(2020.04.21.기준)

| 2 | 유사동종업계 경쟁사와 비교하라!

KH바텍은 유사동종업계 대비 시가총액의 규모가 급격히 커졌고, 매출액과 영업이익은 타기업에 비해 작은 편이다. 더군다나 2019년에 당기순이익 적자를 기록해 지표가 상당히 불량하다. 하지만 2020년 흑자로 전환하면서 폴더블폰 관련 타기업 대비 매출액과 영업이익이 높아질 것으로 보여 과거의 실적보다는 앞으로의 실적 방향성을 더 중요하게 살펴보아야 한다.

KH바텍의 2019년 영업이익률 3.43%는 KH바텍을 포함한 폴더블폰 관련 14개 기업의 평균 영업이익률인 4.9%보다 낮다. 그러나 영업이익률이 2020년 약 10.9%, 2021년 약

11.1%로 오를 것으로 예상되어 2019년 대비 상당히 개선된다는 부분에 주목해야 한다. 매출액증가율 역시 2020년 약 64.5%, 2021년 약 40.5%로 성장할 것으로 예측되고 있다.

단위 : 억원, %, 배 | 분기 : 2019.12.

	시가총액	매출액	매출액증가율	영업이익	영업이익률	ROE	PER	PBR
KH바텍	4,868	2,036	22.72	70	3.43	−6.36	N/A	2.75
세경하이테크	3,254	2,813	9.63	234	8.31	18.64	17.75	3.01
에스코넥	1,263	2,545	−30.67	−147	−5.78	−12.80	N/A	1.14
파인테크닉스	1,675	1,343	3.55	69	5.15	0.59	526.12	3.11
디케이티	823	3,377	40.59	129	3.82	18.32	14.30	1.95

출처 | 네이버 금융(시가총액은 2020.05.29.기준)

**각종 지표는 안 좋아도 2020년
실적 상승에 주목할 것!**

| 3 | 기본 중의 기본! Q(물량), P(가격), C(비용) 가능성을 살펴보라!

최근 폴리카보네이트* 케이스 물량이 크게 증가하여 브라켓** 수요도 함께 늘었다. 인도시장이 확대됨에 따라 월 생산능력이 높아졌고 이는 Q의 증가로 이어지게 된다. 또한 KH바텍이 개발한 최고의 금속가공방법인 IDC는 CNC와 다이캐스팅의 장점을 모두 가지면서 비용은 훨씬 적게 들기 때문에 경쟁력을 강화할 수 있다.

폴더블폰의 성장 발판이 마련될 2020년 후반부터는 폴더블폰 부품의 핵심인 힌지에 대한 매출이 급격하게 상승할 것으로 보이는데 아직 경쟁사가 없는 상황이라 KH바텍

◆　폴리카보네이트(Polycarbonate) : 열가소성 플라스틱의 일종으로, 강도가 높고 내열성이 강한 특징이 있다.

◆◆　브라켓(Brackets) : 스마트폰의 파손 방지를 위해 마그네슘 소재로 제작하여 내부에서 강도를 높이는 용도로 쓰이는 부품이다.

의 매출과 이익으로 직결될 것으로 보인다. 또한 화웨이, 샤오미 등 중국 스마트폰업체가 2020년 이후에는 판매율 등의 양적 성장보다는 수익에 주력할 전망이라 KH바텍에게는 Q보다는 P의 증가를 위한 새로운 기회가 될 수 있다.

| 4 | 실적을 통해 안정성을 확인하라!

KH바텍은 과거 4년 동안 매출액이 계속적으로 감소하고 과거 3년 연속으로 영업이익 적자를 기록했을 정도로 실적이 좋지 않은 기업이었다. 그러나 5년간 평균 부채비율은 약 61%로 재무건전성은 양호한 수준이었으며, 2020년 약 80%, 2021년 약 88%의 부채비율을 보일 것으로 추정되고 있어 재무건전성에 대한 우려는 낮다.

가장 중요한 것은 2020년, 2021년의 매출액과 영업이익이다. 추정치이긴 하지만 향후 2년 평균 매출액증가율 약 53%, 영업이익증가율 약 261%로 상대적으로 높은 실적 증가를 기대하고 있어 KH바텍의 펀더멘털은 폴더블 관련 경쟁사보다 급격하게 개선될 것으로 보인다.

단위 : 억원, %

	2015/12	2016/12	2017/12	2018/12	2019/12	2020/12(E)
매출액	7,379	3,782	3,511	1,659	2,036	2,986
영업이익	312	−153	−315	−68	70	325
당기순이익	199	−185	−377	−391	−116	268
부채비율	61.58	65.28	53.47	71.24	53.62	79.64

출처 | 네이버 금융(2020.04.16.기준)

향후 2년 매출액증가율 약 53%, 영업이익증가율 약 261% 예상

tip

EPS(주당순이익)란?

EPS(Earnings Per Share, 주당순이익)는 연간순이익을 총 발행한 주식 수로 나눈 값이다. 즉 1,000만원의 순이익을 내는 기업이 10만주를 발행했다면 EPS=10,000,000÷100,000=100으로 1주당 100원의 수익을 내는 것이다. EPS가 높으면 기업이 1년 동안 올린 수익에 대한 주주의 몫이 커지는 것이므로 수익을 중심으로 볼 때 EPS가 높을수록 투자가치는 당연히 커진다.

반면 PER(Price Earning Ratio, 주가수익비율)은 주가를 EPS로 나눈 값으로 현재 주가가 기업 1주당 수익의 몇 배인지를 나타내는 지표이다. PER을 역수로 하면 기대수익률인데, 예를 들어 어떤 기업의 PER이 5배이면 그 기업의 기대수익률은 (1/5)×100%, 즉 20%로 예상할 수 있다.

주가는 EPS×PER의 함수이다. EPS는 기업의 실적, PER은 시장의 심리로 볼 수 있다. 기업의 실적이 나빠져서 EPS가 하락하더라도 PER 배수가 높아지면 주가는 오를 수 있고, 반대로 EPS가 증가해도 시장의 미래를 부정적으로 보고 PER 배수를 낮게 하면 주가는 하락할 수 있다. 즉, EPS가 증가한다고 반드시 주가가 오르는 것은 아니다.

반도체, OLED 산업

포|인|트|요|약

- 위기와 기회가 교차했던 메모리 반도체 업계,
  2020년부터 실적 개선에 청신호

- OLED TV, 폴더블 스마트폰의 확산으로 OLED
  패널 출하량 급상승!

- 글로벌 업체들의 OLED 불꽃 경쟁에 빛 보는
  부품 소재 수혜주 등장!

2020년부터 D램과 낸드 플래시 가격 회복세 진입

2013년 이후 메모리 반도체 업계는 2년마다 호황과 불황을 반복했다. 메모리 반도체 사이클은 수요 증가 → CAPEX* 상향 → 수요 둔화 → CAPEX 하향 → 수요 증가 → CAPEX 상향이 반복되는 모습을 보인다. 세계반도체무역통계기구(WSTS)는 2019년 메모리 시장 매출액을 전년 대비 31% 감소한 1,096억달러로 제시했다. 이는 2018년 말부터 서버에 대한 수요가 급감해 재고가 늘어난 데다 공급 과잉으로 인해 2019년 상반기에만 D램** 평균 판매가 41%, 낸드 플래시*** 평균 판매가 37%가 하락했기 때문이다.

◆ CAPEX(Capital Expenditures) : 미래의 이윤 및 가치를 위해 지출된 비용을 말한다.

그러나 2018년 4분기부터 나타난 D램 공급 과잉은 2020년 하반기에 해소될 전망이다. 2020년 글로벌 D램 공급은 전년 대비 12% 증가하는 데 반해 수요는 19% 증가할 것으로 추정되기 때문이다. 그리고 2019년부터 삼성전자, SK하이닉스, 마이크론은 공급을 조정해왔다. 웨이퍼(반도체를 만드는 토대가 되는 얇은 판)를 공정할 시 한 번에 투입하지 않거나 연구개발용, 테스트용 등 비생산용으로 전환하는 등 조치를 취한 것이다. 이에 따라 2020년 하반기부터 공급이 줄어들 것으로 예상된다.

D램과 낸드 플래시 수요 증가로 인한 실적 급증 전망!

2020년에는 서버 수요 재개와 5G 스마트폰이 D램 수요를 가속시킬 것으로 기대된다. 아마존 등 인터넷 기업들이 4분기부터 서버 D램을 대폭 주문할 것으로 확인되며, D램 생산업체들은 물량에 대한 구체적인 논의를 시작한 것으로 보인다. 삼성 중저가 A7 5G, 아이폰SE 2세대, 화웨이 P40 시리즈, 샤오미 K30 등 5G 스마트폰 출시가 계속 예정되어 있다. 2020년 스마트폰 수요는 전년 대비 평균 약 20% 하락할 것으로 전망되지만, 스마트폰시장은 가격 탄력성이 높고, 스마트폰 제조사들의 적극적인 프로모션이 가능하기 때문에 빠른 속도로 수요가 회복될 것이라고 생각한다.

◆◆ D램(Dynamic Random Access Memory) : 메인 메모리나 그래픽 처리용으로 쓰이는 컴퓨터의 주 저장장치를 말한다. 처리 속도는 매우 빠르나 전원이 차단될 경우 자료가 지워지는 특징이 있다.

◆◆◆ 낸드 플래시(NAND Flash) : 전원이 꺼지면 저장된 자료가 사라지는 D램이나 S램과 달리 전원이 없는 상태에서도 데이터가 계속 저장되는 플래시 메모리를 말한다.

낸드 플래시는 D램과는 다른 양상으로 삼성전자와 후발업체 간 이익률 격차가 사상 최대 수준까지 확대되었다. 삼성전자는 낸드 플래시 시장점유율을 확대할 수 있는 좋은 기회로 삼아 공급 초과 없이 수익을 개선시키며 시장점유율까지 올릴 것으로 예상한다. 향후 2년간의 낸드 플래시 가격상승률을 보수적으로 추정해보면 2020년 약 5.6%, 2021년 5.9%로 전망된다. 계약가격이 예상보다 빠르게 상승한다면 삼성전자의 증설 가능성도 나올 수 있다.

국내외 업체들의 치열한 OLED 대전… 승자는?

2020년 글로벌 OLED[◆] 패널 출하량은 전년 대비 약 25% 증가한 5.9억 대에 달할 것으로 예상된다. 삼성디스플레이는 전년 대비 약 12% 증가한 4.7억대, LG디스플레이와 중국의 BOE는 각 2,500만대가 예상된다. 대형 OLED시장 역시 대형 OLED 패널의 판매가 인하되며 2020년 2분기부터 시장점유율을 확대할 것으로 보인다. LG디스플레이의 대형 OLED 패널 출하는 2019년 330만대에서 2020년 560만대까지 확대될 전망이다.

2020년 중국 및 LG디스플레이가 본격적으로 POLED[◆◆]시장에 진출할 것으로 보인다. 이에 삼성디스플레이는 독자 기술인 와이옥타(Y-OCTA)를 적용한 패널 탑재,

---

◆　OLED(Organic Light Emitting Diodes) : 유기발광다이오드로, 형광성 유기화합물에 전류가 흐르면 스스로 빛을 내는 자체발광형 유기물질을 말한다.

◆◆　POLED(Plastic Organic Light Emitting Diodes) : 플라스틱 유기발광다이오드이다.

공정 내 유지·보수 최소화, 인도와 베트남 등을 활용한 후공정 등의 전략을 내세워 원가를 낮출 것으로 전망된다.

차세대 평판 디스플레이 방식인 OLED는 다양하게 사용된다. TV, 스마트폰, 웨어러블 기기 등이 그 사례다. IT 산업의 수요가 확장되는 추세인 만큼 반도체, OLED 산업도 성장세를 보이고 있다.

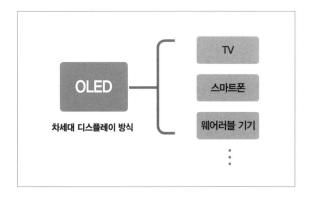

반도체, OLED 산업의 TOP3 기업인 PI첨단소재, 덕산네오룩스, 이녹스첨단소재를 살펴보도록 하자.

회사
정보

전기절연 상품인 폴리이미드 필름 생산

2008년 6월 폴리이미드 필름◆ 관련 가공 제품의 연구 개발, 생산, 판매를 목적으로 설립되어 글로벌 폴리이미드 필름 시장 점유율 1위를 차지하고 있다. 다른 업체에서는 다루지 못하는 특수한 두께와 폭의 폴리이미드 필름을 생산하며 국내외 전방산업이 필요로 하는 소재를 지속적으로 개발해 글로벌시장 1위의 위상을 더욱 공고히 할 계획이다. 2020년 5월, 사명을 'SKC코오롱PI'에서 'PI첨단소재'로 바꿨다.

■ **주요제품 매출구성**

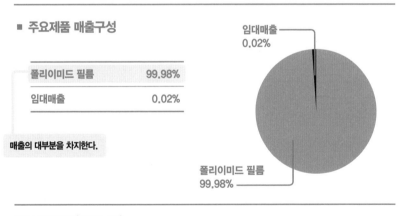

폴리이미드 필름	99.98%
임대매출	0.02%

매출의 대부분을 차지한다.

임대매출
0.02%

폴리이미드 필름
99.98%

출처 | 네이버 금융(2019.12.기준)

◆ 폴리이미드 필름(Polyimide Film) : 영상 400도 이상의 고온이나 영하 269도의 저온을 견디는 강도 및 열적 내구성이 뛰어난 첨단 고기능성 산업용 소재이다.

폴리이미드 필름은 전기절연용, 테이프 및 공정용, 전장용 등에 활용된다. 높은 내열성을 갖추며 배터리 셀 간의 통전을 막기 위해서는 전기절연성, 안정성, 신뢰성이 있는 물성이 요구되는데 폴리이미드 필름은 이에 부합하는 가장 높은 수준의 슈퍼엔지니어링 플라스틱 소재이다.

30년 노하우 축적! 필름 생산 전문가 김태림 대표

SKC에서만 30년 넘게 근무한 김태림 대표는 설비기술팀장, 수원공장장, 필름생산본부장을 거치고 산업통상자원부가 주최한 에너지대전에서 산업포상을 수상할 정도로 필름 사업에 정통한 인물이다. 압도적인 폴리이미드 필름 기술력을 무기로 다양한 전방산업으로 확장하면서 역대 최대 실적을 경신하고 있다.

투자
근거

애플 OLED 패널 사용, 폴더블 스마트폰 출시 덕분에 매출↑

일반산업용 폴리이미드 필름은 2019년 세계적인 배터리 수요 부진으로 인해 매출 성장이 더뎠으나 2020년부터 성장세를 회복할 것으로 보인다. 5G가 출시되며 방열시트용 폴리이미드 필름에 대한 수요가 높아져 이를 제작하는 PI첨단소재가 수혜를 볼 것으로 예측된다.

5G가 본격적으로 상용화되면 RF-PCB*에 사용되는 소재인 LCP**가 유전율이 낮은 폴리이미드 필름으로 바뀔 가능성이 높다. 애플의 OLED 패널 탑재율이 늘고 폴더블 스마트폰이 본격적으로 출시되면서 PI첨단소재의 매출 및 마진 성장이 기대되고 있다.

◆　RF-PCB(Rigid Flexible Printed Circuit Board) : 경연성 인쇄회로기판을 말한다.
◆◆　LCP(Liquid Crystal Polymer) : 용액 또는 녹아 있는 상태에서 액정의 성질을 나타내는 고분자 소재이다.

폴리이미드 필름 하나로 갈 수 있는 영역은 무궁무진, 전기차 적용도 가능!

PI첨단소재는 국내 800억원 시장 규모인 COF*용 폴리이미드 필름의 국산화, 평균 판매가가 높은 5G Modified 용 폴리이미드 필름**공급, 폴더블 스마트폰용 베이스 필름 공급 등으로 새로운 도약을 위한 기회를 마련했다. 현재는 PET 절연 테이프***를 사용하는 중저가 업체와 폴리이미드 절연 테이프를 사용하는 업체가 구분되어 있지만 향후 전기차의 발전으로 시장이 확대될 수 있다.

보수적인 추정치를 가정해봐도 PI첨단소재는 신규 사업에서 최소 약 300억원 이상의 매출을 낼 것으로 예상된다. 주요 원재료인 PMDA****의 가격 안정화까지 더해져 수익이 개선될 전망이다.

첨단 필름 소재 국산화를 통해 신규 아이템 확보

베이스 필름은 스마트폰 아래쪽에 부착되어 기판을 지지하는 용도로 쓰이는 것을 말하는데, PI첨단소재는 삼성전자의 폴더블 스마트폰에 들어가는 베이스 필름을 공급하고 있다. 향후 폴더블 스마트폰이 확산되면 뛰어난 기술력을 가진 PI첨단소재가 최대 수혜주가 될 것이라고 생각한다.

◆　　COF(Chip on Film) : 얇은 필름 형태의 인쇄회로기판에 반도체 칩을 장착하는 방식을 말한다.

◆◆　Modified 폴리이미드 필름 : 스마트폰에 사용하던 액정고분자 대비 가격, 접착력, 내구성이 우수하고 FPCB의 신호 전송 손실을 최소화하는 폴리이미드 필름이다.

◆◆◆　PET(Polyethylene Terephthalate) 절연 테이프 : 내열성, 내한성, 절연성, 투명도의 특성을 지녀 산업용 열 차단에 쓰이는 필름 테이프이다.

◆◆◆◆　PMDA(Pyromellitic Dianhydride) : 전자재료에 쓰이는 물에 잘 녹지 않는 화학물질이다.

그 어느 때보다도 소재부품을 국산화하고자 하는 의지가 강한 때이므로 PI첨단소재는 COF용 폴리이미드 필름, 2차전지[*]용 폴리이미드 바니시(Varnish) 필름 등을 국산화하며 더 큰 성장동력을 확보할 수 있다.

반도체 소재부품 국산화로 성장동력 확보 (출처 : PI첨단소재 홈페이지)

체크
리스트

| 1 | ROE, PER, PBR로 종목의 가치를 파악하라!

PI첨단소재 같은 성장형 기업은 PBR보다는 PER 지표를 보는 게 더 중요하다. 2020년 추정치 지표를 보면 과거보다 현재가 더 저렴한 수준이며, 2020년 ROE는 역대 최고치를 보일 것으로 전망된다.

게다가 2020년 예상 실적 추정치는 매출액 약 2,769억원, 영업이익 약 673억원으로 전년 대비 매출액 약 23.8%, 영업이익 약 100% 증가를 기대하고 있다. PI첨단소재의 사상 최대 ROE는 의심의 여지가 없어 보인다.

◆ 2차전지 : 충전을 통해 반영구적으로 사용하는 전지다.

단위 : %, 배

	2015/12	2016/12	2017/12	2018/12	2019/12	2020/12(E)
ROE	8.40	9.55	13.75	13.80	6.95	18.72
PER	17.98	19.60	42.33	27.87	58.01	19.21
PBR	1.45	1.80	5.59	3.77	4.09	3.36

출처 | 네이버 금융(2020.04.28.기준)

성장형 기업은 PBR보다 PER에 주목할 것!

최근 5년간의 추이를 살펴보면 PI첨단소재는 2016년 2월 12일 최저점인 8,970원을, 2018년 9월 7일 최고점인 57,900원을 기록했다. 2017년에는 매출액 2,164억원, 영업이익 530억원을 기록했고, 2018년에는 매출액 2,455억원, 영업이익 605억원의 실적을 보였다.

최저점이던 2016년 2월에는 유가가 하락하면서 폴리이미드 필름의 원소재인 PMDA 생산업체들이 가동을 중단하며 원가가 상승했고, 일본 카네카(Kaneka)와의 소송으로 재무건전성이 악화될 우려가 있었으며, 모바일 산업에 대한 높은 의존도를 보이는 등 부정적 요인이 많았다. 반면 최고점이던 2018년에는 폴리이미드 필름 판매가 상승, 출하량 증가, 비용 감소라는 3박자에 대한 기대가 있었고, 고부가가치 산업용 필름 매출이 20%를 돌파하는 등 긍정적인 요인이 있었다.

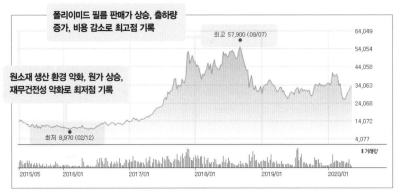

출처 | 네이버 금융(2020.04.28.기준)

2020년은 예상치이긴 하나 최고점이던 2018년 대비 매출액 약 16.2%, 영업이익 약 12.7%의 증가를 기대하고 있어 투자가치가 높다.

| 2 | 유사동종업계 경쟁사와 비교하라!

국내에는 완전히 일치하는 경쟁사가 없어 폴리이미드 필름을 생산하는 글로벌 업체인 대만의 타이마이드(Taimide)와 일본의 카네카(Kaneka)를 강력한 경쟁사로 비교해볼 수 있다. PI첨단소재는 글로벌 경쟁사 대비 PER과 PBR이 모두 고평가되어 있다. 하지만 글로벌 경쟁사에 비해 영업이익률과 ROE가 훨씬 높게 나타나는 등 수익성이 뛰어나 높은 PER과 PBR을 합리화하고 있다. 차별화된 수익성 외에도 매출처 다변화 및 제품 다각화로 PI첨단소재의 밸류에이션 프리미엄은 충분히 유지될 수 있다.

단위 : 억원, %, 배 | 분기 : 2019.12.

	시가총액	매출액	매출액증가율	영업이익	영업이익률	ROE	PER	PBR
PI첨단소재	9,250	2,237	−9.75	336	15.02	6.95	58.01	4.09
타이마이드 (Taimide)	2,118	718	−22.40	61	8.50	4.30	42.10	1.80
카네카 (Kaneka)	21,625	70,964	4.18	3,730	5.30	5.00	10.80	0.50

출처 | 네이버 금융 및 인베스팅 닷컴(시가총액은 2020.05.29.기준)

글로벌 경쟁사보다 영업이익률, ROE가 높다.

| 3 | 기본 중의 기본! Q(물량), P(가격), C(비용) 가능성을 살펴보라!

2020년 북미 스마트폰업체가 중저가 스마트폰 및 5G 기능이 탑재된 신모델을 출시할 예정이며 중화권 스마트폰업체 역시 5G 스마트폰을 시중에 내보낼 예정이다. 주요 전방산업인 스마트폰 산업 수요가 2017년 이후 처음으로 의미 있는 수준으로 회복될 전망이라 Q가 크게 증가할 것으로 예상된다.

특히 2020년부터 폴더블 스마트폰 수요가 빠르게 증가할 것으로 전망되어 소재 독점
기술을 가진 PI첨단소재가 Q의 효과를 크게 받을 것이다.

| 4 | 실적을 통해 안정성을 확인하라!

PI첨단소재는 과거 5년간 2019년 한 해를 제외하고는 지속적으로 매출액, 영업이익, 당
기순이익이 증가했다. 2019년 실적이 큰 폭으로 역성장했음에도 불구하고 과거 5년간의
연평균 매출액증가율은 약 14.6%를 보이고, 영업이익증가율은 약 11.4%라는 양호한 수
치를 기록했다. 부채비율은 5년 평균 약 40%로 재무건전성도 상당히 양호한 편이다.

2020년과 2021년의 평균 예상 실적은 매출액증가율 약 19.4%, 영업이익증가율 약
56.5%로 좋게 나타나고 있다. 또한 주주친화정책을 펴는 사모펀드로의 최대주주 전환,
전방산업의 다각화, 폴더블 스마트폰 확산, 중국 스마트폰 출하량 회복세, 업계 내 차별
화된 배당 수익률 등 긍정적인 환경이 조성되어 PI첨단소재만의 기업가치를 뒷받침할
것으로 보인다.

단위 : 억원, %

	2015/12	2016/12	2017/12	2018/12	2019/12	2020/12(E)
매출액	1,363	1,531	2,164	2,455	2,237	2,769
영업이익	289	323	530	605	336	673
당기순이익	170	210	328	350	177	506
부채비율	28.12	34.56	37.44	43.93	56.38	52.52

출처 | 네이버 금융(2020.04.28.기준)

실적 양호 주주친화정책 주도

덕산네오룩스

회사 정보

글로벌 OLED 전문기업, 일부 소재는 63% 점유율!

덕산네오룩스는 전자부품 제조업을 주업종으로 2014년 12월 31일 설립됐다. 2015년 2월 6일 코스닥 시장에 상장했고, 2014년 12월 30일 ㈜덕산하이메탈로부터 인적분할하여 화학소재 사업 부문을 ㈜덕산네오룩스로 재상장했다. 덕산네오룩스는 AMOLED◆ 유기물 재료와 반도체 공정용 화학제품의 제조 및 판매를 주요 사업으로 하고 있다.

■ 주요제품 매출구성

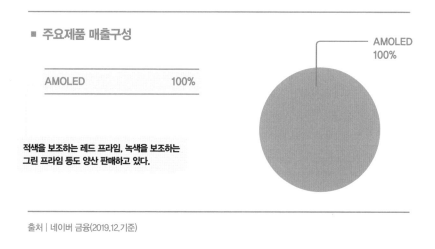

AMOLED	100%

적색을 보조하는 레드 프라임, 녹색을 보조하는 그린 프라임 등도 양산 판매하고 있다.

AMOLED
100%

출처 | 네이버 금융(2019.12.기준)

◆ AMOLED(Active Matrix Organic Light Emitting Diodes) : 능동형 유기발광다이오드를 말한다.

덕산네오룩스는 양극에서 정공을 운반하는 정공수송층인 HTL, 발광과 발색 역할을 하는 발광층(EML)의 레드 호스트* 등을 납품하고 있다. 소재별 시장점유율은 고르게 성장하고 있으며 2020년 예상 시장 점유율은 HTL은 약 18%, 레드 호스트는 약 63%, 기능성 소재는 약 46%까지 차지할 것으로 예상된다.

독보적인 제조경쟁력으로 OLED시장 흔드는 이준호 회장

덕산네오룩스 이준호 회장은 지분율 약 18%의 최대주주로, 덕산네오룩스를 대표적인 글로벌 OLED 재료 전문기업으로 성장시켜왔다. 독보적인 제조경쟁력, 우수한 연구 인력, 개발 인프라 확충을 위한 투자, 글로벌 경쟁사와의 전략적 제휴 등으로 OLED 디스플레이 선도 고객사의 요구에 적합한 재료를 공급하고 있다.

투자
근거

삼성디스플레이, 중국 OLED업체가 주고객사!
OLED 소재 수요 증가로 수혜주 등극!

최대 고객사인 삼성디스플레이의 2018년 모바일 OLED 패널 출하면적은 4.3km²로 추정된다. 향후 2021년까지 주요 세트 업체들의 OLED 패널에 대한 수요 증가와 폴더블 스마트폰 출시 등으로 삼성디스플레이의 모바일 OLED 출하면적은 6.9km²까지 증가할 전망이다.

유닛 기준 1대당 면적이 스마트폰에 비해 100배 증가하는 OLED TV(5.8인치 스마트폰, 65인치 TV 기준) 면적까지 감안하면 글로벌 OLED 소재에 대한 수요는 폭발적으로 증가할

◆　레드 호스트(Red Host) : OLED 패널은 크게 보면 유리기판 – 유기발광층 – 유리덮개 – 편광판으로 이뤄진다. 레드 호스트는 유기발광층이 발광소재로, 적색, 녹색, 청색 중 적색 빛을 낸다.

것으로 예상된다. 삼성디스플레이 HTL 시장에서 50%, 레드 호스트 시장에서 50%를 차지하고, 레드 프라임* 시장을 독점 중인 덕산네오룩스의 전망은 밝다.

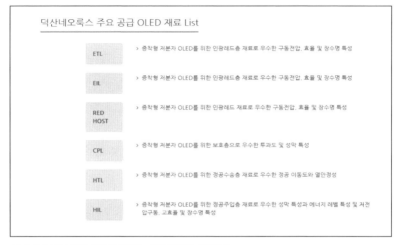

OLED 주요소재 독점적 위치 차지 (출처 : 덕산네오룩스 홈페이지)

2020년, 신제품 출시로 실적 성장 예상!

2020년부터 신제품 그린 프라임이 공급되며 덕산네오룩스의 추가 실적에 청신호가 켜졌다. 중국 주요 패널 업체들이 OLED 양산에 돌입하며 소재에 대한 수요가 늘어날 것으로 보인다. 2020년에는 삼성이 대형 OLED 라인에 대한 투자를 본격화하고 애플 또한 신규 모델에 OLED 패널을 탑재할 것으로 보여 긍정적인 영향을 줄 수 있다.

특히 삼성전자의 갤럭시 폴드2, 갤럭시 노트11과 애플의 아이폰12에는 M10 소재 구조

◆   레드 프라임(Red Prime) : 도판트와 호스트는 발광층에서 실제 빛을 내는 소재들이고, 프라임은 도판트, 호스트의 발광 효율을 높인다. 따라서 레드 프라임은 적색, 그린 프라임은 녹색 발광 효율을 높이는 역할을 한다.

가 사용될 예정이다. 또한 M10은 M9에 비해 그린 프라임 소재가 더 많이 들어가기 때문에 덕산네오룩스 Q의 증가에 대한 기대감은 더욱 높다.

삼성디스플레이가 중화권 프리미엄 스마트폰으로 플렉시블 OLED를 판매하면 할수록 Q는 증가하기 마련이다. 화웨이 메이트30프로에서 삼성디스플레이가 1차 벤더[◆]로 진입하며 플렉시블 OLED 패널 채택률은 지속적으로 오를 전망이다.

체크 리스트

| 1 | ROE, PER, PBR로 종목의 가치를 파악하라!

덕산네오룩스의 2020년 예상 실적은 과거 5년 대비 ROE는 최상위이고, PER과 PBR은 비교적 낮을 것으로 보여 과거에 비해 저렴하면서도 수익은 더 늘어날 것으로 전망된다.

예상 실적 추정치를 보면 2020년 매출액 약 1,298억원, 영업이익 약 316억원이고, 2021년 매출액 약 1,598억원, 영업이익 약 398억원으로 성장할 것으로 보여 덕산네오룩스의 기업가치를 확실하게 증명할 것이라고 기대한다.

단위 : %, 배

	2015/12	2016/12	2017/12	2018/12	2019/12	2020/12(E)
ROE	2.10	4.39	14.52	14.28	12.73	16.51
PER	157.06	81.84	35.22	18.12	32.96	24.49
PBR	3.26	3.52	4.82	2.42	3.95	3.73

PER, PBR은 낮고 ROE는 최상위!

출처 | 네이버 금융(2020.04.28.기준)

◆ 1차 벤더 : 최종 완제품에 직접 납품하는 업체를 가리킨다. 예를 들어 OLED 산업의 최종 제품은 OLED TV이므로 삼성전자에 직접 납품하는 업체가 1차 벤더가 된다.

최근 5년간의 추이를 살펴보면 덕산네오룩스는 2015년 8월 28일 최저점인 6,763원을, 2020년 2월 21일 최고점인 38,450원을 기록했다. 2015년에는 매출액 403억원, 영업이익 24억원을 기록했고, 최고점을 찍은 2020년의 실적은 예상치이긴 하나 매출액 약 1,298억원, 영업이익 316억원으로 역대 최대 실적을 기대하고 있다.

최저점이던 2015년에는 판매가 인하 압력으로 실적 부진을 겪었고, 삼성디스플레이 OLED TV 사업이 불투명해지는 등 부정적인 요인이 많았다. 반면 최고점인 2020년 2월에는 지난해 4분기 높은 이익률에 대한 영향, 중국 OLED 양산 업체 수 증가, 스마트폰 OLED 채택률 증가, 일본 소재의 국산화 공급 이슈 등의 긍정적인 요인이 가득했다.

코로나19로 인해 덕산네오룩스의 주가는 2020년 2월 최고점 대비 약 30% 가까이 하락했다. 그러나 긍정적 영향을 주는 요인에는 대부분 변함이 없으므로 향후 기업의 본질가치가 돌아와 가격이 정상화될 것으로 예상된다.

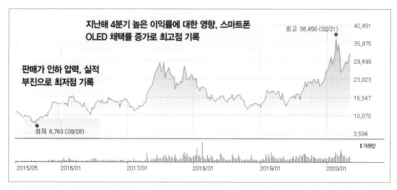

출처 | 네이버 금융(2020.04.28.기준)

| 2 | 유사동종업계 경쟁사와 비교하라!

덕산네오룩스는 글로벌 및 국내 경쟁사 대비 시가총액이 가장 작다. 성장성이 좋은 기업이 시가총액이 작다는 것은 그만큼 외형이 커질 여력이 있다는 것이고, 주가 상승에 대한 부분도 탄력적으로 움직일 수 있다는 것이다. 또한 PER과 PBR은 낮은 반면에 ROE는 높은 수준이라 경쟁사 대비 가격도 저렴하고 수익성도 좋다는 것을 보여준다. 고르게 이상적인 지표를 보여주는 덕산네오룩스는 상대적으로 투자가치가 높다.

단위 : 억원, %, 배 | 분기 : 2019.12.

	시가총액	매출액	매출액증가율	영업이익	영업이익률	ROE	PER	PBR
덕산네오룩스	7,647	979	7.94	208	21.21	12.73	32.96	3.95
유니버셜 디스플레이 (Universal Display)	85,492	4,955	47.65	1,936	39.10	18.30	48.90	8.40
두산솔루스	12,649	700		102	14.54		45.15	5.73

출처 | 네이버 금융 및 인베스팅 닷컴(시가총액은 2020.05.29.기준)   **시가총액 작은 대신 성장 여력 충분!**

| 3 | 기본 중의 기본! Q(물량), P(가격), C(비용) 가능성을 살펴보라!

모바일 글로벌 고객사들의 OLED 적용 모델 확대는 덕산네오룩스의 성장동력이 된다. 삼성이 기존 프리미엄 모델 외 중저가 스마트폰에도 플렉시블 OLED를 탑재하면서 덕산네오룩스의 소재 Q는 늘어나고 있다.

삼성디스플레이는 소재 국산화를 통해 납기, 커스터마이즈◆, 가격경쟁력을 누리면서

◆ 커스터마이즈(Customize) : 애플리케이션, 패키지 등 표준 사양으로 작성된 시스템을 실제 고객 사양에 맞춰 수정하는 것을 말한다.

소재 품목을 확대하는 고객사이다. 삼성 갤럭시S11에 적용될 M10 소재와 QD OLED 관련 매출이 향후 2~3년 뒤부터 본격적으로 상승할 것으로 보여 덕산네오룩스는 다각도로 Q가 증가할 것이다. 그러나 분기마다 삼성이 5% 비용 축소를 요구하고 있어 P의 불리함은 지속적으로 받고 있다.

| 4 | 실적을 통해 안정성을 확인하라!

덕산네오룩스는 과거 5년간 대체로 매출액, 영업이익, 당기순이익이 증가한 실적 성장형 기업이다. 과거 5년간의 연평균 매출액증가율 약 35.1%, 영업이익증가율 약 111%라는 상당한 증가율을 보여줬다. 부채비율 또한 5년 평균 약 13.4%로 재무건전성이 굉장히 안정적인 편이다.

예상치이긴 하지만 2020년 매출액증가율 약 32.5%, 영업이익증가율 53.4%의 높은 실적 성장을 전망하고 있다. 2021년까지 2년치 예상 실적은 평균 매출액증가율 약 28.2%, 영업이익증가율 약 40%로 기업가치가 상승할 것으로 보인다.

단위 : 억원, %

	2015/12	2016/12	2017/12	2018/12	2019/12	2020/12(E)
매출액	403	423	1,004	907	979	1,298
영업이익	24	39	184	203	208	316
당기순이익	22	47	168	188	192	288
부채비율	9.54	8.85	21.85	13.75	13.36	14.01

5년간 실적
성장형 기업

출처 | 네이버 금융(2020.04.28.기준)

이녹스첨단소재

회사
정보

LG디스플레이가 주고객사!
FPCB, OLED 소재가 매출 90%

2017년 ㈜이녹스로부터 인적분할되어 설립됐다. 고분자 합성 및 배합 기술을 기반으로 FPCB용 소재, 반도체 패키지용 소재, 디스플레이용 OLED 소재 등을 개발·제조·판매하는 IT소재 부문을 주요 사업으로 하고 있다. 베트남, 중국 광저우 등에 사업장을 두며 시장지배력을 확대하고 있다.

전자부품용 기판과 그 위에 많은 전선들로 구성된 인쇄회로기판이 PCB이다. OLED 디스플레이와 주요 부품을 연결하는 회로는 복잡하고 공간을 많이 차지하기 때문에 구부

■ 주요제품 매출구성

FPCB용 소재	51.83%
디스플레이용 OLED	38.87%
반도체 패키지용 소재	9.30%

반도체 칩을 보호하고, 탑재될 기기에 적합한 형태로 만드는 공정을 반도체 패키징 공정이라 한다.

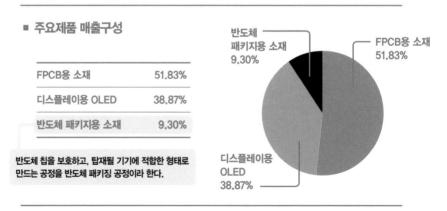

반도체
패키지용 소재
9.30%

FPCB용 소재
51.83%

디스플레이용
OLED
38.87%

출처 | 네이버 금융(2019.12.기준)

226

릴 수 있는 플렉시블 인쇄기판으로 발전했는데 이것이 FPCB이다. 이녹스첨단소재는 FPCB용 소재와 디스플레이용 OLED 소재가 매출의 90% 이상을 차지하고 있다.

FPCB 소재와 OLED 핵심소재 등을 주력으로 한다. (출처 : 이녹스첨단소재 홈페이지)

OLED 소재로 사업 영역을 확장한 장경호 대표

장경호 대표는 OLED 소재 사업을 성장동력으로 점찍고 2010년부터 개발에 몰두했다. 5년 동안 100억원을 투입하며 공을 들인 결과 2015년 11월부터 본격적으로 매출이 발생했다. 장경호 대표는 이녹스첨단소재가 개발한 OLED 소재가 TV나 웨어러블 기기에 수분 및 공기의 침투를 막아주는 필수 소재이기 때문에 앞으로 주력상품이 될 것이라고 말했다.

투자
근거

OLED 봉지필름 매출 늘어 역대 최대 매출액 달성!

갤럭시S10 방열시트 출하량과 대형 OLED 봉지필름 매출액이 늘며 이녹스첨단소재 실적에 반영되고 있다. OLED TV 후면에 쓰이는 봉지필름은 고객사의 OLED TV 판매가 증가하면서 매출이 꾸준히 늘어 분기별 역대 최대 매출액을 달성하고 있다.

특히 LG디스플레이 OLED TV의 CAPA*가 2019년 350만 대에서 2020년 640만 대로 약 80% 이상 증가하는 과정이라 OLED TV 관련 국내 소재 점유율 50% 이상을 차지하고 있는 이녹스첨단소재가 큰 수혜를 받을 전망이다.

또한 회로 및 스마트폰 소재 사업은 베트남으로 이관해 가격경쟁력을 확보함으로써 원가 경쟁력이 높아져 수익이 오를 것으로 전망된다. 거래선은 확대되는데 제약 수준은 타 부품에 비해 낮기 때문에 시장에서 과점적 경쟁력을 확보하는 데 유리하다.

세계적으로 늘어나는 OLED 수요, 이녹스첨단소재 실적과 밸류에이션으로 이어져

이녹스첨단소재의 OLED 매출액은 2018년 976억원, 2019년 1,413억원에서 2020년 약 1,924억원에 달할 것으로 추정하고 있다. OLED와 반도체 소재 매출액을 합하면 2019년 53%, 2020년 60% 수준까지 확대되면서 기업의 체질 개선이 이뤄질 전망이다.

또한 글로벌 OLED 스마트폰 판매 대수는 2020년에 4.5억대까지 증가할 전망이다. 2020년부터 애플은 아이폰 전 모델에 OLED를 채택할 것으로 알려졌고, LG디스플레이의 WOLED**출하량은 700만대에 도달할 것으로 예상된다. 이로써 이녹스첨단소재의 실적과 밸류에이션을 상승시킬 수 있는 환경은 지속될 것으로 전망된다.

소재 국산화로 2020년 본격적인 성장 기대

폴더블 스마트폰 출하량이 본격적으로 증가하며 중소형 OLED 패널 크기와 출하량도

◆　CAPA : 연간 제품 생산 수량 또는 제품 생산 능력을 말한다.
◆◆　WOLED(White Organic Light Emitting Diodes) : 백색 유기발광다이오드를 말한다.

늘 것으로 보인다. 북미 고객사의 신형 스마트폰 수요가 양호한 수준이고, 중국 디스플레이 라인이 가동되면서 이녹스첨단소재의 OLED 소재 매출이 분기별 성장세를 보일 것으로 예상된다.

일본 업체의 점유율이 압도적으로 높은 OLED 공정 소재시장에서 이녹스첨단소재의 기술경쟁력은 국내 업체 중 단연 최고로 꼽힌다. 또한 국산화에 대한 필요성이 점점 높아지면서 DAF/PET* 보호필름 소재를 국산화하고 있어 이녹스첨단소재의 OLED 시장점유율 및 매출액성장률은 눈에 띄게 늘어날 것으로 기대된다.

신규 아이템까지 더해져 주가 상승에 긍정적 영향

현재 5G용 안테나에 사용되는 Modified의 공급망은 카네카/PI첨단소재(폴리이미드 필름 제조) → 두산(CCL** 제조) → SI플렉스(FPCB 제조)의 흐름으로 이루어져 있다. 그러나 5G 스마트폰의 물량 성장이 본격적으로 이뤄지면 고객사는 당연히 공급망이 다변화되길 원하게 된다.

이에 따라 현재 두산이 제조하고 있는 CCL시장에 이녹스첨단소재도 진입할 가능성이 있다. 중장기적으로 물량 성장이 확보된 아이템이라는 장점과 더불어 반도체 패키지용 신제품에 대한 기대감까지 더해져 이녹스첨단소재의 주가는 상승할 것으로 보인다.

◆　DAF(Die Attach Film) : IC칩과 회로기판 또는 IC칩과 IC칩을 접착하는 초박형 필름접착제로 반도체 후공정에 사용된다.
　　PET(Poly Ethylene Terephthalate) : 광학용 초투명 소재로 제작된 필름으로 일반필름보다 두껍고 강도, 내열성이 뛰어나 외부 스크래치에 강하다.
◆◆　CCL(Copper Clad Laminate) : 인쇄회로용 동박적층판으로 휴대폰, 태블릿 PC, 컴퓨터 등에 쓰이는 전자기기용 필수 소재이다.

| 1 | ROE, PER, PBR로 종목의 가치를 파악하라!

글로벌 기업을 포함한 IT소재 관련 12개 기업의 2019년 평균 PER은 약 17배, PBR은 약 2.4배인 것과 비교하면 이녹스첨단소재의 PER은 14.72배로 저평가이고, PBR은 2.75배로 다소 높다. 특히 2019년 대비 2020년의 예상 PER은 약 40% 떨어진 값이다. 또한 12개 기업의 평균 ROE가 약 17.5%인 것에 비해 이녹스첨단소재는 21.10%로 저렴하면서 이익도 잘 내고 있어 밸류에이션 지표상 투자매력도가 높다.

단위:%, 배

	2015/12	2016/12	2017/12	2018/12	2019/12	2020/12(E)
ROE				22.40	21.10	16.45
PER			25.79	11.42	14.72	10.76
PBR			6.09	2.32	2.75	1.58

출처 | 네이버 금융(2020.04.28.기준)

> 업계 평균 PER은
> 약 17배, 저평가 구간!!

최근 5년간의 추이를 살펴보면 이녹스첨단소재는 2017년 12월 1일 최고점인 89,547원을, 2020년 3월 20일 최저점인 27,550원을 기록했다. 2017년에는 매출액 1,931억원, 영업이익 222억원을 기록했고, 최저점을 찍은 2020년의 실적은 예상치이긴 하나 매출액 3,425억원, 영업이익 428억원으로 역대 최대 실적을 기대하고 있다.

최고점이던 2017년 12월에는 내후년이 보이는 유일한 회사라는 타이틀과 함께 분기별 컨센서스를 상회하는 최대 실적을 기록했고 북미 매출 확대, OLED TV 시장 확대, 고객 다변화 등의 긍정적인 뉴스가 쏟아졌다. 반면 최저점이던 2020년 3월에는 전 분기 대비 영업이익률 감소, LG디스플레이 광저우 라인 가동 지연 및 국내 라인 가동률 하락, 코로나19 등 부정적인 뉴스가 가득했다.

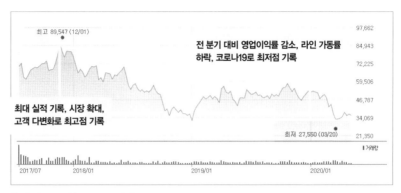

최고 89,547 (12/01)

전 분기 대비 영업이익률 감소, 라인 가동률
하락, 코로나19로 최저점 기록

97,662

84,943

72,225

59,506

46,787

최대 실적 기록, 시장 확대,
고객 다변화로 최고점 기록

34,069

최저 27,550 (03/20)

21,350

▮거래량

2017/07   2018/01   2019/01   2020/01

출처 | 네이버 금융(2020.04.28.기준)

그러나 이녹스첨단소재는 매출처 및 고객사 다변화, OLED 소재 차별화된 기술경쟁력,
양호한 재무 구조 등 펀더멘털은 변한 게 없으므로 주가를 회복할 가능성이 높아 보인다.

| 2 | 유사동종업계 경쟁사와 비교하라!

시가총액은 경쟁사들 대비 낮은 수준이라 충분히 성장의 여지가 있고, PER과 PBR 모
두 12개 경쟁사들의 평균보다 낮아 저렴한 편이다. 가장 중요한 ROE는 12개 경쟁사들
의 평균인 약 17.5% 대비 높게 나타나 수익성이 뛰어나며, 경쟁사들의 평균 영업이익률
이 약 11%인 것에 비해 13%대의 영업이익률을 보여 상대적으로 차별화된 가치를 가지
고 있다고 할 수 있다.

중국 디스플레이 공장 가동률의 회복세, 2020년 북미 스마트폰 신제품 출시 예정, 국산
화 소재로 인한 공급 품목 수와 고객사 확장, 애플리케이션 다변화 등에 힘입어 이녹스
첨단소재는 경쟁사 대비 투자가치가 높다.

단위 : 억원, %, 배 | 분기 : 2019.12.

	시가총액	매출액	매출액증가율	영업이익	영업이익률	ROE	PER	PBR
이녹스 첨단소재	3,544	3,493	16.09	465	13.31	21.10	14.72	2.75
비에이치	5,732	6,549	-17.25	626	9.55	24.22	12.40	2.36
인터플렉스	2,368	4,392	28.53	-168	-3.82	-12.23	N/A	1.83
제이앤티씨	7,115	3,862	40.60	955	24.72	35.27		
두산솔루스	12,649	700		102	14.54		45.15	5.73

출처 | 네이버 금융(시가총액은 2020.05.29.기준)

12개 경쟁사의 ROE 평균은 약 17.5%

| 3 | 기본 중의 기본! Q(물량), P(가격), C(비용) 가능성을 살펴보라!

2020년부터 폴더블 스마트폰 출하량이 본격적으로 늘어나며 중소형 OLED 패널 사이즈와 출하량도 지속적으로 확대된다. 게다가 폴더블 스마트폰의 발열을 최소화하고 펜 기능을 수행하기 위한 복합 방열필름이 탑재되면 국내 OLED 공정소재의 리더 격인 이녹스첨단소재의 Q는 폭발적으로 늘어나게 된다.

종합하면 패널업체들의 OLED TV 패널 확장으로 인한 봉지필름 매출 증가, 현재 두산이 제조하고 있는 CCL 시장으로의 진입 가능성, DAF/PET 보호필름 소재의 국산화 등으로 인해 Q가 증가할 것으로 예상된다. 또한 5G용 FPCB 제품이 출시되며 P와 마진이 늘어날 것으로 보인다.

| 4 | 실적을 통해 안정성을 확인하라!

이녹스첨단소재는 과거 3년간 지속적으로 매출액, 영업이익, 당기순이익이 모두 증가한 실적 성장형 기업이다. 또한 과거 3년간의 연평균 매출액증가율 약 26.6%, 영업이익증가율 약 34.6%라는 고른 증가율을 보여줬다. 부채비율은 3년 평균 약 90%로 재무 건전성도 양호한 편이다.

예상치이긴 하지만 이녹스첨단소재의 2020년 매출액증가율 약 8.7%, 영업이익증가율 10%의 실적 성장을 전망하고 있다. 2021년까지 2년치 예상 실적은 평균 매출액증가율 약 11%, 영업이익증가율 약 18%로 더욱 성장할 것으로 기대된다.

단위 : 억원, %

	2015/12	2016/12	2017/12	2018/12	2019/12	2020/12(E)
매출액			1,931	2,931	3,493	3,425
영업이익			222	383	465	428
당기순이익			173	305	345	305
부채비율			77.92	105.33	86.79	81.36

출처 | 네이버 금융(2020.04.28.기준)

고른 영업이익증가율, 재무건전성도 양호

5G 서비스가 본격화될 2020년, 글로벌시장의 전망은?

미국 통신시장 점유율 1등 업체인 버라이즌커뮤니케이션스(Verizon Communications)는 2020년 설비투자비 전망치를 17.5억달러에서 18.5억달러로 발표했다. 고대역과 중대역 5G망 모두 2020년 하반기부터 본격적으로 진행할 것으로 보이며, 2025년까지 5G 인프라 및 관련 산업에 약 350조원을 투자를 할 것으로 예상된다.

중국은 정부 주도하에 3대 이동통신사(차이나유니콤, 차이나텔레콤, 차이나모바일)가 5G 관련 사업에 1,800억위안 규모를 투자할 것이라고 밝혔다. 화웨이에 따르면 2019년 중국 5G 기지국 수는 13만개에서 2020년 말까지 68만개로 증가할 전망이다.

일본은 2020년 소프트뱅크(Softbank), KDDI, 라쿠텐 모바일(Rakuten Mobile)이 상용화될 것으로 예상된다. 2024년까지 일본 전역에 5G 인프라 구축 비용으로 매년 3조엔이 투자될 예정이며 이 중 기지국 설비 등에 약 1조6,000억엔이 투입될 것으로 보인다. 인도 역시 릴라이언스 지오(Reliance Jio)가 5G망 구축에 나서 2020년 내로 5G가 상용화될 것으로 전망된다.

5G와 OTT 서비스는 환상의 짝꿍

5G로 데이터 사용량은 늘기 마련이다. 그중에서도 동영상 시청이 가장 높은 비중을 차지하고 있어 OTT*는 데이터 사용량 증대에 크게 기여하고 있다. 국내 미디어 시청은 아직도 케이블, IPTV, 위성방송의 비중이 높지만 OTT 기반의 미디어 소비가 증가하는 추세이므로 이는 모바일 데이터 사용량을 높일 것이다.

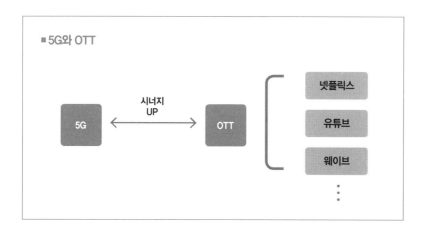

◆　OTT(Over the Top) : 온라인을 통해 영화, 드라마 등 미디어 콘텐츠를 제공하는 서비스를 말한다.

OTT 서비스는 초기에는 망 비용을 감안하지 않지만 기존 유료방송을 대체하는 수준으로 점유율이 높아지면 망 비용 부담이 불가피해질 것이다. 향후에는 망 비용을 OTT 서비스업체가 먼저 부담하고 이후 월 사용요금을 부과하거나 특정 OTT 무제한 데이터 요금제와 같은 방식이 도입될 것으로 보인다. '넷플릭스', '디즈니 플러스' 등 글로벌 OTT 서비스로 모바일 데이터 사용량이 증가하여 고용량 데이터 전송에 적합한 5G 가입자는 증가할 수밖에 없다.

5G 상용화를 위해 원활한 네트워크 환경은 필수!

5G 도입 초기에는 동영상 서비스가, 중기에는 VR/AR*, 클라우드 게이밍 서비스가, 후기로 갈수록 자율주행차, 스마트 시티, 스마트 팩토리** 등이 핵심 서비스로 부상한다. 이와 같은 정보통신기술(ICT) 분야의 신기술이 본격적으로 상용화되기 위해서는 원활한 네트워크 환경이 필수적이다. 당장 시급한 것은 이 서비스를 충분히 이용할 수 있는 5G 네트워크 품질을 확보하는 것이다.

◆ VR(가상현실, Virtual Reality) : 컴퓨터로 만든 가상 세계를 실제와 같이 체험하게 하는 기술이다.
AR(증강현실, Augmented Reality) : 현실의 이미지나 배경에 가상의 정보를 추가하여 하나의 영상으로 보여주는 기술이다.
◆◆ 스마트 시티(Smart City) : 정보통신기술을 통해 생활 속에서 일어나는 교통 문제, 환경 문제, 주거 문제 등을 해결하는 21세기 도시 유형을 일컫는다.
스마트 팩토리(Smart Factory) : 정보통신기술을 적용하여 설계, 개발, 제조, 유통, 물류 등 제품 생산 과정을 자동화한 공장을 말한다.

2020년 통신사의 가장 큰 과제 중 하나는 건물 안에서 5G를 이용할 수 있도록 네트워크를 구축하는 것이다. 초고화질 동영상 시청도, 클라우드 게임도, 가전제품의 음성 컨트롤도 대부분 실내에서 이루어지기 때문이다. 국내 통신사가 세계에서 가장 먼저 5G를 사용하긴 했으나 데이터 다운로드 속도까지 최상위인 것은 아니다. 차세대 정보통신기술 서비스들이 본격적으로 상용화되기 위해서는 네트워크 품질 개선이 무엇보다도 중요하다.

리스크

국가 간의 정세는 무선통신장비시장에서 중요하게 작용된다. 현재 미국은 사이버 보안을 문제 삼아 세계 1위 통신장비업체인 중국 화웨이와 격전을 벌이는 중이다. 미국은 자국을 비롯한 동맹국에 화웨이 5세대 무선 통신장비 사용에 대한 경계의 목소리를 높이고 있다. 이처럼 국가 간 규제가 심해지면 5G 투자가 지연되거나 투자 확장에 제한을 받을 수 있어 부정적 영향을 미칠 수 있다.

이런 리스크를 이겨낼 5G 통신장비 및 소재 산업의 TOP3 기업인 RFHIC, 서진 시스템, 오이솔루션에 대해 살펴보자.

RFHIC

회사
정보

5G 무선통신장비 핵심소재 생산!
차세대 신소재 트랜지스터 개발!

RFHIC는 현재 국내에서 유일하게 GaN 트랜지스터를 생산하고 있는 회사다. RFHIC의
전력증폭기 기술은 무선통신장비의 사양을 결정하는 핵심요소로서 인공위성, 기상, 방
위산업용 레이더 등 활용범위가 넓다.

RFHIC의 매출에서 가장 높은 비중을 차지하는 GaN 트랜지스터란 GaN(질화갈륨)이라
는 신소재로 전류나 전압의 흐름을 조절하여 증폭 또는 스위치 역할을 수행하는 반도
체 소자이다. GaN 전력증폭기는 GaN을 통해 신호를 원하는 크기로 키워주는 역할을

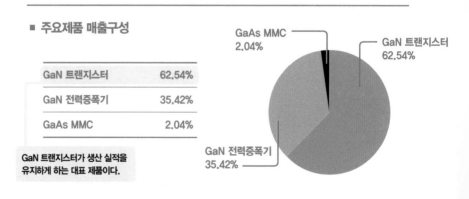

■ 주요제품 매출구성

GaN 트랜지스터	62.54%
GaN 전력증폭기	35.42%
GaAs MMC	2.04%

GaN 트랜지스터가 생산 실적을
유지하게 하는 대표 제품이다.

GaAs MMC
2.04%

GaN 트랜지스터
62.54%

GaN 전력증폭기
35.42%

출처 | 네이버 금융(2019.12.기준)

238

한다. GaAs MMIC란 반도체 재료 및 전력 소자인 GaAs(갈륨비소)로 각종 개별 소자를 고집적화하여 단일 칩으로 제작한 고주파 집적회로를 일컫는다.

압도적인 수익증가율이 기업가치 증명! 최대주주인 조덕수 대표

5G 시대가 도래하며 고주파수 대역 사용이 늘면서 주파수 대역폭이 넓은 GaN 트랜지스터가 기존 실리콘 소재 기반 트랜지스터의 대안으로 주목받았다. 이에 조덕수 대표는 GaN on Diamond 구조로 글로벌 경쟁사보다 한발 앞서 시장을 선점하고 있다. 웨이퍼를 외부에서 매입해 제품을 만들던 후공정업체에서 전후공정을 아우르는 화합물 반도체 생산업체로 거듭날 것이라고 포부를 밝혔다.

투자
근거

미국, 중국 등 고객사 다양화로 매출안정성↑

5G 장비 업체는 장기간 통신사에 납품한 실적 및 품질에 대한 검증이 필요하기 때문에 신규 업체가 시장에 진입할 시 기술진입장벽이 존재한다. 5G 대장주 자격을 갖춘 업체란 5G 수혜를 확실히 받을 수 있는 기지국·인빌딩·스위치 장비 업체이면서 미국·중국·일본 매출 비중이 높은 네트워크 장비 업체라고 판단하는데, RFHIC가 바로 여기에 해당된다.

RFHIC는 신소재 사업을 확장하기 위해 기존의 GaN 트랜지스터를 발전시킨 차세대 신소재 GaN on Diamond 구조의 웨이퍼(반도체를 만드는 토대가 되는 얇은 판) 제작 기술을 확보했다. 이를 활용한 고출력 반도체 전력증폭기를 개발해 기존 진공관을 1대 1로 대체할 뿐 아니라 다양한 영역으로 사업을 확대하고 있다.

5G 통신장비 핵심소재 개발 (출처 : RFHIC 홈페이지)

삼성전자, 중국 화웨이와의 거래로 프리미엄 기대

5G 통신장비 전력 증폭 부품은 실리콘 기반의 LDMOS 트랜지스터가 시장의 70% 이상을 차지했었다. 그러나 주파수가 높아질수록 LDMOS보다 전력소모량은 20% 낮고 방열효율은 5배 높으면서 크기는 1/2 수준인 GaN 트랜지스터의 성능이 훨씬 더 좋아지기 때문에 GaN 트랜지스터로 대체하게 된다.

실제로 삼성전자가 인도 릴라이언스와 일본 KDDI에 공급하는 기지국 장비에 GaN 트랜지스터를 채택했다. RFHIC가 단독으로 납품하고 있어 삼성전자에 납품하는 비중이 기존보다 4배 증가할 전망이다. 특히 삼성전자가 향후 5년간 20억달러 규모의 기지국 장비를 KDDI에 공급할 것으로 보여 GaN 소재 증폭기의 점유율이 독보적으로 높은 RFHIC의 수혜가 예상된다. 또한 RFHIC는 전 세계 1위 통신장비 업체인 중국의 화웨이와도 거래하고 있어 화웨이의 점유율이 높아질수록 화웨이에 납품하는 RFHIC도 프리미엄을 받을 수 있다.

경기 변동 없는 방위산업 포트폴리오 확보

방위산업 분야에 적용되는 레이더용 GaN 전력증폭기는 국가의 경기 변동에 영향을 받지 않으며, 국가 방위의 핵심설비인 레이더에 대한 수요가 지속적으로 늘고 있다는 것도 긍정적인 영향을 준다. RFHIC는 록히드마틴(Lockheed Martin), 보잉(Boeing), 레이시온(Raytheon) 등 글로벌 방위산업체에 모두 벤더 등록이 되어 있으며, 이러한 해외 수출 프로젝트들은 영업이익률이 높아 수익성 개선에 도움을 준다.

체크
리스트

| 1 | ROE, PER, PBR로 종목의 가치를 파악하라!

RFHIC를 포함한 5G 관련 18개 기업의 2019년 평균 PER 약 28.1배, 평균 PBR 약 3.6배인 것에 비해 RFHIC는 PER 43.01배, PBR 4.41배로 고평가되어 있어 다소 비싼 것이 사실이다. 그러나 5G 관련 18개 기업의 2019년 평균 ROE가 약 −4.8%인 것에 비하면 RFHIC는 11.22%로 상당히 양호한 수준이다. 타기업 대비 상대적으로 사업 운영을 잘하고 있다는 것을 숫자로 증명하고 있는 것이다.

앞으로의 ROE 추이를 예상해보면 2020년 약 18.1%, 2021년 약 24.8%로 지표는 더 좋아지고 있어 PER과 PBR을 충분히 보완할 수 있다. 추정치이지만 RFHIC의 2020년 PER은 약 25.9배, 2021년 약 16.2배로 더 저렴해질 것으로 예상되어 투자가치는 매력적이다.

단위 : %, 배

	2015/12	2016/12	2017/12	2018/12	2019/12	2020/12(E)
ROE	4.67	5.51	5.41	17.21	11.22	18.10
PER			60.01	22.77	43.01	25.93
PBR			2.98	3.53	4.41	4.41

출처 | 네이버 금융(2020.04.16.기준)

PER은 다소 높지만 ROE는 양호

최근 5년간의 추이를 살펴보면 RFHIC는 2017년 10월 20일 최저점인 7,590원을 기록했고, 2019년 9월 6일 최고점인 48,600원을 기록했다. 최저점이던 2017년 10월 당시 RFHIC에 대한 뉴스를 찾아보았으나 특별히 나쁜 소식을 찾기 어려웠다. 2017년 9월 1일 엔에이치스팩8호에서 변경상장하면서 기관의 매도세로 주가가 하락했으나 RFHIC의 펀더멘털에는 문제가 없었다.

반면 최고점이던 2019년 9월에는 중국 통신사들의 5G가 상용화되며 화웨이에 대한 발주가 증가해 실적이 늘었고, 글로벌 5G 투자 확대로 전 세계 60개국과 유럽 수주가 증가했다. 국내시장 또한 삼성전자가 RFHIC의 GaN 증폭기 사용을 검토하고, GaN 트랜지스터의 웨이퍼 소싱을 미국 단일 업체에서 대만 업체로 다변화하는 등 원자재 공급 이슈에 따른 긍정적인 소식이 대부분이었다.

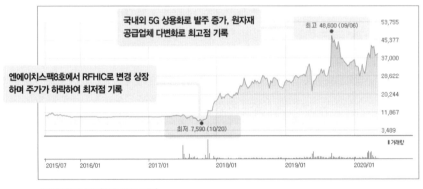

출처 | 네이버 금융(2020.05.08기준)

| 2 | 유사동종업계 경쟁사와 비교하라!

RFHIC는 유사동종업계에 비해 PER과 PBR이 다소 높은 밸류에이션을 보이고 있다. 그러나 영업이익률과 ROE가 차별화된다면 높은 밸류에이션도 충분히 정당화할 수 있는 근거가 된다. RFHIC의 영업이익률과 ROE는 모두 고르게 높기 때문에 투자에 대한 펀더멘털이 탄탄하다고 할 수 있다.

앞으로 얼마나 돈을 더 많이 벌 수 있느냐는 매출액증가율로 확인할 수 있다. 현재까지 추정치이긴 하나 2019년 대비 2020년은 약 100% 가까운 매출액증가율을 기대하고 있어 RFHIC의 가치는 중장기적으로 오를 가능성이 매우 높다.

단위 : 억원, %, 배 | 분기 : 2019.12.

	시가총액	매출액	매출액증가율	영업이익	영업이익률	ROE	PER	PBR	
RFHIC	8,597	1,078	-0.28	179	16.64	11.22	43.01	4.41	
케이엠더블유	23,216	6,829	56.61	1,367	20.02	67.76	19.27	9.39	**영업이익률, ROE 상위권**
텔콘RF제약	3,765	566	-1.94	30	5.29	-39.28	N/A	3.63	
유비쿼스 홀딩스	6,609	1,125	23.38	137	12.17	3.53	53.82	1.66	

출처 | 네이버 금융(시가총액은 2020.05.29.기준)

| 3 | 기본 중의 기본! Q(물량), P(가격), C(비용) 가능성을 살펴보라!

무선통신용 GaN 트랜지스터의 시장 규모는 2018년 3억4,000만달러에서 2020년 4억 9,000만달러, 2022년에는 7억5,000만달러까지 증가하며 2018년부터 2022년까지 연평균증가율이 약 48.6%에 달할 것으로 전망된다.

RFHIC는 미국의 화웨이 제재로 지난 2019년 5~6월 투자 심리가 급랭했지만 미중 무역 마찰이 정점을 찍고 내려오는 데다가 중국의 차이나 모바일이 5G 투자계획을 발표하며 발주에 나서고 있어 2020년 하반기에 본격적인 발주 확대에 따른 실적 증가가 예상된다.

| 4 | 실적을 통해 안정성을 확인하라!

RFHIC의 과거 5년간 매출액, 영업이익, 당기순이익을 살펴보면 2019년 한 해를 제외하고는 지속적으로 성장했다. 과거 5년간의 매출액성장률 평균은 약 15.6%이고, 영업이익성장률은 평균 약 24.5%로 전반적으로 고르게 높은 성장률을 보여주었다.

2019년 말 기준 부채비율은 약 20.72%였다. 과거 5년간 부채비율은 평균 약 27.8%로 상당히 안정적이라고 볼 수 있다. 중요한 것은 미래의 실적인데 추정치이긴 하지만 2020년과 2021년의 실적을 예상해보면, 2년 평균 매출액증가율 약 72.1%, 영업이익증가율 약 48.3%로 과거의 성장률을 훌쩍 뛰어넘을 것으로 보인다.

단위 : 억원, %

	2015/12	2016/12	2017/12	2018/12	2019/12	2020/12(E)
매출액	497	612	621	1,081	1,078	2,013
영업이익	30	55	81	267	179	434
당기순이익	45	56	61	254	202	350
부채비율	27.02	26.59	21.69	43.10	20.72	21.62

출처 | 네이버 금융(2020.04.16.기준)

과거의 성장을 뛰어넘는 매출 상승!

서진시스템

회사
정보

전 공정 수직계열화로 원가경쟁력 확보!
소형 기지국, 안테나 등 생산!

2007년 10월 설립된 서진시스템은 금속가공 기술 및 시스템 설계 역량을 바탕으로 통신 장비, 반도체 장비, 핸드폰 부품 등을 제조 판매하고 있다. 국내에서는 주로 소형 기지국 장비와 소형 안테나 기지국 장비용 케이스를 비롯한 통신 네트워크 장비에 사용되는 금속 기구물을 생산한다.

매출구성에서 통신장비 부품에는 소형 기지국 장비, 소형 안테나 기지국 장비, 통신 네

■ 주요제품 매출구성

통신장비 부품	51.50%
핸드폰 부품	13.50%
ESS 부품	6.60%
반도체장비 부품	4.70%
기타	23.70%

5G 통신장비 부품을 생산하는
뛰어난 기술력을 갖추고 있다.

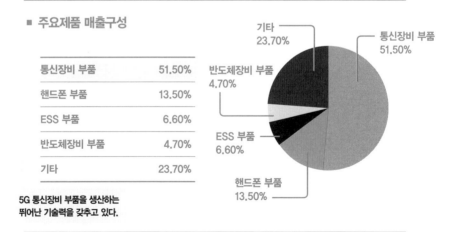

기타
23.70%

통신장비 부품
51.50%

반도체장비 부품
4.70%

ESS 부품
6.60%

핸드폰 부품
13.50%

출처 | 네이버 금융(2019.12.기준)

245

트워크 장비에 사용되는 케이스, DU(Digital Unit) 등 각종 기지국 장비가 포함되어 있다. 휴대폰 부품으로는 스마트폰 케이스 가공이 있으며, 반도체 장비로는 반도체 식각·증착 장비의 구동장치, 구조물 등이 있다. 기타에는 전기자 부품, 전기모터 사이클 배터리 케이스 등이 포함되어 있다.

자본금 3억에서 시작해 5,100억 가치로 키운 전동규 이사회의장

전동규 서진시스템 이사회의장은 1994년부터 선진반도체에서 금속 거푸집을 만드는 금형 엔지니어로 시작해 25살에 서울 영등포구 문래동에 반도체 부품의 금형을 만드는 서진테크를 세웠고, 2007년에 자본금 3억원으로 서진시스템을 법인 전환했다. 2011년 일찌감치 베트남에 진출해 텍슨을 인수하며 시가총액 5,000억원대의 기업으로 성장시켰다.

투자
근거

산업 확장하며 안정성과 성장성 두 마리 토끼 잡는다!

2020년 폴더블폰의 본격적인 출시는 서진시스템의 모바일 부품 매출 확대에 직접적으로 기여할 것으로 보인다. 그동안 서진시스템은 알루미늄 가공 기술을 기반으로 갤럭시S 시리즈, 노트 시리즈 등 다양한 제품에 부품을 공급해왔다. 특히 최근 출시된 폴더블폰의 앞면, 후면 알루미늄 부품은 힌지◆의 아노다이징 공정에 관여했으며 2020년 신규 모델 출시를 앞두고 있어 매출이 증가할 것으로 기대된다.

전방산업이 스마트폰, 반도체, 에너지저장장치(ESS), 자동차 등으로 다양화되어 있다는 것은 특정 산업 매출의 호황 또는 불황에 휘둘리지 않을 수 있다는 것이다. 이는 특정

◆ 힌지 관련 내용은 201쪽 참고.

산업에 집중된 부품업체에 비해 매출의 안정성이 훨씬 뛰어나 서진시스템의 차별화된 투자가치를 보여준다.

국내 유일 대형 다이캐스팅 장비로 5G 수출 경쟁력↑

5G 기지국 장비 발주 사이클이 시작되면서 통신장비 케이스의 매출액이 빠르게 늘고 있다. 장비 사이즈가 커지면서 다이캐스팅[◆] 장비도 커져야 하고 가공을 위한 CNC^{◆◆} 장비도 대형화가 필요하다. 서진시스템은 국내에서 유일하게 3,500톤 다이캐스팅 장비를 보유하고 있어 국내 5G 통신장비는 32TR, 해외는 64TR용 케이스를 안정적으로 생산할 수 있다.

아직 5G 초입 단계… 미래가치 창창

미국, 중국, 일본 모두 본격적으로 5G에 투자하는 초기 시점이라 서진시스템이 통신장비를 공급할 가능성이 높아져 매출은 폭발적으로 증가할 것으로 예상된다. 메가트렌드인 5G가 성숙 단계가 아닌 초입 단계라는 점은 서진시스템의 주가 상승 가능성을 높이는 핵심근거가 될 수 있다.

반도체 부문 매출액 회복! 기타사업부의 매출 증가!

전방산업의 부진으로 2019년 대비 2020년에 약 30% 증가해 반도체 부문 매출액이 회복될 것으로 예상된다. 배터리의 잦은 화재로 인한 정부 조사로 약 178% 감소한 에너지저장장치도 2020년에는 정상화될 것으로 보인다. 특히 기타사업부는 풍부한 수주잔

◆ 다이캐스팅(Die Casting) : 필요한 제품 형태에 완전히 일치하도록 정확하게 가공된 금형에 녹인 금속을 넣어 금형과 똑같은 제품을 만드는 정밀주조법이다.

◆◆ CNC(Computerized Numerical Controller) : 제조장비의 모든 기능을 제어하는 전자 모듈을 말한다.

고를 바탕으로 모터 케이스, 자동차 범퍼, 배터리 케이스 등을 생산하며 2019년 대비 2020년에 약 40% 이상 매출액이 증가할 전망이다.

주가는 실적의 함수이기 때문에 돈 잘 버는 사업부가 많으면 많을수록 좋다. 서진시스템의 매출 아이템이 다양한 것은 그만큼 돈을 잘 벌 수 있는 사업부가 많다는 것이며, 자동차는 매출 사이즈가 큰 전방사업이기 때문에 실적을 키우는 데 도움이 된다.

국내외에 많은 계열사를 보유하고 있다. (출처 : 서진시스템 홈페이지)

체크
리스트

| 1 | ROE, PER, PBR로 종목의 가치를 파악하라!

서진시스템은 유사동종업계 기업들에 비해 PER과 PBR이 저평가되어 제 값을 못 받고 있다. 통신 매출 비중이 계속 커지고 있는데 타기업보다 가격이 저렴하다는 것은 서진시스템의 강점이기도 하다. 또한 서진시스템은 유사동종업계 최상위 수준의 ROE를 보이는데 이는 투자자들과 회사에 많은 이익을 주고 있음을 말해주는 것이다.

과거 주가 흐름을 살펴보면 서진시스템은 2018년 7월 6일 최저점인 12,375원을 기록했고, 2020년 2월 21일 최고점인 33,100원을 기록했다. 최저점이던 2018년 7월은 전체

단위 : %, 배

	2015/12	2016/12	2017/12	2018/12	2019/12	2020/12(E)
ROE		36.95	5.64	17.95	20.25	
PER			37.89	8.94	10.72	7.64
PBR			1.85	1.45	1.98	

**ROE는 최상위 수준,
PER, PBR은 저평가**

출처 | 네이버 금융(2020.04.16.기준)

주식 수의 42%에 달하는 대규모 유상증자가 결정되며 투자 심리가 악화되었고, 미중
무역전쟁이 격화되면서 대외변수도 상당히 좋지 않은 상황이었다.

반면 코로나19라는 대외변수가 본격적으로 발생하기 전이었던 2020년 2월은 예상 당
기순이익 기준 PER이 6배 수준에 불과해 매우 저렴하다는 인식이 있었고, 5G가 본격
적으로 확산되며 5G 채택 기기들이 늘어날 것이라는 긍정적인 뉴스가 가득했다.

예상치이긴 하나 서진시스템의 2020년 매출액증가율은 약 33%에 달할 것으로 전망한
다. 5G라는 메가트렌드를 막을 수 없으므로, 5G 밸류체인의 핵심기업인 서진시스템의
기업가치가 오를 것으로 기대한다.

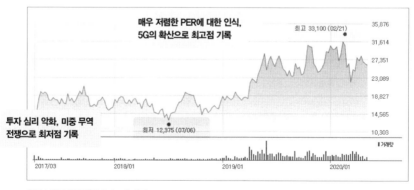

출처 | 네이버 금융(2020.04.16.기준)

| 2 | 유사동종업계 경쟁사와 비교하라!

경쟁사인 인탑스는 서진시스템에 비해 PER과 PBR이 모두 저렴하다. 그러나 인탑스는 휴대폰 케이스 사업부에 주력하며 통신 관련 매출은 없기 때문에 서진시스템보다 저렴하다고 단정 지어 말할 수는 없다. 서진시스템은 2019년 대비 2020년 매출액증가율 약 33%, 영업이익증가율 약 28%를 예상하고 있다. 5G의 핵심성장주로서 당분간은 굳건할 것으로 전망된다.

단위 : 억원, %, 배 | 분기 : 2019.12.

	시가총액	매출액	매출액증가율	영업이익	영업이익률	ROE	PER	PBR
서진시스템	4,887	3,924	17.28	544	13.86	20.25	10.72	1.98
인탑스	1,780	9,105	21.41	707	7.76	8.50	6.22	0.51
이노와이어리스	3,345	968	33.88	153	15.85	17.77	15.16	2.46
뉴지랩	3,805	958	80.58	−1	−0.11	−5.44	N/A	4.15

출처 | 네이버 금융(시가총액은 2020.05.29.기준)   **5G 핵심성장주 주목**

| 3 | 기본 중의 기본! Q(물량), P(가격), C(비용) 가능성을 살펴보라!

우리나라의 글로벌 통신장비 시장 점유율 확대, 다수의 하이엔드* 급 디바이스 출시, 5G 통신서비스 확산 등으로 5G 관련 전방산업의 Q가 확대되고 있다. 또한 미국, 일본, 인도, 베트남 등 다양한 국가별 통신장비의 매출 성장이 지속될 것으로 기대된다. 전기차 시장 확대에 따른 전기 자동차 연료전지 케이스 제조, 차량 경량화를 위한 알루미늄 모듈 부품 채택 등 다른 각도에서도 Q 성장을 점칠 수 있다.

베트남 공장의 낮은 인건비와 전 공정 내재화로 P도 경쟁력이 있다. 납기, 품질을 만족시키며 P, C 모두 긍정적으로 전망된다.

| 4 | 실적을 통해 안정성을 확인하라!

서진시스템은 2017년을 제외하고는 5년 연속 매출액, 영업이익, 당기순이익이 모두 증가하는 이상적인 성장세를 보였다. 과거 5년간의 연평균 매출액증가율은 약 31.9%에 달하고, 연평균 영업이익증가율도 약 13.8%로 통신장비 업계 평균 이상의 성장률을 보이고 있다.

다만 100% 미만을 안정적이라고 보는 부채비율은 다소 높은 수치를 보였다. 운영자금을 조달하기 위해 전환사채˚˚ 900억원을 발행한 탓이다. 그러나 900억원 중 300억원은 서진시스템의 대표이사가 인수한 것이며 이 자금은 베트남 공장 시설을 확충하는 등 사업 확대에 쓰이는 것이므로 너무 부정적으로 볼 필요는 없다.

단위 : 억원, %

	2015/12	2016/12	2017/12	2018/12	2019/12	2020/12(E)
매출액	777	1,659	2,379	3,246	3,924	5,201
영업이익	224	244	178	369	544	754
당기순이익	182	196	63	323	490	
부채비율	333.01	213.53	113.72	97.50	110.96	

출처 | 네이버 금융(2020.04.16.기준)

**업계 평균 이상 실적을 보여주었으나 부채비율이 100%를 넘어감.
하지만 사업 확장을 위한 전환사채 발행으로, 크게 우려할 부분은 아님.**

◆　하이엔드(High End) : 비슷한 기능을 가진 기종 중에서 기능이 가장 우수한 제품을 일컫는다.
◆◆　전환사채 : 채권+주식으로 전환할 수 있는 일종의 옵션으로, 전환 전에는 사채로서 확정 이자를 받고 전환 후에는 주식으로서 이익을 낼 수 있다.

오이솔루션

회사
정보

광통신 가능케 하는 스마트 트랜시버 단독 개발!
기업가치 상승! 해외 수출 탄력!

오이솔루션은 2003년 8월 7일에 설립되어 전자, 전기, 정보통신 관련 제품의 연구개발, 제조 및 판매업을 영위하고 있으며, 2014년 2월 27일 코스닥 시장에 등록했다. 주력 제품은 광 트랜시버◆로, 이는 대용량 라우터 및 스위치 등의 장치에서 전기신호와 광신호를 변환시켜 광통신을 가능하게 하는 핵심부품이다.

■ 주요제품 매출구성

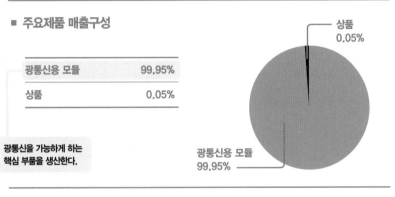

광통신용 모듈	99.95%
상품	0.05%

상품
0.05%

광통신용 모듈
99.95%

광통신을 가능하게 하는
핵심 부품을 생산한다.

출처 | 네이버 금융(2019.12.기준)

◆　광 트랜시버(Optical Transceiver) : 광송신기를 뜻하는 트랜스미터(Transmitter)와 수신기를 뜻하는 리시버(Receiver) 합성어다. 광통신망을 연결하는 광케이블과 데이터 전송을 담당하는 전송 장비 사이에서 광신호를 전기신호로 변환하는 역할을 한다.

오이솔루션의 매출에서 무려 99.9%를 차지하는 광통신용 모듈은 가정 내 광케이블, 종합유선방송사, 전기통신 등에 쓰인다. 광통신용 소자는 광 트랜시버 원가의 약 30%로 빛을 전기로 변환하거나 전기를 빛으로 변환하는 기능을 갖는 반도체 소자를 말하며 포토다이오드, 포토트랜지스터, 발광다이오드 등이 있다.

글로벌 통신장비 TOP5를 향하는 박용관 대표

박용관 대표는 매년 오이솔루션의 매출액 중 5~10%를 연구개발에 투자하며 혁신적인 제품과 서비스 구현에 힘쓰고 있다. 그 결과 오이솔루션은 셀타워용 1.25Gbps/2.5Gbps급 광 트랜시버 및 이동통신용 양방향 전송 광 트랜시버를 세계 최초로 개발했으며, 스마트 트랜시버를 세계 최초로 출시하기도 했다. 뛰어난 기술력을 갖춘 오이솔루션은 현재 광통신 트랜시버 시장 점유율 10위권이지만 머지않아 더 끌어올릴 것으로 예상한다.

단가 높은 5G용 광 커넥터로 국내 매출↑

예년과 달리 오이솔루션의 국내 매출 비중이 크게 높아졌다. '세계 최초 5G 상용화'라는 목표 달성을 위해 국내 이동통신사들의 5G 관련 투자가 크게 늘면서 광 트랜시버 수요가 지속적으로 증가하고 있기 때문이다. 제품 분야를 확대하기 위한 이동통신사들의 5G 기지국 수요는 중장기적으로 탄탄할 전망이다.

또한 4G용 광 커넥터[*] 대비 3배에서 5배가량 고가인 5G용 광 커넥터 단가로 인해 오이솔루션의 수익성이 급격히 개선되고 있다. 광 커넥터의 주요 부품인 LD 부품 생산 시

◆ 광 커넥터(Optical Connector) : 광섬유를 탈부착하여 접속하는 통신기기 부품이다.

설을 확보할 예정이라 향후 예상되는 단가 인하에 대비할 수 있을 것으로 보인다.

광 트랜시버

스마트 트랜시버 (출처 : 오이솔루션 홈페이지)

국내 유일 25Gbps 이상 고사양 기술로 글로벌시장 3% 점유

국내 광 트랜시버 업체 중 25Gbps 이상급의 고사양 제품 기술력 및 양산 능력을 가진 기업은 오이솔루션이 유일한 것으로 판단된다. 무선이동통신 트랜시버 글로벌시장은 2020년 약 1조원 수준으로 추정되며 시장 규모는 2024년까지 연평균 약 20%씩 성장할 것으로 전망된다. 실제 오이솔루션은 4G 고객사 1개에서 5G 고객사 4개로 늘어나며 고객사의 측면에서도 다변화되고 있다.

5G 도입으로 자율주행차, 인공지능, 사물인터넷, VR 등에 많은 트래픽이 요구되기 때문에 무선이동통신 광 트랜시버 시장의 규모는 빠르게 증가할 수밖에 없다. 광 트랜시버의 글로벌시장 규모는 2019년 기준 7.3조원 수준이며 오이솔루션은 이 중 약 3%의 시장점유율을 기록하고 있다.

광 트랜시버 수요에 응답하며 스마트 트랜시버 단독 개발

오이솔루션이 단독 개발한 스마트 트랜시버는 일반 트랜시버에 소프트웨어 기능을 추가한 것이다. 무선이동통신영역, 가정 내 광케이블 등 전방시장에서도 고부가가치 광 트랜시버에 대한 폭발적인 수요를 보여 매출 증가를 기대할 수 있다. 스마트 트랜시버 및 고용량의 트랜시버는 기존 제품 대비 수익성이 월등하기 때문에 오이솔루션의 기업 가치 상승에 긍정적으로 작용할 것이다.

| 1 | ROE, PER, PBR로 종목의 가치를 파악하라!

오이솔루션을 포함한 5G 관련 18개 기업의 2019년 평균 PER 약 28.1배, 평균 PBR 약 3.6배인 것에 비해 오이솔루션의 PER은 10.65배로 상당히 저평가되어 있고, PBR은 3.77배로 평균보다 다소 높다. 다만 오이솔루션은 성장형 기업이라 수익성 지표가 더 중요하다고 판단하므로 PBR보다 PER 지표를 더 의미 있게 봐야 한다. 적자기업이 9개 나 되는 5G 관련 기업에서 평균보다도 훨씬 낮은 PER을 보유한 오이솔루션은 상대적 으로 저렴하다고 볼 수 있다.

단위 : %, 배

	2015/12	2016/12	2017/12	2018/12	2019/12	2020/12(E)
ROE	3.82	11.69	−2.92	3.83	44.43	27.67
PER	31.92	12.76	N/A	50.99	10.65	10.42
PBR	1.21	1.41	1.34	1.94	3.77	2.73

성장형 기업임에 도 PER이 낮고 저평가!

출처 | 네이버 금융(2020.04.16.기준)

이보다 더 중요한 지표는 ROE이다. 5G 관련 18개 기업의 2019년 평균 ROE는 약 −4.8%인데 오이솔루션의 ROE는 44.43%로 압도적으로 높다. 그만큼 5G 관련 타기업 대비 수익성이 최고로 좋다는 것이다. 추정치이긴 하지만 오이솔루션의 ROE는 2020 년 약 27.7%, 2021년 약 27.8%로 2019년보다는 다소 낮지만 여전히 높은 수익성을 유 지할 전망이다.

최근 5년간의 추이를 살펴보면 오이솔루션은 2015년 8월 28일 최저점인 5,484원을 기록했고, 2019년 8월 16일 최고점인 56,464원 기록했다. 최저점이던 2015년은 8월은 국내 매출이 부진한 데다 전년 대비 연구개발비가 증가하며 이익률은 떨어졌다. 특히 국내 트랜시버 시장 규모가 1,590억원에서 780억원으로 급감하며 2015년 상반기 매출액이 1/4 수준으로 떨어졌다. 북미 지역의 광 트랜시버 출하량 증가에 대한 기대도 실적으로 이어지지 못했던 때이다.

반면 최고점을 찍은 2019년 8월은 5G 최대 수혜라는 기대감으로 실적 발표마다 밸류에이션에 대한 리레이팅이 이뤄졌고 미국, 일본 등 글로벌 해외시장에 대한 기대감이 치솟았다. 오이솔루션의 주요 고객이 글로벌 5G 통신장비 시장점유율 1위에 등극하는 등 좋은 소식들이 넘쳐나는 상황이었다.

오이솔루션의 2020년 예상 실적은 매출액이 약 3% 가량 소폭 성장할 것으로 보이며, 영업이익은 비슷한 수준일 것으로 예상된다.

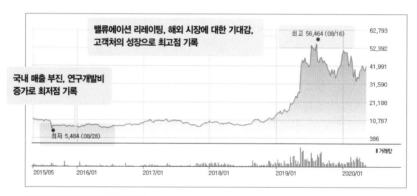

출처 | 네이버 금융(2020.05.08.기준)

| 2 | 유사동종업계 경쟁사와 비교하라!

오이솔루션은 유사동종업계 대비 PER이 저평가되어 있다. 오이솔루션같이 성장하는 기업은 자산가치보다 수익가치를 더 중요하게 봐야 한다. 오이솔루션의 영업이익률과 ROE는 통신소재·장비업계 최상위 수준으로 사업을 효율적으로 운영하며 투자자에게 큰 이익을 주고 있다.

매출액증가율은 2019년에 이미 60% 이상을 달성했고, 추정치이긴 하나 2020년에는 약 5%에 가까운 매출액증가율을 보일 것으로 기대된다. 매출액증가율이 다소 낮아지긴 했지만 이는 추정치일 뿐이며, 글로벌 5G에 대한 지속적인 투자가 오이솔루션의 성장에 날개를 달아줄 것으로 기대한다.

단위 : 억원, %, 배 | 분기 : 2019.12.

	시가총액	매출액	매출액증가율	영업이익	영업이익률	ROE	PER	PBR
오이솔루션	4,574	2,103	61.25	583	27.71	44.43	10.65	3.77
에치에프알	4,385	1,567	13.85	22	1.43	1.29	362.11	4.61
에이스테크	3,466	3,786	0.34	27	0.72	−11.08	N/A	3.54
쏠리드	2,771	2,293	2.92	−35	−1.54	4.97	48.32	2.29
다산네트웍스	2,403	4,466	20.11	−2	−0.04	1.10	157.48	1.59

출처 | 네이버 금융(시가총액은 2020.05.29.기준)   **압도적으로 높은 ROE와 매출증가율**

| 3 | 기본 중의 기본! Q(물량), P(가격), C(비용) 가능성을 살펴보라!

오이솔루션은 해외 5G 사업자에 대응하기 위해 삼성전자, 노키아, 후지쯔 등 주요 고객사에 10G/25G급 트랜시버 벤더 등록 및 승인 시험을 진행하고 있다. 삼성전자를 통해 미국 통신사업자 공급업체로 선정되었으며, 일본 KDDI에 광 트랜시버 납품이 예정되어 있어 매출이 늘 것으로 예상된다. 지난 2019년 3분기에는 분기 최고 매출을 달성하며 Q의 증가를 증명했다.

해외 네트워크 고도화, 제품 기술력 확대, 고객 서비스 등으로 글로벌시장 점유율을 계속 높이는 추세이기 때문에 해외 매출은 계속 늘 것이다. 판매가가 높은 신제품이 많이 팔릴수록 전체 판매실적이 올라가면서 평균 판매가도 상승하기 마련이다. 40Gbps 및 100Gbs 광 트랜시버 개발에 이어 50Gbps PAM4 광 트랜시버가 개발됨에 따라 매출이 상승할 것으로 기대된다.

오이솔루션의 제품 평균 판매가는 2019년 2분기에서 3분기까지 전 분기 대비 약 5~6% 정도 하락했고, 4분기에는 약 15% 넘게 하락하는 형세를 보였다. 다만 2020년에는 미국 버라이즌커뮤니케이션과 AT&T의 5G 투자가 재개될 것으로 보이므로 P가 정상화될 가능성이 있다.

| 4 | 실적을 통해 안정성을 확인하라!

오이솔루션의 매출액은 대체로 꾸준히 증가했다. 그러나 영업이익과 당기순이익은 큰 변동폭을 보여 투자가치를 다소 떨어뜨린다. 다만 오이솔루션의 통신장비 기술력은 국내 1위를 넘어 세계 10위권에 진입하며 매출액과 영업이익을 계속 올리고 있는 것이 사실이다. 메가트렌드의 핵심수혜주로서 매출과 영업이익의 중장기적인 성장을 기대할 수 있으므로 오이솔루션을 주의 깊게 살펴보자.

단위 : 억원, %

	2015/12	2016/12	2017/12	2018/12	2019/12	2020/12(E)
매출액	594	797	766	815	2,103	2,057
영업이익	5	47	−19	2	583	516
당기순이익	19	61	−18	26	461	408
부채비율	50.85	62.63	43.48	45.71	32.34	25.56

출처 | 네이버 금융(2020.04.16.기준)

**통신장비 기술력 국내 1위, 세계 10위권!
영업이익, 당기순이익은 변동성이 있지만
앞으로 매출 상승이 기대된다.**

넷째
마당

건강에 관심이
많다면?

헬스케어 산업

TOP1
씨젠

TOP2
클래시스

TOP3
뷰웍스

제약바이오 산업

TOP1
한올바이오파마

TOP2
동국제약

TOP3
휴온스

건강기능식품 산업

TOP1
서흥

TOP2
종근당홀딩스

TOP3
노바렉스

- 이 책은 좋은 기업과 산업지형을 소개하는 게 목표입니다.
  직접적인 투자로 손실이 발생할 수 있으며, 그 결과는 투자자에게 귀속됩니다.

- 산업별 TOP3 기업 선정 기준은 집필 당시 '시가총액' 순입니다.

- 주식투자로 수익을 얻으려면?
  ① 좋은 기업을 ② 싸게 사면 됩니다.
  지금! 곧바로 사지 마세요! 충분히 공부하고 가격을 확인한 후 투자하세요.

헬스케어 산업

헬스케어 산업을 만든 '정밀의료'

정밀의료는 개인마다 다른 유전체 정보, 환경 및 생활 습관 등을 분석하여 최적의 치료법을 제공하는 의료 행위로 헬스케어 산업의 미래를 아우르는 필수 개념이다. 정밀의료와 관련된 주요 키워드로는 유전체 분석*, 생체지표**, 세포 유전자 치료, 인공지능, 디지털 헬스케어 등이 있다. 이 키워드는 미래 헬스케어 산업을 대표하는 것들이기도 하다.

◆　유전체 분석 : 유전체는 한 생명체의 전체 유전 물질을 지칭하며 주로 DNA로 구성되어 있다. DNA의 타고난 문제 또는 후천적인 문제 등을 해석하여 유전성 질병이나 질환을 사전에 예측할 수 있다.

◆◆　생체지표 : 발암, 유전질환, 노화 등이 진행되는 단계 중 특징적으로 나타나는 변화를 통해 생체지표를 검색함으로써 물질의 위해성을 판단할 수 있다.

정밀의료는 인간 유전자 프로젝트와 염기서열분석[*] 기술의 발전과 함께 성장했다. 유전자 검사 비용은 2006년 NGS[**]가 상용화되며 급격히 낮아졌다. 미국의 유전체 분석 장비 제조업체인 일루미나(Illumina)가 1명의 유전자 분석 비용은 1,000달러로 충분하다고 예고한 지 불과 1년 만에 실제 1,000달러 수준으로 떨어지기도 했다. DNA 염기서열과 유전자의 특성이 밝혀지면서 신규 표적이 발굴되었고, 생체지표를 기반으로 진단과 치료제 개발이 용이해졌다.

헬스케어 비용을 낮추는 열쇠는 바이오시밀러에 있다!

헬스케어와 관련한 사회적 비용이 증가하자 해결책으로 이른바 복제약으로 알려진 바이오시밀러[***]가 제시되고 있다. 그러나 미국은 보험사와 기업, 사용자의 복잡한 이해관계로 인해 유럽만큼 비용 감소의 효과를 누리지 못하고 있다. 앞으로는 비용 대비 효과를 고려해 치료의 혁신성에 더 높은 가치를 둘 것이다. 속도는 늦더라도 바이오시밀러는 미국에서도 시장점유율을 높일 것이고, 이를 통해 절약된 보건 재정은 치료율이 높은 정밀의료의 활성화를 위해 사용될 것으로 기대한다.

◆　염기서열분석 : DNA에 들어 있는 아데닌, 구아닌, 시토신, 우라실 등의 서열을 분석한다.

◆◆　NGS(차세대 염기서열분석, Next Generation Sequencing) : 인간 유전자 정보 전체를 빠르게 읽어낼 수 있는 기술이다. NGS 유전자 패널 검사를 하면 여러 유전자를 한 번에 분석하여 환자에게 맞는 항암제를 찾을 수 있다.

◆◆◆　바이오시밀러(Biosimilar) : 바이오의약품 분야의 복제약을 일컫는 말이다. 제약회사가 새로운 의약품을 개발하는 시간과 비용을 보호하기 위하여 일정 기간 동안 특허권을 인정한다. 특허기간이 만료되면 다른 제약회사에서도 이를 본뜬 의약품을 제조할 수 있는데, 이 복제약을 바이오시밀러라고 한다.

세계 정밀의료시장의 변화는 국내 바이오 기업에게 기회가 될 수 있다. 소기업일지라도 미국 식품의약국(FDA) 승인 약물을 개발해낼 수 있기 때문이다. 미래 헬스케어 산업을 이해하기 위해서는 정밀의료시장의 변화를 주시할 필요가 있다.

개인별 맞춤 건강관리 서비스 '디지털 헬스케어'의 발전

2000년 중반 핵심산업으로 꼽히는 'U헬스케어'는 유·무선 네트워크를 통해 건강·의료서비스 정보를 이용하는 것을 말한다. 현재는 인공지능, 빅데이터 등 4차 산업혁명의 핵심기술과 함께 개인 맞춤형 서비스가 중점인 '디지털 헬스케어'로 발전하고 있다.

디지털 헬스케어 산업은 미국이 선도하고 있으며 의료 기업을 포함해 정보통신기술(ICT) 서비스 기업, 하드웨어 제조기업 등이 산업에 참여한다. 이 산업은 고령화 및 만성질환자가 늘며 정보통신기술과 융합하여 지능형 의료로 발전할 가능성이 있다. 따라서 국내 기업들은 블록체인*, 임플랜터블 기기** 등 스마트 헬스케어와 연관된 응용 기술을 확보하여 글로벌시장으로 진출하는 것이 유리할 것이다.

2020년은 헬스케어 기업의 해! 실적 급증 전망!

2020년은 헬스케어 기업들이 성장 전략을 입증하는 시기가 될 것으로 전망된다. 삼성바이오로직스는 공장 가동률 상승으로 인한 영업 레버리지 효과를 보여줄 것이다. 셀트리온헬스케어는 미국에서 '트룩시마' 판매가 증가한 데다가 '램시마

(미국 판매명 인플렉트라)'가 미국 최대 보험사 중 하나인 유나이티드헬스케어(United Healthcare)에 등재된 덕분에 수익이 개선될 것으로 보인다.

트룩시마

램시마 (출처 : 셀트리온헬스케어 홈페이지)

미국 최대 보험사 등재 약품

주요 제약사들도 연구개발에만 의존했던 기존 비즈니스 모델에서 벗어나 구조적으로 성장할 수 있는 각자의 전략을 구사하기 시작하면서 2020년부터 성과를 낼 것으로 예측된다. 전반적으로 헬스케어 업종의 실적이 개선되며 밸류에이션에 대한 부담이 해소될 것을 기대해 본다.

헬스케어 산업의 TOP3 기업인 씨젠, 클래시스, 뷰웍스에 대해 알아보자.

◆　블록체인(Block Chain) : 보안성을 높이기 위해 데이터를 분산하여 저장하는 기술을 말한다. 거래 내용이 담긴 정보를 네트워크에 참여한 모든 사용자들이 나눠 가지게 되므로 각각의 컴퓨터가 서버이자 클라이언트 역할을 한다.

◆◆　임플랜터블(Implantable) 기기 : 생체이식형 기기로, 체내에서 건강 정보를 측정하거나 수집하고 이를 외부에 전송하는 일종의 센서 기기를 말한다.

씨젠

회사
정보

유전자의 특정 부위만 증식하여 분석하는 분자진단 전문 업체

씨젠은 2000년 유전자 분석 상품, 유전자 진단시약 및 기기 개발을 주 사업 목적으로 설립, 2010년 코스닥시장에 상장했다. 타깃으로 하는 유전자만 증폭시켜 질병의 원인을 정확하게 분석할 수 있는 멀티플렉스 유전자 증폭 시약과 분석을 위한 소프트웨어 원천기술을 확보하고 있다. 씨젠은 진단시약 및 장비 판매업을 영위하는 해외법인 6개 사를 보유 중이다.

씨젠은 감염성 질환, 약제 내성, 암 진단, 유전자형 검사 등 4개의 카테고리에서 95개의 검사 제품을 보유하고 있다. 한 번에 얼마나 많은 유전자 변이 여부를 정확히 진단할 수 있는지가 핵심적인 기술경쟁력이다.

■ 주요제품 매출구성

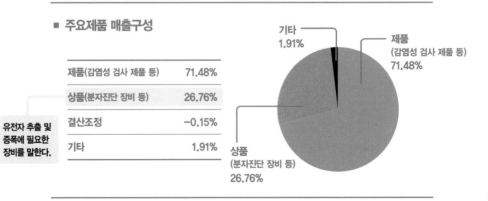

제품(감염성 검사 제품 등)	71.48%
상품(분자진단 장비 등)	26.76%
결산조정	-0.15%
기타	1.91%

유전자 추출 및 증폭에 필요한 장비를 말한다.

기타
1.91%

제품
(감염성 검사 제품 등)
71.48%

상품
(분자진단 장비 등)
26.76%

출처 | 네이버 금융(2019.12.기준)

위기를 기회로 포착!
코로나19 진단시약시장 주도권을 잡은 천종윤 대표

코로나19는 인류에게는 안타까운 비극이지만 씨젠에는 성장의 계기이자 브랜드 가치를 높이는 절호의 기회가 됐다. 60여 개국에 진단키트를 수출하고, 국내 수요 절반을 공급하고 있으니 말이다. 20년간 쌓아온 천종윤 대표의 기술력을 바탕으로 씨젠은 전세계 유일 동시다중 정량검사 기술력을 보유하고 있다. "바이러스가 아무리 변화해도 사람은 그 모든 것을 예측해서 잡아내려고 마음먹으면 잡아낼 수 있다."며 자신감을 피력하기도 했다.

투자
근거

고난도의 분자진단 기술로 세계 유일 동시다중 정량검사 가능

씨젠은 PCR* 원천기술을 기반으로 2004년 다중진단의 시초인 씨플렉스(Seeplex)를 출시했다. 씨플렉스는 감염병의 원인인 박테리아나 바이러스를 진단할 수 있는 제품으로, 씨젠의 DPO(다중분석) 기술이 적용되어 정확도가 높다. 애니플렉스(Anyplex)는 2011년 출시된 제품으로 DPO와 TOCE(실시간 다중분석) 기술이 적용되어 동시다중 진단이 가능하다.

2015년 출시된 올플렉스(Allplex)는 DPO, TOCE, MuDT(동시다중 분자진단) 기술이 모두 적용된 제품으로, 정성분석뿐만 아니라 정량분석이 가능하다는 점에서 분자진단 기술로는 최고의 난도를 구현했다. 3대 원천기술을 바탕으로 세계에서 유일하게 동시다중 정량검사 기술력을 보유함으로써 2018년 말부터 프랑스, 이스라엘 등 해외 입찰시장에서 성과를 보이고 있다.

◆   PCR(Polymerase Chain Reaction) : 질병을 유발하는 유전자 변이가 나타나는 부분을 증폭하여 보는 방법이다.

진단시약의 매출 다각화로 계절적 비수기 극복

글로벌 체외진단시장은 2016년 582억달러에서 2018년 671억달러, 2020년 794억달러 규모까지 견조한 성장을 이어갈 것으로 보인다. 체외진단의 하나인 분자진단은 유전자를 분석하여 질병 여부를 판별하는 방법이다. 질병의 원인을 직접적이면서도 가장 정확하게 찾아낼 수 있기 때문에 체외진단시장에서 가장 높은 성장세가 기대되는 분야이기도 하다. 분자진단에는 씨젠의 PCR 방식 외에 NGS 방식도 있는데 각자 진단 영역이 구분되는 것이기에 경쟁관계라고 보기는 어렵다.

원래 씨젠은 호흡기 진단시약 비중이 높아서 통상 3분기가 비수기였으나 성병 및 여성질환 진단시약의 비중이 증가하며 구분이 사라지고 있다. 또한 소화기 감염증 진단시약이 포함된 기타 시약에서 매출이 크게 늘어 2018년 대비 2019년 약 25% 증가했고, 2020년에 약 35%까지 증가할 전망이다. 국내 대형 의료재단으로 공급량이 확대되면서 국내시장도 2018년 대비 2019년 약 45% 성장했다.

tip

> **국내외 수요가 증가하는 분자진단시장**
> 분자진단시장은 글로벌시장과 국내시장 모두 이제 막 급속도로 성장하고 있어 투자자에게 긍정적이다. 분자진단 장비는 표준화되어 있지 않고 다른 브랜드와 호환도 되지 않기 때문에 장비와 시약이 함께 개발 및 납품된다는 특징이 있다. 진단시약의 매출이 다각화되고 있으므로 씨젠은 장기적인 성장을 이루기에 유리하다.

세계 최대 분자진단시장 미국 진출! 견조한 실적 성장 기대!

미국은 세계 최대 분자진단시장으로, 보험수가가 높다는 장점이 있다. 씨젠은 2020년 승인을 목표로 글로벌 업체인 써모피셔(Thermo Fisher)와 미국 식품의약국(FDA) 승인을 공동으로 추진하고 있다. 씨젠의 올플렉스 제품은 보수적인 유럽시장에서도 인정받을 만큼 성능과 실적 개선 효과가 검증되었으므로 미국시장에도 안정적으로 침투해 2021년 이후 본격적인 판매가 이뤄질 것으로 보인다.

체크
리스트

| 1 | ROE, PER, PBR로 종목의 가치를 파악하라!

씨젠을 포함한 헬스케어 관련 18개 기업의 2019년 평균 PER 약 −1배, 평균 PBR 약 3.9배인 것에 비해 씨젠은 PER 30.15배, PBR 5.22배로 밸류에이션이 비싼 것이 사실이다. 다만 적자기업이 7개나 되는 헬스케어 관련 기업 중 수익이 꾸준히 나는 곳이기에 단순히 밸류에이션 지표값이 비싸다는 이유로 고평가라고 말하기는 어렵다. 적자가 아니라는 점만으로도 차별화되는 것이다.

헬스케어 관련 18개 기업의 2019년 평균 ROE는 약 0.12%인데 씨젠은 19.01%로 최상위 수준이다. 추정치이긴 하나 씨젠의 향후 ROE는 2020년 약 26.4%, 2021년 약 16.4%로 상당한 수익성을 유지할 것으로 보인다.

단위 : %, 배

	2015/12	2016/12	2017/12	2018/12	2019/12	2020/12(E)
ROE	5.90	5.14	2.52	8.76	19.01	26.39
PER	144.20	128.73	269.82	39.13	30.15	49.42
PBR	7.31	6.42	7.44	3.25	5.22	11.24

출처 | 네이버 금융(2020.04.22.기준)

**PER이 높지만 적자를 탈출한
소수의 헬스케어 기업**

최근 5년간의 추이를 살펴보면 씨젠은 2019년 1월 4일 최저점인 14,450원을, 2020년 3월 27일 최고점인 141,400원을 기록했다. 2019년의 실적은 매출액 1,220억원, 영업이익 224억원이었고, 2020년은 예상이긴 하지만 매출액 2,063억원, 영업이익 567억원으로 사상 최대 실적일 것으로 전망한다.

최저점이던 2019년 1월 당시 씨젠에 대한 뉴스를 찾아보았으나 고객사 증가로 매출 회복 기대, 미국시장 침투 본격화, 독보적인 기술력 등 오히려 긍정적인 소식이 많았다. 반면 최고점이던 2020년 3월에는 씨젠이 코로나19라는 대외변수에 대응해 전 세계적으로 분자진단 키트를 수출한다는 사실이 알려지며 약 5배 가까이 주가가 상승했다.

씨젠은 2020년, 2021년 모두 매출액과 영업이익이 중장기적으로 상승할 것으로 예상되어 그에 따른 밸류에이션이 상승할 가능성이 매우 높다. 그러나 현재 주식의 가격이 너무도 가파르게 오른 상태라 신규로서 투자하기에는 부담스럽기 때문에 코로나19 이전부터 보유한 기존 투자자의 영역이라고 생각한다.

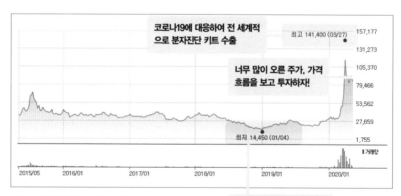

출처 | 네이버 금융(2020.04.22.기준)

| 2 | 유사동종업계 경쟁사와 비교하라!

씨젠은 유사동종업계 대비 매출액과 영업이익이 최상위 수준이며, ROE 또한 가장 높다. 이는 씨젠이 유사동종업계에 비해 이익을 많이 남기면서 사업을 잘 운영하고 있다는 뜻이다. 게다가 씨젠을 포함한 헬스케어 관련 18개 기업의 평균 영업이익률이 약 6.5%를 상회하는 수준인 데 비해 씨젠의 영업이익률은 18.39%로 압도적으로 높다. 예상치이긴 하나 향후 씨젠의 영업이익률은 2020년 약 27.5%, 2021년 약 23.2%로 더욱 향상될 전망이다.

단위 : 억원, %, 배 | 분기 : 2019.12.

	시가총액	매출액	매출액증가율	영업이익	영업이익률	ROE	PER	PBR
씨젠	30,668	1,220	19.26	224	18.39	19.01	30.15	5.22
EDGC	5,336	567	163.72	−86	−15.08	−23.31	N/A	4.91
인트론바이오	4,487	83	−95.88	−44	−52.33	−6.13	N/A	7.61
랩지노믹스	3,059	332	20.73	11	3.26	3.18	55.01	1.74
디엔에이링크	739	156	4.70	−58	−37.53	−89.64	N/A	4.38
마크로젠	3,401	1,223	8.42	7	0.59	−3.03	N/A	2.16

출처 | 네이버 금융(시가총액은 2020.05.29.기준)

매출액, 영업이익, ROE 최고!

또한 헬스케어 관련 18개 기업의 2019년 평균 매출액증가율은 약 26.48%였다. 씨젠은 이보다 낮은 19.26%를 기록해 평균보다 낮다. 그러나 매출액이 타기업보다 상대적으로 크기 때문에 매출액 대비 상대적인 증가폭을 봐야 정확하게 비교할 수 있다. 씨젠의 2020년 매출액증가율은 약 69.1%로 매우 높게 유지될 것으로 보여 충분한 투자가치가 있다고 생각한다.

| 3 | 기본 중의 기본! Q(물량), P(가격), C(비용) 가능성을 살펴보라!

씨젠의 매출액은 올플렉스 고객사의 수로 가늠해볼 수 있다. 올플렉스 고객사는 2016년 229곳, 2017년 519곳, 2018년 903곳으로 빠르게 늘고 있으며 2019년 202개의 신규 고객을 추가하며 누적 기준 총 1,105개의 고객사를 보유하고 있다.

씨젠은 현재 25종의 원천기술을 기반으로 시약 개발 자동화를 위한 자체 소프트웨어를 개발 중이다. 인공지능을 통한 시약 개발이 실현된다면 시약 개발 기간(유럽 기준, 인허가까지 획득하는 데 걸리는 기간)을 기존 1.5~2년에서 6개월로 단축할 수 있어 개발 비용과 시간을 줄일 수 있다.

| 4 | 실적을 통해 안정성을 확인하라!

씨젠은 2017년을 제외하고는 최근 5년간 매출액, 영업이익, 당기순이익이 꾸준히 성장한 성장형 기업으로 볼 수 있다. 매출액의 5년 연평균증가율은 약 17%를 기록했고, 영업이익의 5년 연평균증가율은 약 36.4%에 달했다. 또한 5년간의 부채비율 평균은 약 35.8%로 재무건전성 또한 매우 양호하다. 향후 씨젠의 부채비율은 2020년 약 23.6%, 2021년 약 22.3%로 최상위 수준의 재무건전성을 유지할 것으로 전망된다.

단위 : 억원, %

	2015/12	2016/12	2017/12	2018/12	2019/12	2020/12(E)
매출액	651	737	889	1,023	1,220	2,063
영업이익	86	101	76	106	224	567
당기순이익	68	72	33	107	267	475
부채비율	43.42	45.97	33.68	27.62	28.07	23.62

출처 | 네이버 금융(2020.04.22.기준)

재무건전성 최상위 수준!

추정치이긴 하지만 앞으로 2년간의 실적을 예상해보면 씨젠은 2년 평균 매출액증가율 약 28.6%, 영업이익증가율 약 63.7%로 높은 수준을 보일 것으로 기대한다. 현재 씨젠의 주가는 최단기간 내 가파르게 오른 상황이다. 그러나 지속적으로 기업가치를 증명한다면 비싼 주가에 대한 프리미엄을 적용받을 여지가 있다.

tip

네이버 증권에서 관심종목 200% 파헤치기

많은 사람이 이용하는 포털사이트 네이버에서는 증권(금융) 카테고리를 따로 만들어 다양한 투자 정보를 제공하고 있다(https://finance.naver.com).

이 책에 자주 등장하는 주가 시세, 주요지표(ROE, PER, PBR), 재무상태표, 주요제품 매출구성 등의 정보는 물론 신문사에서 발행하는 최신 뉴스, 금융감독원 전자공시시스템(DART)의 공시 자료도 조회할 수 있다.

주가흐름 확인!

종목 검색 후 국내증시>선차트에서 10년 클릭

투자지표 확인!

종목 검색 후 국내증시>종목분석>기업현황 클릭 (출처 : 네이버 금융)

클래시스

회사
정보

유행에 민감한 메디컬 에스테틱 시장에서 돋보이는 기술경쟁력!

클래시스는 2007년 피부 관련 의료기기 제조 기업으로 설립되었고, 2017년 7월 케이티비기업인수목적2호와 합병하며 코스닥시장에 상장했다. '클래시스'로 대표되는 미용의료기기 사업 부문과 '스케덤', '클루덤' 브랜드를 보유한 화장품 사업 부문을 영위하고 있다. 의료기기 부문은 병원용과 에스테틱용으로 양분화해 해외 매출을 확대하고 있으며, 화장품 부문도 개인용과 에스테틱용으로 구분하여 운영 중이다.

클래시스 브랜드에는 슈링크, 사이저, 알파, 토너브 등의 제품이 있고 클루덤 브랜드에는 울핏, 아쿠아퓨어, 리핏, 쿨포디 등의 제품이 포함된다. 클래시스의 매출 중 약 43%를 차지하는 소모품에는 카트리지, 젤패드 등이 있다.

■ 주요제품 매출구성

클래시스 브랜드	46%
소모품	43%
클루덤 브랜드	8%
스케덤 등	3%

리프팅 밴드, 리프팅 패치, 터치웨이브 등이 포함된다.

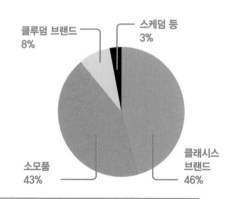

클루덤 브랜드 8%
스케덤 등 3%
소모품 43%
클래시스 브랜드 46%

출처 | 네이버 금융(2019.12.기준)

대중화를 이끄는 피부과 의사 출신 정성재 대표

아름답고 어려 보이고 싶은 인간의 욕망을 채워주기 위해 리프팅 시술이 주목받는 가운데 정성재 대표는 비수술 슈링크 리프팅이라는 새로운 방식을 선보였다. 피부과 의사 출신인 정성재 대표는 경험에 의한 기술 개발로 의사들에게 사용의 편리성에 대해 먼저 인정받고 있다. 리프팅 시술 수요 증가가 실적 성장으로 이어지며 국내는 물론 유럽, 아시아, 중동 등 60여 개국에 수출하고 있다.

투자
근거

대표 상품 '슈링크'의 실적 성장! 수익성 좋은 신제품 비중 확대!

리프팅 시술은 부작용이 적고 시술자의 만족도가 높아 대형 병원에서 소형 피부과까지 확산되고 있다. 이처럼 리프팅 시술이 대중화되고 장비가 성수기 효과를 누리며 클래시스의 주력 장비인 '슈링크'의 매출이 증가했다. 국내 및 해외에서 '슈링크'의 인지도가 높아지며 실적이 안정적으로 강화되었고, 눈썹 리프팅에 쓰이는 '아이슈링크 MF2'와 같이 수익성 좋은 소모품의 비중을 늘려 수익을 더욱 확대하고 있다.

해외 수출 늘리며 효자 노릇하는 의료용 저온기 '알파'

클래시스가 2019년 식약처 의료기기 허가를 획득한 신제품 '알파'는 냉각제어 기술을 이용한 의료용 저온기이다. 알파는 주변 조직에 영향을 주지 않고 원하는 부위의 지방세포만 저온으로 제거하는 역할을 한다. 지난 2019년 6월 해외 허가를

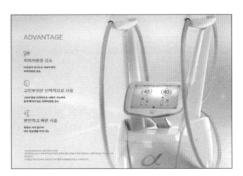

의료용 저온기 '알파' (출처 : 클래시스 홈페이지)

발급받은 '알파'는 수출에 대한 전망이 밝으며 글로벌 제약사인 엘러간(Allergan)과 경쟁할 것으로 보인다. 유행에 민감한 메디컬 에스테틱시장에서 알파는 슈링크와 함께 클래시스를 알리는 효자 상품이 될 것으로 기대한다.

미용성형시장의 성장으로 호황 지속 가능성↑

메디컬 인사이트(Medical Insight) 자료에 따르면, 클래시스의 장비가 속해 있는 에너지 기반 미용성형시장의 시술 비용 규모는 2015년 80억달러에서 2020년 95억달러로 성장할 것으로 전망된다. 그 중에서도 피부재생 치료는 다른 치료(색소질환 치료, 문신 제거, 여드름 치료, 혈관 치료, 제모)를 합친 것보다 많은 50% 이상의 비중을 차지할 것으로 내다봤다.

tip

피부미용기기, 정부 지원 늘어가는 추세!

피부미용 의료기기시장은 젊고 아름다운 외모를 중시하는 트렌드, 여성의 경제활동 증가, 남성의 뷰티 헬스케어 소비 확대 등으로 전망이 밝다. 또한 의료기기 산업, 바이오 산업이 IT기술 등과 접목하여 수준 높은 기술이 개발되고 있으며, 정부에서도 국민의 건강 증진과 삶의 질 개선을 위해 질병 및 노화예방에 관한 정책을 추진하며 의료기기 산업에 대한 지원을 늘리고 있다.

리스크

내수 경기 침체로 인한 소비 부진, 환율 영향 확대에 따른 실적 변동 가능성이 존재한다. 수급 차원에서 유통 주식 수가 적은 점도 리스크 요인이다.

| 1 | ROE, PER, PBR로 종목의 가치를 파악하라!

클래시스를 포함한 헬스케어 관련 18개 기업의 2019년 평균 PER 약 −1배, 평균 PBR 약 3.9배인 것에 비해 클래시스는 PER 26.49배, PBR 10.36배로 저렴하다고 말하기는 어렵다. 7개의 적자기업을 제외한 기업들의 평균 PER이 약 27.9배인 것을 감안하면 클래시스는 이보다는 약간 낮은 수준이다.

또한 헬스케어 관련 18개 기업의 2019년 ROE는 약 0.12%인 데 비해 클래시스의 ROE는 48.06%로 업계내에서는 물론 전 산업에서도 찾아보기 힘들 정도의 높은 수치를 기록했다. 추정치이지만 향후 클래시스의 ROE는 2020년 약 39.5%, 2021년 약 33.8%로 높은 수준을 유지할 것으로 보인다.

단위 : %, 배

	2015/12	2016/12	2017/12	2018/12	2019/12	2020/12(E)
ROE	62.46	56.02		34.51	48.06	39.54
PER			N/A	16.85	26.49	16.53
PBR			7.18	4.96	10.36	5.64

출처 | 네이버 금융(2020.04.22.기준)

**헬스케어 분야는 물론 전
산업 대비 ROE 최고치!**

최근 5년간의 추이를 살펴보면 클래시스는 2017년 9월 22일 최저점인 2,610원을, 2019년 11월 22일 최고점인 18,650원을 기록했다. 2017년의 실적은 매출액 348.7억원, 영업이익 108억원이었고, 2019년은 매출액 811.3억원, 영업이익 417.1억원으로 역대 최대 실적을 기록했다.

최저점이던 2017년 9월에는 당기순이익 −51억원의 적자를 기록했으나 같은 해 12월 28일 케이티비기업인수목적2호와 합병상장했기 때문에 9월의 최저점은 의미가 없고, 합병상장한 2019년 12월 28일 종가는 4,165원이었다. 반면 최고점이던 2019년 11월에는 해외시장의 성장세, 유통 주식 수 증가 및 수급 부담 완화, 압도적인 수익성 등의 긍정적인 요인이 클래시스를 지배했다.

예상치이긴 하나 클래시스의 2020년 실적은 2019년 최고점 대비 매출액 약 28.2%, 영업이익 약 32.1% 증가할 것으로 예상된다. PER과 PBR 지표 역시 더 저렴해질 것으로 보여 클래시스의 밸류에이션 상승을 기대해볼 만하다.

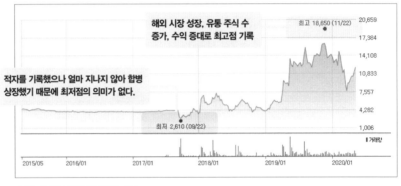

출처 | 네이버 금융(2020.04.22.기준)

| 2 | 유사동종업계 경쟁사와 비교하라!

클래시스는 유사동종업계 대비 매출액과 영업이익의 외형규모가 큰 수준이긴 하지만 과거 1년간 가파르게 주가가 올라 시가총액도 최상위권이 되어 시가총액 대비 매출액은 상대적으로 낮은 수준이다. 또한 클래시스를 포함한 헬스케어 관련 18개 기업의 평균 영업이익률이 약 6.5%인 것에 비해 클래시스는 51.41%로 평균보다 크게 높다. 클래시스의 2019년 매출액증가율은 70.74%로 타기업 대비 엄청난 실적 성장을 보여줬다.

클래시스는 상대적으로 시가총액의 외형이 실적 대비 다소 비대해졌음에도 불구하고 매출액과 영업이익 모두 고르게 성장하면서 높은 성장률을 유지할 전망이다.

매출, 영업이익 타기업 대비 엄청난 실적!

단위 : 억원, %, 배 | 분기 : 2019.12.(한스바이오메드는 2019.09.)

	시가총액	매출액	매출액증가율	영업이익	영업이익률	ROE	PER	PBR
클래시스	10,677	811	70.74	417	51.41	48.06	26.49	10.36
하이로닉	675	201	−0.99	26	12.98	7.40	27.18	1.73
루트로닉	1,524	1,157	25.62	−85	−7.33	−9.19	N/A	2.04
지티지웰니스	487	303	40.93	−46	−15.16	−30.05	N/A	2.91
엘앤씨바이오	8,514	292	37.74	90	30.98	13.11	25.79	3.24
한스바이오메드	2,104	670	29.59	126	18.80	14.20	21.67	2.88

출처 | 네이버 금융(시가총액은 2020.05.29.기준)

| 3 | 기본 중의 기본! Q(물량), P(가격), C(비용) 가능성을 살펴보라!

2019년 4분기 기준 전체 매출의 약 43%를 차지한 소모품 Q의 증가가 가장 기대된다. 슈링크 시술에는 소모품인 카트리지와 젤패드가 반드시 필요한데, 기기 판매 이후 시술 환자 수가 늘어 카트리지의 매출이 지속적으로 발생하기 때문이다. 허가를 준비 중인 신제품 '볼뉴머'로 인한 신규 Q의 증가도 기대해볼 수 있다.

클래시스의 C는 2017년 1분기 기준 매출원가 30%, 판매관리비 35%에서 2019년 4분기 기준 매출원가 18%, 판매관리비 24% 수준까지 감소하여 매출액이 크게 올랐다. 이로써 클래시스는 인건비, 판매 지급 수수료 등 비용을 효과적으로 통제하고 있음을 보여줬다.

| 4 | 실적을 통해 안정성을 확인하라!

클래시스는 2017년 한 해를 제외하고는 최근 5년간 매출액, 영업이익, 당기순이익이 꾸준히 성장했다. 매출액의 5년 연평균 증가율은 약 40%, 영업이익의 5년 연평균 증가율은 약 64.3%로 엄청난 성장률을 보여줬다.

또한 5년간 부채비율의 평균은 약 45.8%로 매우 안정적인 재무건전성을 나타낸다. 클래시스의 부채비율은 2020년 약 26.5%, 2021년 약 23.2%로 더 낮아질 전망이라 재무건전성이 긍정적이다.

단위 : 억원, %

	2015/12	2016/12	2017/12	2018/12	2019/12	2020/12(E)
매출액	150	272	349	475	811	1,013
영업이익	40	83	108	175	417	529
당기순이익	45	71	−51	149	334	375
부채비율	36.25	34.98	79.99	48.26	29.28	26.47

출처 | 네이버 금융(2020.04.22.기준)

**부채 20%대로
매우 좋은 재무건전성!**

뷰웍스

**회사
정보**

세계 최고 해상도 산업용 카메라 개발! 의료용 솔루션 제공!

뷰웍스는 디지털 방사선 촬영기, 디지털 투시기 및 조영촬영장치를 위한 디지털 영상
솔루션을 설계, 개발, 생산하여 공급하는 이미징 솔루션 사업을 영위한다. 2011년 세계
최초로 2억6,000만 화소급 산업용 카메라 개발에 성공했으며, 주력 제품인 고해상도
VNP 시리즈는 국내 산업용 카메라 시장의 25%를 점유하고 있다. 나아가 뷰웍스는 글
로벌 의료용 디텍터 시장에서 4위(시장점유율 약 8%) 수준을 유지하고 있다.

산업용 이미징 솔루션의 주요 제품은 산업용 카메라이며 이는 생산 자동화, 과학 연구,
항공 촬영, 감시 등 다양한 응용 분야에서 사용된다. 의료용 이미징 솔루션에는 치과,
외과 등에서 쓰이는 의료용 동영상 디텍터가 있다.

■ 주요제품 매출구성

디지털 방사선 촬영장비	FP-DR 디텍터	45.11%
	산업용 이미징 솔루션	31.17%
	동영상 디텍터	8.78%
의료기기 용도 외에 전자부품, 디스플레이, 반도체 검사 등 활용 범위가 넓다.	R/F Table용 디텍터	4.64%
	기타	10.30%

기타
10.30%

R/F
Table용 디텍터
4.64%

FP-DR
디텍터
45.11%

동영상 디텍터
8.78%

산업용 이미징 솔루션
31.17%

출처 | 네이버 금융(2019.12.기준)

디지털 디텍터와 산업용 카메라로
글로벌시장을 공략하는 김후식 대표

김후식 대표의 투자로 뷰웍스는 주력 제품인 영상 진단 장비 디텍터 및 카메라 응용 기술을 고도화하며 북미, 중남미, 유럽, 중국, 일본 등 전 세계시장으로 확대해 나가고 있다. 지난 10년간 연평균 20%의 눈부신 성장률을 보인 뷰웍스는 산업통상자원부로부터 의료영상획득장치분야의 '세계일류상품 및 생산기업'으로 선정되었으며, 고용노동부 지정 '일자리 으뜸기업'으로 선정되기도 했다.

투자
근거

중국 등에서 성장 중인 산업용 카메라와 치과용 동영상 디텍터

뷰웍스의 외형 성장을 견인하는 사업은 중국과 신흥국에서 매출이 늘고 있는 산업용 카메라와 기타 부문에 포함된 치과용 동영상 디텍터(detector)이다. 디텍터는 엑스레이의 핵심 부품으로 치과용, 유방 촬영 검사용, 차세대 방사선 암 치료 기기용 등으로 응용되었으며 사업 범위도 의료용에서 산업용으로까지 확대되고 있다. 나아가 뷰웍스는 산업 검사 장비에 특화된 카메라로 사업 분야를 더욱 넓히고 있다.

국내 유일 검사용 카메라 모듈로 성장동력 충전

산업용 카메라는 수주 산업 특성상 매출 변동성이 크고 실적 추정이 어렵다. 그러나 뷰웍스는 국내 유일의 검사용 카메라 모듈 제작사로서 폴더블 및 롤러블 디스플레이의 영향을 받을 가능성이 있다. 뷰웍스의 신규 성장동력인 TDI* 라인 카메라도 조금씩 외형 성장을 이루고 있는 것으로 보인다.

◆　TDI(Time Delayed Integration) : 마치 셀로판지를 겹쳐 놓은 듯 여러 개의 동일한 이미지를 촬영 한 뒤 이를 중첩시켜 선명한 상을 얻는 방식을 말한다.

끊임없는 연구개발에 신규 사업 발굴까지!
가격경쟁력 높이기 위해 총력 발휘

뷰웍스는 끊임없는 연구개발로 기업의 체질을 바꾸며 성장했다. 주력 사업의 성장이 둔화된 만큼 새로운 사업을 발굴하는 것이 상당히 중요하다. 씨젠의 향후 성장동력은 치과용 디텍터로 CMOS* 대신 TFT**를 활용해 가격경쟁력을 높였다. TFT는 CMOS에 비해 해상도는 다소 떨어지지만 면적당 원가가 낮아서 대면적 구현이 유리하고, 내구성이 높아 가격경쟁력이 좋다.

2018년 말에 출시된 TFT디텍터는 단기간에 전체 매출의 약 8%까지 성장하며 신규 성장동력으로 자리매김했다. 2019년부터 본격화된 비파괴검사용 디텍터 관련 수주도 2020년 실적 개선에 중요하게 작용할 것이다.

정부의 바이오헬스 산업 해외 진출 지원 정책

정부가 바이오헬스 산업 해외 진출 펀드를 조성하고 수출 금융을 확대하고 있어 바이오헬스업체의 해외 진출에 힘을 실어줄 것으로 예상된다. 정부는 2019년 12월 '2020년 경제정책방향'을 통해 바이오헬스 산업의 해외 진출 지원을 확대하겠다는 계획을 밝혔고, 바이오헬스 산업을 포함한 서비스 산업에 지원되는 수출 금융을 2019년 3조1,000억원에서 2020년 3조4,000억원으로 확대하기로 했다.

또한 보건복지부는 바이오헬스의 해외 진출을 위해 1,000억원 규모의 '글로벌 바이오헬스펀드'를 계획했다. 이러한 정부의 지원 정책에 힘입어 뷰웍스는 연구개발에 집중하며 기술력 확보에 속도를 내고 있다.

....

◆　CMOS(상보성 금속 산화막 반도체, Complementary Metal Oxide Semiconductor) : 반도체 칩의 한 종류로, 마이크로프로세서나 정적 램(SRAM) 등의 디지털 회로에 사용된다.
◆◆　TFT(박막트랜지스터, Thin Film Transistor) : 유리 기판 위에 만들어진 반도체 소자를 말한다. 각각의 전기 신호를 개별 화소에 집어넣어 색과 영상을 구현하는 역할을 한다.

| 1 | ROE, PER, PBR로 종목의 가치를 파악하라!

뷰웍스를 포함한 헬스케어 관련 18개 기업의 2019년 평균 PER 약 −1배, 평균 PBR 약 3.9배. 7개의 적자기업을 제외한 기업들의 평균 PER이 약 27.9배인 것에 비교하면 뷰웍스는 PER 13.01배, PBR 1.92배로 상당히 저평가되어 있다. 뷰웍스의 현재 가격은 상대적으로 저렴하다고 볼 수 있다.

또한 헬스케어 관련 18개 기업의 2019년 ROE는 약 0.12%인 데 비해 뷰웍스의 ROE는 16.03%로 높게 나타났다. 추정치이긴 하나 뷰웍스는 2020년 약 15.1%, 2021년 약 14.7%의 높은 ROE를 유지할 것으로 보여 매우 긍정적이다.

단위 : %, 배

	2015/12	2016/12	2017/12	2018/12	2019/12	2020/12(E)
ROE	20.47	27.68	16.60	15.56	16.03	15.13
PER	28.03	22.17	20.84	15.89	13.01	12.97
PBR	5.26	5.41	3.22	2.31	1.92	1.74

출처 | 네이버 금융(2020.04.22.기준)

상당히 저평가된
지표들

최근 5년간의 추이를 살펴보면 뷰웍스는 2017년 1월 26일 최고점인 74,000원을, 2020년 3월 20일 최저점인 16,050원을 기록했다. 2017년의 실적은 매출액 1,235억원, 영업이익 286억원을 기록했고, 추정치이긴 하지만 2020년은 매출액 약 1,529억원, 영업이익 약 316억원을 예상하고 있다.

최고점이던 2017년 1월에는 산업용 카메라 매출 성장, OLED 설비투자 증가, 신제품에 대한 기대 등 긍정적인 요인이 많았다. 반면 최저점이던 2020년 3월에는 뷰웍스의 본질적인 펀더멘털이 크게 훼손되지 않았음에도 불구하고 코로나19라는 대외변수로 인해 최고점 대비 70% 넘는 하락세를 보였다. 그러나 이와 같은 단기적 변동은 큰 흐름의 일부이고 중장기적으로는 밸류에이션이 상승할 가능성이 충분히 남아 있다.

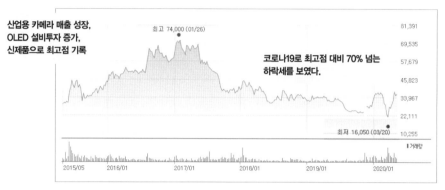

산업용 카메라 매출 성장, OLED 설비투자 증가, 신제품으로 최고점 기록

최고 74,000 (01/26)

코로나19로 최고점 대비 70% 넘는 하락세를 보였다.

최저 16,050 (03/20)

출처 | 네이버 금융(2020.04.22.기준)

| 2 | 유사동종업계 경쟁사와 비교하라!

뷰웍스는 유사동종업계 대비 매출액과 영업이익이 다소 작아 오히려 성장 여력이 많다. 실적의 외형 규모가 큰 타기업에 비해 매출액과 영업이익의 증가율이 큰 폭으로 오르기 더 유리하기 때문이다. 뷰웍스를 포함한 헬스케어 관련 18개 기업의 평균 영업이익률이 약 6.5%인 데 비해 뷰웍스의 영업이익률은 19.43%로 훨씬 커 많은 이익을 내고 있음을 수치로 보여주고 있다.

다만 뷰웍스의 2019년 매출액증가율은 3.50%로 타기업 대비 많이 낮은 것이 사실이다. 그러나 2020년 약 9.3%, 2021년 약 6%로 오를 것으로 예측되어 과거 대비 개선되는 흐름을 보일 것으로 전망된다. 뷰웍스는 한 번의 역성장 없이 고르고 양호한 성장률을 보여줬다는 점에서 차별화될 수 있다.

단위 : 억원, %, 배 | 분기 : 2019.12.

	시가총액	매출액	매출액증가율	영업이익	영업이익률	ROE	PER	PBR
뷰웍스	3,346	1,360	3.50	264	19.43	16.03	13.01	1.92
디오	4,238	1,272	39.78	348	27.34	16.97	29.74	4.41
오스템임플란트	4,457	5,650	22.80	429	7.59	−17.24	N/A	7.19
덴티움	4,522	2,526	35.59	447	17.68	7.37	40.28	2.24
레이언스	1,949	1,262	8.42	228	18.10	7.81	14.97	1.07
레이	3,293	731	41.94	129	17.59	27.57	22.48	4.96

출처 | 네이버 금융(시가총액은 2020.05.29.기준)

매출 증가 예상, 영업이익률 높고
역성장 없는 양호한 실적!

| 3 | 기본 중의 기본! Q(물량), P(가격), C(비용) 가능성을 살펴보라!

뷰웍스는 신사업 진출을 통해 성장해왔다. CCD 카메라◆로 출발하여 2012년 의료용 디텍터, 2016년 산업용 카메라가 성장을 이끌었고 향후 성장동력은 치과용 디텍터 사업과 비파괴검사 사업이 될 것이다.

이러한 성장 공식에 따르면 B2B◆◆ 계약 수주에 의한 영업레버리지 효과로 사업은 극대화될 것이다. B2B 특성상 계약 시기를 추정하는 것은 불가능하지만 뷰웍스의 경쟁력을 고려하면 성장 가능성은 충분하고, 고정비가 낮은 뷰웍스의 마진 구조에 따라 영업이익률은 더 빨리 회복될 것으로 전망한다.

◆　CCD 카메라(Charge Coupled Device Camera) : 디지털 카메라의 한 종류로 전하결합소자를 사용해 영상을 전기 신호로 변환하여 기억 매체에 저장하는 장치이다. CMOS 카메라보다 화질이 우수하나 전력 소모와 가격 면에서 불리하다.

◆◆　B2B(Business to Business) : 기업과 기업 사이에서 이루어지는 거래를 말한다.

| 4 | 실적을 통해 안정성을 확인하라!

뷰웍스는 5년간 매출액, 영업이익, 당기순이익이 대체적으로 성장하는 모습을 보였다. 매출액의 5년 연평균 증가율은 약 10.2%였고, 영업이익의 5년 연평균 증가율은 13.8%를 기록했다. 또한 5년간 부채비율의 평균은 약 12.9%로 재무건전성이 매우 안정적이었다. 향후 뷰웍스의 부채비율은 2020년 약 10.8%, 2021년 약 9.9%일 것으로 전망되어 부채가 거의 없는 수준을 유지할 것으로 예상된다.

2020년, 2021년의 매출액과 영업이익의 성장이 주식 가격을 움직이는 중요 원동력이다. 추정치이긴 하지만 뷰웍스는 2년 평균 매출액증가율 약 7.6%, 영업이익증가율 약 10.8%로 비교적 견조한 수준이 예상된다. 실적 증가는 뷰웍스의 본질가치에 반영되므로 주가가 우상향하는 추세로 이어질 가능성이 높다고 볼 수 있다.

단위 : 억원, %

	2015/12	2016/12	2017/12	2018/12	2019/12	2020/12(E)
매출액	934	1,173	1,235	1,314	1,360	1,529
영업이익	184	305	286	226	264	316
당기순이익	158	269	196	208	243	265
부채비율	14.52	17.72	9.17	11.11	12.12	10.81

출처 | 네이버 금융(2020.04.22.기준)

**부채비율 10%대,
주가 우상향 기대!**

제약바이오 산업

포|인|트|요|약

■ 건강보험 재정 악화로 전문의약품보다 일반의약품 실적 기대

■ 약가 규제에서 상대적으로 자유로운 전문의약품은 '바이오시밀러'

■ 세계적으로 특허 만료 도래, 국내 복제약시장 경쟁력 상승 기대

건강보험 재정적자에 따른 약가 규제 가능성 대두

건강보험 재정수지가 2018년부터 적자를 보이고 있다. 정부가 건강보험으로 사용하는 금액이 거둬들이는 금액보다 많다는 것이다. 2019년 보건복지부에서 발표한 '제1차 국민건강보험 종합계획'에 따르면 재정적자는 더욱 커질 전망이다. 재정 악화를 막아줄 대책이 시급한 상황이므로 2020년부터 의약품의 사용량과 가격을 규제하는 제도가 시행될 것으로 전망한다.

2012년 건강보험 재정적자가 심각해지자 약가를 14% 일괄 인하한 사례가 있다. 2020년 7월부터 시행되는 공동 생동성시험 축소로 복제의약품의 시장 진입이 어려워질 수 있고, 급여목록 정비 제도 및 종합적인 약제 재평가 제도 등은 약가를 규

제할 수 있다. 이와 같은 이슈들이 부각되면 전문의약품˟을 주력으로 하는 제약주의 실적에 불확실성이 생긴다. 약가 규제에 대한 구체적인 결과가 나오기 전까지는 약가 규제로부터 자유로운 일반의약품˟˟ 기업에서 투자 성과가 나올 가능성이 높다.

10년 내 만료될 특허권이 수두룩, 연 25% 고성장이 기대되는 바이오시밀러

바이오시밀러˟˟˟는 실적 약화가 예상되는 전문의약품시장에서 그나마 높은 연평균성장률을 예상한다. 2018년 62억달러에서 2025년 289억달러로 연 25%의 고성장을 이룰 것으로 전망하고 있다. 대형 바이오의약품의 특허 만료가 유럽, 미국 등 전 세계적으로 이어지고 있고, 의료비 지출을 낮추려는 각국 정부의 지원이 확산되고 있는 덕분이다.

특허 만료는 바이오시밀러 성장의 출발점이다. 특히 유럽과 미국의 레미케이드, 엔브렐, 휴미라 등 자가면역질환 치료제의 특허 만료로 인해 2023년부터 2028

◆ 전문의약품(Ethical Drug, ETC) : 의사의 전문적인 진단을 받아야 사용할 수 있는 의약품이다. 부작용이 심하거나 약물 간 상호작용으로 약효가 급상승하거나 급감할 수 있는 약, 습관성 또는 의존성이 있고 내성이 잘 생기는 약이 여기에 해당한다.

◆◆ 일반의약품(Over the Counter Drug, OTC) : 전문의약품 이외로 약사나 소비자가 판단해 사용할 수 있는 의약품이다. 안정성과 유효성이 충분히 입증된 약품으로 의사의 지도나 처방이 없더라도 부작용 등의 문제가 크지 않다. 처방전 없이 약국에서 구입할 수 있다.

◆◆◆ 바이오시밀러(Biosimilar) : 바이오의약품 분야의 복제약을 일컫는 말이다. 제약회사가 새로운 의약품을 개발하는 동안 시간과 비용을 보호하기 위하여 일정 기간 동안 특허권을 인정한다. 특허기간이 만료되면 다른 제약회사에서도 이를 본뜬 의약품을 제조할 수 있는데, 이 복제의약품을 '바이오시밀러'라고 한다.

년까지 바이오시밀러가 성장할 것으로 기대된다. 그 외에도 항암제인 허셉틴과 리툭산, 전이성 대장암과 비소세포폐암에 처방되는 아바스틴도 특허가 만료되어 바이오시밀러가 출시되고 있다. 향후 10년 내 만료될 바이오의약품들의 연간 매출액이 100조원을 초과하는 만큼 대부분의 약품들이 바이오시밀러로 개발될 것이라고 본다.

오리지널 약품을 복제하는 바이오시밀러시장, 투자 리스크는 낮추고 기술력은 높이고!

제약바이오 산업은 신약 개발에 따른 기대감으로 주가가 급등하다가 시간이 지나 불만족스러운 임상 데이터들이 나오면서 임상을 포기하거나 예정된 개발 계획까지 지연되는 경우가 많다. 높은 주가를 유지해야 개발비를 조달할 수 있기 때문에 신약 개발에 대해 지나치게 낙관적인 견해를 시장에 홍보하고 있다는 부정적 여론도 있다. 제한된 자금력으로 글로벌시장의 눈높이에 부합하는 신약을 시장에 출시하는 것은 그만큼 어려운 일이다.

반면 바이오시밀러 의약품은 이미 개발된 오리지널 약품을 복제하기 때문에 실패할 위험이 낮고 신약업체와는 달리 개발과 출시 로드맵도 정확한 편이다. 그래도 2,000억~3,000억원의 개발비와 4~5년이 소요되는 프로젝트인 것을 고려하면 웬만한 업체들이 감당하기에는 벅찬 어려운 영역이다. 하지만 바이오시밀러 의약품 개발은 다른 신약 개발보다 성공이 보장된 영역이며, 차별화된 기술력을 바탕으로 성장하기 때문에 투자가치가 높다.

고령화 신약 맞춤 기업, SK바이오팜 상장 주목!

고령 인구가 증가하며 치매나 파킨슨병 등의 신경계질환의 치료제에 대한 수요가 증가하고 있다. 이 책에서 제약바이오 산업의 TOP3 기업으로 언급하고 있지 않지만, 고령화 신약 맞춤 기업 중 SK바이오팜이 눈에 띈다.

SK바이오팜은 신경계질환 대표기업으로, 2019년 11월 뇌전증 신약 '세노바메이트'가 미국 식품의약국(FDA)의 시판 허가를 획득하며 2020년 하반기 상장이 예정돼 기대감이 고조되고 있다. 기업가치는 아직 확정되지 않았지만 '세노바메이트'의 가치만 해도 5.5조원으로 추정되어 SK바이오팜의 시가총액은 6조~8조원에 이를 것으로 예상된다.

SK바이오팜은 희귀질환 치료제 개발에도 박차를 가하고 있다. 희귀질환 치료제는 기존 치료제가 없어 임상 성공 확률이 높은 편이다. 실패에 대한 리스크가 크지만 성공할 경우에는 더 큰 보상이 가능하여 수익성이 높기도 하다. 기존 대형주와 같은 생산 대행 기업이 아닌 전형적인 신약 개발 기업으로 출범하는 것이기 때문에 SK바이오팜의 상장은 국내 신약시장을 긍정적으로 전환시킬 기회가 될 수 있다.

그러면, 제약바이오 산업의 TOP3 기업인 한올바이오파마, 동국제약, 휴온스에 대해 자세히 살펴보도록 하자.

한올바이오파마

회사 정보

바이오 신약 개발로 성장 가속도! 원동력은 의약제품 및 의약상품!

한올바이오파마는 1973년 11월 20일 선경제약으로 설립해 1989년 12월 28일 유가증권시장에 상장했다. 합성의약품과 바이오의약품의 연구개발, 제조, 판매를 주요 사업으로 하며 자가면역질환, 안구질환, 면역항암 치료제 등의 바이오 신약 개발에 주력하고 있다.

한올바이오파마의 주요 제품에는 항생제 '노르믹스정'과 '토미포란주', 항암제 '엘리가드주', 내분비제 과체중인 당뇨병 환자 치료제 '글루코다운OR정', 위장관용제 '바이오탑', 탈모 치료제 '헤어그로정' 등이 있다.

■ **주요제품 매출구성**

> 급성장내감염에 의한 설사 증후군, 위장관 수술 전후 장내 감염 예방 등에 쓰인다.

제품 기타	36.82%
상품 기타	12.13%
노르믹스정	11.51%
글루코다운OR정	7.09%
기타	32.45%

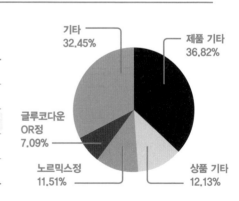

기타 32.45%
제품 기타 36.82%
글루코다운 OR정 7.09%
노르믹스정 11.51%
상품 기타 12.13%

출처 | 네이버 금융(2019.12.기준)

국내 바이오의약품 개발의 선구자 박승국 대표

경영권이 바뀌는 과정 속에서도 오랜 시간 대표이사직을 유지할 수 있었던 것은 박승국 대표의 탁월한 연구개발 능력 덕분이다. 박승국 대표는 한올바이오파마를 한국 중소 제약바이오 기업의 역할 모델로 키우겠다는 목표로 대웅제약과 공동경영을 하면서 매출구조를 향상시켰고 그 효과가 2020년부터 나타나고 있다. 안정적인 회사 성장, 연구개발을 통한 혁신이라는 두 가지 강점을 극대화시키는 게 목표다.

투자
근거

신약 연구개발 파이프라인의 눈부신 성장세, 안정적 기술 수취료는 덤!

한올바이오파마의 신약 연구개발 파이프라인*은 항암제와 면역질환으로 나누어진다. 임상 관련 데이터 및 임상 진행 결과를 통해 긍정적으로 전망되는 것은 'HL036'과 'HL161'이다.

안구건조증 치료제인 'HL036'은 현재 임상2상 결과에서 의사가 측정하는 객관적 지표에 모두 긍정적인 결과를 나타내며 미국 임상3상**에 진입했다. 현재 미국 식품의약국(FDA)에 승인된 안구건조증 치료제는 미국 엘러간(Allergan)의 '레스타시스', 다국적 기업인 샤이어(Shire)의 '자이드라' 단 2개뿐이다. 2019년 5월 스위스의 제약사인 노바티스(Novartis)가 '자이드라' 판권을 총 53억달러 규모에 인수한 것을 보면 기술 수출 계약 규모도 충분히 기대해볼 수 있다.

....

◆ 파이프라인(Pipeline) : 수익을 지속적으로 만드는 시스템을 파이프라인이라고 한다. 여기에서는 제약사들이 연구개발하고 있는 신약 제품군을 말한다.

◆◆ 임상3상 : 약품의 효능과 안전성을 검사하는 것으로 신약이 시판되기 전에 시행한다. 국가별로 기준이 다르기 때문에 각각 임상3상 승인을 받아야 한다.

반면 'HL161'은 자가면역질환 치료제이다. 같은 자가면역질환이라고 해도 환자 수가 적은 그레이브스 안병증, 중증근무력증, 온난성 용혈성 빈혈 등에 적용할 수 있는 치료법이 제한적인 상황이라 2017년에는 중국의 하버바이오메드(Harbour BioMed), 스위스의 로이반트 사이언스(Roivant Sciences)에 기술을 수출하기도 했다. 이처럼 한올바이오파마의 신약은 기존 치료제의 50% 가격으로 공급할 수 있고, 임상 성공 시 소수 환자를 보유한 수많은 자가면역질환으로 확대시킬 수 있다는 점에서 주목받고 있다.

낮은 주가에도 파이프라인 가능성 보여 경쟁력 확보

'HL036'은 3-1상 톱라인 결과에서 2차 지표로 설정한 징후(TCSS)와 증상(EDS)에 만족했으나 기존 설정한 1차 지표에 부합하지 못해 주가가 크게 하락했다. 그러나 징후와 증상은 동시에 만족했기 때문에 임상2상을 통한 허가 가능성은 유효하다.

반면 중국 임상3상은 1차 유효성 지표로 징후를 설정했다. 따라서 한올바이오파마는 중국 임상3상 결과를 통해 재현성을 입증할 전망이다. 경쟁사의 안구건조증 파이프라인과 비교했을 때 'HL036'이 예방보다 치료에 효과를 보여 성공 가능성이 상대적으로 더 높다고 판단된다.

사업 파트너 성장에 힘입어 해외 진출 판로 확대

한올바이오파마의 항체 신약인 'HL161'의 글로벌 사업 파트너인 이뮤노반트(Immunovant)는 2019년 10월 초 미국 HSAC(Health Sciences Acquisitions Corporation)와의 합병 계약을 체결한 뒤 미국 나스닥에 상장되었다. 합병 후 기업가치는 5억5,700만 달러로 예상되며 합병을 통해 조달한 자금 1억1,500만 달러는 'HL161'의 임상비용으로 쓰일 전망이다.

또한 2019년 10월 이뮤노반트의 모회사인 로이반트 사이언스가 일본 제약사인 스미토모 다이닛폰 파마(Sumitomo Dainippon Pharma)와 파트너 계약을 체결하며 'HL161'의 일본 진출 가능성이 더 높아졌다.

| 1 | ROE, PER, PBR로 종목의 가치를 파악하라!

한올바이오파마를 포함한 제약바이오 관련 23개 기업 중 2019년에 적자를 기록한 9 개 기업을 제외한 기업의 2019년 평균 PER은 약 86.5배이고, 적자기업을 포함한 평균 PBR은 약 6.3배이다. 한올바이오파마는 PER 98.9배, PBR 13.23배로 밸류에이션이 다소 비싼 것이 사실이다. 그러나 비슷한 시가총액 내 적자기업이 절반 가까이 되는 제약 바이오 기업 중에서 한올바이오파마는 연간 이익을 꾸준히 내고 있으므로 PER과 PBR 값으로만 따져 고평가라고 말할 수는 없다. 수많은 경쟁사들이 대부분 적자기업이기 때문에 꾸준한 이익 증가와 의미 있는 임상단계 진행을 동시에 만족하는 한올바이오파 마는 차별화될 수밖에 없다.

제약바이오 관련 23개 기업의 2019년 평균 ROE는 약 −2%인 데 비해 한올바이오파 마는 14.9%로 상대적으로 매우 양호한 수준이다. 추정치이긴 하나 2020년 ROE 약 12.92%, 2021년 ROE 약 9.76%로 제약바이오 관련 기업 대비 차별화된 ROE 값으로 높은 수익이 지속될 전망이다. 이처럼 높은 ROE가 투자지표상으로 다소 고평가되어 있는 PER과 PBR을 보완해줄 수 있어 오히려 주가 프리미엄도 가능해 보인다.

단위 : %, 배

	2015/12	2016/12	2017/12	2018/12	2019/12	2020/12(E)
ROE	−10.04	2.03	5.39	2.89	14.90	12.92
PER	N/A	337.97	219.27	573.05	98.90	63.62
PBR	6.91	6.43	11.23	15.85	13.23	7.49

출처 | 네이버 금융(2020.05.08.기준)

**적자기업 많은 제약업계에서
PER은 높은 편!
ROE가 독보적으로 높은 편!**

최근 5년간의 추이를 살펴보면 한올바이오파마는 2015년 5월 8일 최저점인 4,960원을, 2018년 1월 12일 최고점인 44,850원을 기록했다. 2015년에는 매출액 800억원, 영업이익 −43억원으로 적자였으나 2018년에는 매출액 918억원, 영업이익 55억원이었다.

최저점이던 2015년 5월에는 메르스에 대한 공포감이 전체 지수에 부정적 영향을 주었으며 적자를 기록한 실적 악화, 566억원의 유상증자, 최대주주 지분 매각으로 대웅제약의 지분율 향상 등의 이슈가 있었다. 반면 최고점이던 2018년 1월에는 신약 'HL161'과 'HL036'의 장기 성장성에 대한 높은 시장 평가, 기술 수출 기대감 증가, 로이반트 사이언스와 기술 이전 계약 체결 등 긍정적인 요인이 더 많았다.

한올바이오파마는 추정치이긴 하나 2020년 역대 최대 실적인 매출액 약 1,160억원, 영업이익 약 213억원을 전망하고 있다. 이는 최고 실적보다 매출액 약 26%, 영업이익 약 287%가 증가한 것이다. 본질적인 펀더멘털 가치만 반영해도 한올바이오파마의 현재 주가는 분명히 저평가되어 있다.

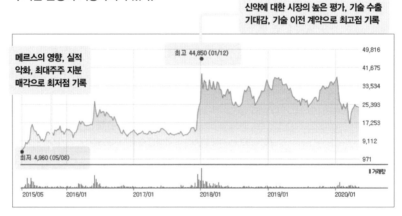

출처 | 네이버 금융(2020.05.08.기준)

| 2 | 유사동종업계 경쟁사와 비교하라!

한올바이오파마는 제약바이오 업계 대비 매출액과 영업이익이 상대적으로 낮은 수준이지만, 영업이익률과 ROE는 가장 높다. 시가총액이 큰 제약바이오 관련 23개 기업의 2019년 평균 영업이익률은 약 -2.9%인 데 비해 한올바이오파마는 15.76%로 경쟁력을 증명하고 있다.

또한 한올바이오파마를 포함한 제약바이오 관련 23개 기업의 2019년 평균 매출액증가율이 9.44%인 것에 비해 한올바이오파마는 2배 가까운 18.19%를 기록했다. 이익과 관련된 지표가 모두 월등히 높기 때문에 한올바이오의 투자가치는 충분히 경쟁력이 있다고 생각한다.

예상치이긴 하나 한올바이오파마의 영업이익률은 2020년 약 18.3%, 2021년 약 16.1%로 더 오를 전망이다. 매출액증가율 역시 2020년 약 9.2%, 2021년 약 6%로 증가율은 다소 줄지만 성장세를 보일 것으로 예상된다.

단위 : 억원, %, 배 | 분기 : 2019.12.

	시가총액	매출액	매출액증가율	영업이익	영업이익률	ROE	PER	PBR
한올 바이오파마	14,027	1,085	18.19	171	15.76	14.90	98.90	13.23
녹십자	16,536	13,697	2.61	403	2.94	-0.35	N/A	1.44
부광약품	17,117	1,682	-13.39	95	5.67	-2.00	N/A	2.82
메지온	15,697	189	-1.05	-247	-130.26	-46.43	N/A	38.89
대웅제약	11,876	11,134	7.95	447	4.01	4.34	72.40	2.73
영진약품	9,638	2,205	18.29	100	4.53	4.42	241.07	10.48

출처 | 네이버 금융(시가총액은 2020.05.29.기준)

매출액, 영업이익이 상대적으로 낮지만 경쟁사보다 높은 매출액증가율, 지속적 성장세 기대

| 3 | 기본 중의 기본! Q(물량), P(가격), C(비용) 가능성을 살펴보라!

자가면역질환 치료제 'HL161'의 2020년 임상2a상 결과가 그레이브스 안병증, 중증근무력증, 온난성 용혈성 빈혈에 적합할 것으로 기대된다. 또한 'HL161'이 희귀질환 치료제에 대한 수요를 충족하고, 면역체계 순환을 방해하는 인자인 FcRn에 효과를 보일 것으로 예상돼 마일스톤 기술료가 유입될 것으로 보인다. 'HL036'도 2020년 3분기에 중국 임상3상을 할 예정이라 기술료 유입은 더 늘 것으로 예상한다.

| 4 | 실적을 통해 안정성을 확인하라!

한올바이오파마는 5년 연속 매출액, 영업이익, 당기순이익이 대체로 꾸준히 성장한 이상적인 성장형 기업이다. 매출액의 5년 연평균증가율은 약 8.1%를 기록했고, 영업이익의 5년 연평균증가율 또한 약 444%에 달했다. 5년간 부채비율의 평균은 33.9%로 재무건전성도 상당히 양호하다. 한올바이오파마의 부채비율은 2020년 약 34%, 2021년 약 30%로 매우 낮은 수준을 유지할 것으로 전망된다.

가장 중요한 앞으로의 실적을 살펴보면 한올바이오파마의 2020년, 2021년의 2년 평균 매출액증가율은 약 8%, 영업이익증가율은 약 15.7%로 고르게 상승할 것으로 기대된다.

단위 : 억원, %

	2015/12	2016/12	2017/12	2018/12	2019/12	2020/12(E)
매출액	800	829	842	918	1,085	1,160
영업이익	-43	3	35	55	171	213
당기순이익	-71	20	58	33	192	196
부채비율	23.01	19.52	51.71	38.82	36.30	33.95

출처 | 네이버 금융(2020.05.08.기준)

이상적 성장기업, 부채도 낮다.

동국제약

화장품을 과하게 바르면 오히려 피부에 무리가 가기 때문에 '화장품 다이어트'를 위한 올인원 제품이 각광받는 추세. 코스메슈티컬의 절대강자인 동국제약은 '마데카크림' 이라는 올인원 제품으로 대중의 사랑을 받고 있다.

회사
정보

의약품+화장품의 만남으로 시너지 효과!
헬스케어 산업부 100억원 매출 달성!

동국제약은 의약품을 제조 및 판매하는 기업으로 1968년에 설립되어 2007년 5월 코스닥 시장에 상장되었다. 대표제품으로는 '인사돌', '오라메디', '마데카솔' 등의 일반의약품과 조영제, 항암제 등의 전문의약품이 있다. 주력 제품인 '인사돌'은 잇몸질환 치료제로 높은 인지도가 강점이며 고령화, 식습관 변화로 인해 복용 연령층이 확대되며 안정적으로 성장하고 있다.

동국제약의 주요 매출을 차지하고 있는 정제에는 잇몸질환 치료제인 '인사돌'과 갱년기 증상 치료제인 '훼라민큐정'이 있고, 수액제로는 조영제, 전신마취제 등이 있다. 이 외에도 '오메가3'와 같은 건강기능식품과 코스메슈티컬* 제품도 활발히 생산하고 있다.

....

◆ 코스메슈티컬(Cosmeceutical) : 화장품(Cosmetics)과 의약품(Pharmaceutical)의 합성어로, 의학적으로 검증된 화장품을 말한다. 미백, 주름개선, 자외선으로부터의 피부 보호 등의 역할을 한다.

■ 주요제품 매출구성

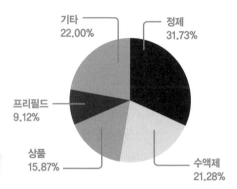

정제	31.73%
수액제	21.28%
상품	15.87%
프리필드	9.12%
기타	**22.00%**

'센텔리안24'와 같은 코스메슈티컬 제품의 비중이 크다.

출처 | 네이버 금융(2019.12.기준)

매출을 10배 키운 권기범 부회장

34세이던 2002년에 회사 경영을 책임지게 된 권기범 부회장은 변화에 유연하게 대응하여 '인사돌', '오라메디', '마데카솔', '훼라민큐정' 등을 히트시키며 매출 극대화에 성공했다. 대표이사 취임 당시 300억원에 불과했던 매출을 15년 만에 10배나 불린 성과를 이룬 인물이기도 하다. 권기범 부회장은 일반의약품과 전문의약품, 헬스케어, 해외 수출 등의 사업 포트폴리오를 꾸준히 쌓으며 플랫폼을 확대하고 있다.

투자
근거

고성장세를 보이는 코스메슈티컬시장 공략

한국보건산업진흥원은 국내 일반 화장품의 성장률이 매년 약 4%라면 코스메슈티컬시장은 매년 약 15% 이상 성장할 것으로 전망하고 있다. 동국제약도 전방시장에 따라 화장품 부문의 고성장과 더불어 생활용품, 건강기능식품에서 수요가 증가하며 2019년 대비 약 40% 가까운 매출성장률이 기대된다.

동국제약의 일반의약품은 '치센' 등의 히트상품 외형이 확대되고, '마인트롤' 등의 신규 제품이 시장에 침투하며 2019년 대비 약 15%의 성장이 기대되는 상황이다. 처방의약품 부문도 기존 제품의 안정적인 성장 덕분에 2019년 대비 약 17% 증가를 기대하고 있다.

수많은 화장품 속 검증된 제품을 찾는 여성 수요와 남성 그루밍족의 증가, 신약 개발에 비해 단기간에 저비용으로 매출 증대 가능, 제약사에서 만든 화장품의 기능성 및 안전성에 대한 소비자의 신뢰 등을 이유로 국내 코스메슈티컬시장은 더 커질 수밖에 없다고 생각한다.

홈쇼핑, 올리브영 등 판매채널 확대로 기업가치 상승

동국제약은 코스메슈티컬시장에 첫발을 내딛은 기업이다. 연평균증가율 약 56.5%인 헬스케어 사업에서 약 60~70%를 차지하고 있는 화장품 사업은 여전히 고성장하고 있다. 건강기능식품 또한 '센탈리안24 마시는 콜라겐'과 '덴트릭스 치약'이 2019년 각각 100억원 매출을 초과 달성하기도 했다.

여기에 헬스케어 제품의 판매처가 확대되며 안정적인 매출을 뒷받침하고 있다. 홈쇼핑과 네이쳐샵에 이어 올리브영에도 진출했는데, 2019년 12월부터 올리브영 200개 매장에서 '마데카크림'을 판매하기 시작했다. 이와 같은 헬스케어 사업부의 매출 성장은 동국제약의 기업가치를 한껏 높이는 핵심원동력이 될 것이다.

코스메슈티컬시장에
첫발을 내딛은 동국제약

동국제약의 여러 건강기능식품들 (출처 : 동국제약 홈페이지)

코스메슈티컬 외에 항암제시장 본격 진출!
해외기업과 전략적 제휴 꿈꾸며 본격 설비투자

동국제약의 설비투자는 2009년부터 2017년까지 평균 약 95억원이었던 것에서 크게 늘어 2018년부터 2022년까지 평균 약 361억원을 투자할 예정이다. 이는 200억원을 들여 2018년에 준공한 원료 공장 덕분이다. 화장품 원료인 '테카'의 생산량이 늘었기 때문에 화장품 사업의 성장률을 높게 유지할 수 있었다.

동국제약은 향후 3년간 600억원 내외로 항암제 공장을 설비투자할 예정이다. 항암제 공장은 기존 주사제 등의 제품을 생산하기도 하겠지만 그보다는 해외 기업의 위탁 생산에 목적을 둔다. 상품 조달이 국내 시장에만 머무르지 않고 전 세계로 퍼져나가면 생산 제품에 대한 경쟁력이 올라 매출액과 영업이익에 긍정적 영향을 줄 수 있다.

리스크

헬스케어 제품은 홈쇼핑 판매 실적이 저조한 편이며, 약가 규제 관련 정책에 영향을 받을 수 있다. 또한 일반의약품으로 분류된 위장약 '라니티딘'에서 발암우려물질이 검출된 사례가 있었던 것처럼 원료 품질에 대한 문제가 불거질 수 있다는 리스크가 있다.

체크
리스트

| 1 | ROE, PER, PBR로 종목의 가치를 파악하라!

2019년 영업이익 기준 제약바이오 관련 상위 30개 기업과 동국제약을 비교해보자. 상위 30개 기업의 2019년 평균 PER은 약 64.6배인 데 비해 동국제약의 PER은 14.31배로 상당히 저평가되어 있다. 또한 상위 30개 기업의 2019년 평균 PBR이 약 2.43배인 것에 비해 동국제약의 PBR은 2.20배로 평균보다 낮은 수준이다.

가장 중요한 ROE를 살펴보면, 상위 30개 기업의 2019년 평균 ROE가 약 9.2%인 것에 비해 동국제약의 2019년 ROE는 16.66%로 월등히 뛰어나다. 이처럼 제약바이오 기업 중 2019년에 가장 돈을 잘 벌었다는 상위 30개의 기업과 비교해봐도 동국제약은 밸류에이션 지표상으로 저렴하면서 돈은 효율적으로 더 잘 벌고 있음을 알 수 있다.

단위 : %, 배

	2015/12	2016/12	2017/12	2018/12	2019/12	2020/12(E)
ROE	14.59	18.61	15.80	16.27	16.66	16.41
PER	19.00	12.55	14.24	11.05	14.31	13.93
PBR	2.58	2.13	2.11	1.65	2.20	2.11

PER은 업계 평균보다 저평가, ROE는 월등히 뛰어나다.

출처 | 네이버 금융(2020.05.08.기준)

최근 5년간의 추이를 살펴보면 동국제약은 2015년 10월 16일 최저점인 39,500원을, 2020년 4월 24일 최고점인 106,600원을 기록했다. 2015년에는 매출액 2,599억원, 영업이익 336억원이었던 것에 비해 2020년은 추정치이긴 하지만 매출액 5,331억원, 영업이익 768억원을 예상하고 있다.

최저점이던 2015년 10월에는 제약사 주가 급등에 따른 밸류에이션 부담 가중, 메르스로 인한 투자심리 악화, '인사돌'의 임상 결과 불확실 이슈, 화장품 사업 진입으로 인한 과도한 비용 증가 등 부정적 요인이 많았다. 반면 최고점을 기록한 2020년에는 역대 최대 실적을 거둘 것으로 보인다. 일반의약품 전 부문의 양호한 성장, '마데카크림'의 안정적 매출 증가, 온라인과 홈쇼핑 유통채널의 고객 증가 및 오프라인 확대 등 여전한 저력을 발휘하고 있다.

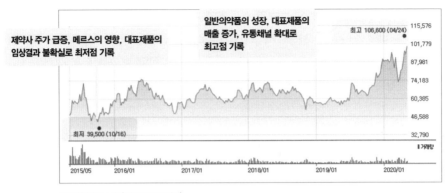

일반의약품의 성장, 대표제품의 매출 증가, 유통채널 확대로 최고점 기록

제약사 주가 급증, 메르스의 영향, 대표제품의 임상결과 불확실로 최저점 기록

최고 106,600 (04/24)

최저 39,500 (10/16)

115,576
101,779
87,981
74,183
60,385
46,588
32,790

거래량

2015/05   2016/01   2017/01   2018/01   2019/01   2020/01

출처 | 네이버 금융(2020.05.08.기준)

| 2 | 유사동종업계 경쟁사와 비교하라!

동국제약과 시가총액이 유사한 제약바이오 기업들과 비교해보면 동국제약은 모든 지표가 최상위권으로 경쟁사 대비 투자가치가 뛰어나다. PER과 PBR이 낮다는 것은 경쟁사 대비 동국제약이 저렴하다는 의미이며, 영업이익, 영업이익률, ROE는 가장 높게 나타나 돈을 가장 효율적으로 잘 벌고 있음을 증명한다. 매출액증가율도 동국제약이 가장 높으므로 제약바이오 산업에 투자하고자 한다면 동국제약을 눈여겨보자.

단위: 억원, %, 배 | 분기: 2019.12.

	시가총액	매출액	매출액증가율	영업이익	영업이익률	ROE	PER	PBR
동국제약	8,572	4,823	16.89	686	14.22	16.66	14.31	2.20
동아에스티	7,329	6,123	7.33	566	9.24	11.58	14.17	1.55
삼천당제약	9,185	1,866	14.25	252	13.51	6.82	75.30	4.83
보령제약	6,520	5,243	12.18	391	7.45	11.96	22.77	2.47

출처 | 네이버 금융(2020.05.08.기준)

매출액증가율도 타기업 대비 가장 높다.

| 3 | 기본 중의 기본! Q(물량), P(가격), C(비용) 가능성을 살펴보라!

동국제약은 전문의약품인 관절염 치료제, 항암제, 필러, 마취제 등 다양한 제품군을 보유하며 꾸준히 신제품을 출시해 Q와 P의 경쟁력을 유지하고 있다. 또한 일반의약품인 '인사돌', '마데카솔', '센시아', '판시딜' 등이 시장에서 독점적인 점유율을 누리면서 P는 꾸준히 상승하고 있다. 헬스케어 사업 부문 중 코스메슈티컬 라인의 '센탈리안24 마시는 콜라겐', '덴트릭스 치약', 건강기능식품 등의 카테고리에서 Q가 확장되고 있는 것도 주목할 만한 부분이다.

| 4 | 실적을 통해 안정성을 확인하라!

동국제약은 지난 5년간 매출액, 영업이익, 당기순이익이 모두 지속적으로 증가했다. 바이오제약 기업 중 지난 5년간 세 지표 모두 연속으로 증가한 기업은 손에 꼽힐 정도인데, 이는 동국제약의 차별화된 실적 성장성을 증명하는 것이다. 또한 동국제약의 과거 5년간 부채비율은 평균 38.6%로 재무안정성도 매우 뛰어나다고 할 수 있다.

성장하는 기업의 가장 모범적인 모습을 보여준 동국제약은 2020년에도 예상 매출액증가율 약 10%, 영업이익증가율 약 12%로 모두 적지 않은 증가율을 보일 것으로 예상된다. 실적 성장의 모멘텀은 동국제약의 기업가치를 상승시키는 선순환으로 이어질 것이다.

단위 : 억원, %

	2015/12	2016/12	2017/12	2018/12	2019/12	2020/12(E)
매출액	2,599	3,097	3,548	4,008	4,823	5,331
영업이익	336	469	501	551	686	768
당기순이익	272	407	409	494	590	664
부채비율	36.98	36.40	33.56	44.82	41.24	38.38

매출액, 영업이익, 당기순이익 모두 상승! 재무안정성도 good!

출처 | 네이버 금융(2020.05.08.기준)

휴온스

회사
정보

전문의약품, 화장품, 건강기능식품 등 균형 잡힌 포트폴리오! 멈추지 않는 신성장동력 발굴

2016년 5월 설립된 휴온스는 의약품 제조 및 판매 사업을 영위하는 제약회사이다. 순환기, 내분비, 소화기 등 전문의약품을 기반으로 에스테틱, 치과용 국소마취제, 화장품, 건강기능식품 등의 사업도 진행하고 있다.

휴온스의 전문의약품에는 치과용 마취제인 '리도카인'이 있고, 웰빙의약품에는 비타민 C 주사제, 다이어트 보조제 등이 있다. 또한 휴온스는 주사제와 정제 등 205개 품목을 수탁 생산하고 있는데 주요 고객사로는 미국의 알콘(Alcon), 일본의 산텐제약, 국내의 한미약품 등이 포함된다.

■ **주요제품 매출구성**

에스테틱과 의료 기기에서도 수익을 내고 있다.

전문의약품	60.27%
웰빙의약품	22.90%
수탁	7.92%
점안제(수탁)	6.22%
기타	2.69%

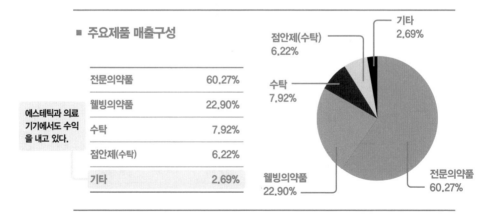

기타 2.69%
점안제(수탁) 6.22%
수탁 7.92%
웰빙의약품 22.90%
전문의약품 60.27%

출처 | 네이버 금융(2019.12.기준)

휴온스의 1호 임상맨 윤성태 부회장, 매출 1조 눈앞에!

윤성태 부회장은 전문의약품을 제외한 모든 제품을 자신에게 임상시험하면서 제품 품질에 대한 자신감을 드러낸다. 1997년 34살의 나이로 최고경영자가 된 윤성태 부회장은 당시 60억원이던 휴온스의 매출을 22년 만에 63배나 성장시켰으며, 휴온스를 5개의 자회사와 4개의 손자회사를 거느리는 토털 헬스케어 그룹으로 만들었다. 남들보다 빠르게 신규 사업을 추진하는 스피드 경영 덕분에 휴온스는 2020년 그룹 매출 1조원의 글로벌 헬스케어 기업으로 도약하고 있다.

투자
근거

휴온스 자회사들의 고른 실적 성장!
홍삼, 보톡스, 점안제 등 상품 호조

휴온스 그룹의 자회사인 휴온스네이처는 홍삼식품 전문기업으로 2018년 8월 인수 이후 신규 거래처 증가, OEM 매출 증가, 자체 브랜드 매출 발생 등으로 2019년 매출액 229억원을 기록했다. 휴온스네이처는 2019년 충남 금산군에 구축한 대규모 융복합형 제3공장을 발판 삼아 국내외 홍삼시장 진출에 박차를 가할 전망이다.

또 다른 자회사인 휴메딕스는 보툴리눔 톡신인 '리즈톡스'와 1회제형 골관절염 치료제인 '하이히알원스'가 빠르게 시장에 안착하는 모습을 보였다. '리즈톡스'는 필러 및 에스테틱 의료 장비 등과 마케팅을 결합하여 시장경쟁력을 더욱 공고히 할 방침이며, '하이히알원스' 역시 의료계와 환자 모두에게 호평을 받고 있어 실적에 긍정적인 영향을 미칠 것으로 기대된다.

감염 관리 시스템 기업인 휴온스메디케어도 점안제 및 전문의약품 사업 호조로 2019년 3분기 누적 매출액 255억원, 영업이익 47억원을 기록했다. 특히 2020년은 중국, 러시아 등의 해외 등록과 멸균기의 국내 허가를 통해 한 단계 도약할 것으로 예상된다.

의약품 300개, 주사제 165개!
다품목, 글로벌 진출로 시장 확대

휴온스는 약 300개의 의약품을 등록하며 순환기, 내분비, 소화기 등의 질병에 관련된 전문의약품의 종합 포트폴리오를 구축했다. 에스테틱과 건강기능식품 등 웰빙 의약품 사업부도 연 10% 이상의 높은 성장률을 보이고 있다. 휴온스는 주사제에 특화되어 있다. 총 165개 품목을 보유하고 있으며 이 중 22개가 보건복지부 장관이 지정한 저가 필수의약품이라 기초의약품 부문에 강한 면모를 보인다.

특히 치과용 국소마취제인 '리도카인'은 국내시장 점유율 1위를 차지하며 해외 26개국에 수출되는 효자상품이다. 현재까지 4개의 주사제 제품이 미국 식품의약국(FDA)의 약식 신약허가신청을 받아 수출되었으며 2개 품목은 신청 중에 있다. 이처럼 휴온스는 뛰어난 생산 및 품질관리 시스템을 자랑하며 미국을 포함한 글로벌시장으로 나아가고 있다.

주름개선제 '리즈톡스' 판권 수입료로 매출 유지

주름개선제인 '리즈톡스'는 휴온스의 대표 상품이다. 리즈톡스 2공장은 2019년 11월에 우수 의약품 제조 및 품질관리기준(KGMP) 승인을 획득했다. 연간 총 600만 바이알을 생산할 수 있는 2공장 가동률이 확대된 덕분에 2020년에는 '리즈톡스'의 성장이 본격화될 전망이다.

리도카인과 리즈톡스는 세계 여러 국가에 수출되고 있다. (출처 : 휴온스 홈페이지)

휴온스는 2019년 필러와 뷰티기기의 매출을 자회사인 휴메딕스로 이관함으로써 연간 200억원 정도의 매출액이 감소될 것으로 보인다. 그러나 '리즈톡스'가 국내에서 판매되면 휴온스가 판권 수입 수수료를 받게 되고, 해외에 수출하면 일정액이 로열티 매출로 인정될 것이기에 '리즈톡스'는 휴온스의 기업가치를 더욱 극대화해줄 것이다.

꾸준한 연구개발로 차세대 성장동력 확보

휴온스는 바이오시밀러, 방광암 치료제 등 의약품과 의료기기를 국내에 독점 판매하기 위한 판매권을 확보했을 뿐만 아니라 공동연구개발 협약을 맺고 연구를 진행하고 있다. 또한 갱년기 여성을 타깃으로 한 프로바이오틱스를 개발해 맞춤형 시장을 공략할 계획이다.

휴온스는 현재 15개 품목에 대한 연구개발을 진행 중이다. 항구토제 'RDN-18018'은 허가 신청이 완료돼 2020년 상반기 시장에 발매될 예정이며, 남성 전립선 건강 개선 기능성 식품으로 개발 중인 'HU033'는 인체적용시험을 완료했다. 이처럼 다양한 성장동력이 매출 성장을 이끌어 휴온스의 실적은 상승할 것이라고 기대한다.

체크
리스트

| 1 | ROE, PER, PBR로 종목의 가치를 파악하라!

2019년 영업이익 기준 제약바이오 관련 상위 30개 기업의 2019년 평균 PER은 약 64.6배인 데 비해 휴온스의 PER은 13.97배로 크게 낮다. 반면 상위 30개 기업의 2019년 평균 PBR이 약 2.43배인 것에 비해 휴온스의 PBR은 2.74배로 다소 높은 편이다.

또한 상위 30개 기업의 2019년 평균 ROE가 약 9.2%인 것에 비해 휴온스의 ROE는 21.36%로 제약바이오 업계에서 최상위 수준이다. 밸류에이션 지표상으로도 휴온스의 투자가치는 차별화되어 있다.

단위 : %, 배

	2015/12	2016/12	2017/12	2018/12	2019/12	2020/12(E)
ROE			32.39	31.64	21.36	18.63
PER		17.13	17.42	14.22	13.97	12.14
PBR		4.21	4.98	3.94	2.74	2.10

PER은 낮고,
PBR은 높고!
ROE는 최상위권!

출처 | 네이버 금융(2020.05.08.기준)

과거 주가 흐름을 살펴보면 휴온스는 2017년 3월 24일 최저점인 29,431원을, 2018년 4월 27일 최고점인 93,659원을 기록했다. 2017년에는 매출액 2,848억원, 영업이익 362억원이었던 것에 비해 2018년에는 매출액 약 3,286억원, 영업이익 약 453억원이라는 높은 실적을 보여줬다.

최저점이던 2017년 3월에는 국내 제약바이오 산업에 대한 투자 심리 약화, 중국 정부의 품목허가 지연, 글로벌 임상 진입에 따른 연구개발 비용 증가, 에스테틱 사업부 양도에 따른 매출 감소 등 부정적 요인이 있었다. 반면 최고점이던 2018년 4월에는 보톡스 및 안구건조증 신약으로 연평균 매출액 20% 이상 증가 기대, 보톡스의 수출 확대, 안구건조증 치료제의 임상2상 진행 기대, 자회사인 휴온랜드를 통한 중국 점안제시장 진출 등 긍정적 요인이 많았다.

휴온스는 자회사들이 높은 실적 증가를 보이고 있고, 안정되고 다양한 의약 품목 포트폴리오를 구축했다. 여기에 갱년기 여성을 타깃으로 한 프로바이오틱스 등의 신성장 동력도 충분하기에 꾸준히 성장할 것으로 예상한다.

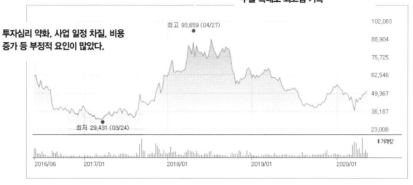

신약에 대한 연평균 매출액 증가, 안구
건조증 치료제의 임상2상 진행 기대,
수출 확대로 최고점 기록

투자심리 약화, 사업 일정 차질, 비용
증가 등 부정적 요인이 많았다.

최고 93,659 (04/27)

최저 29,431 (03/24)

102,083
88,904
75,725
62,546
49,367
36,187
23,008

거래량

2016/06   2017/01   2018/01   2019/01   2020/01

출처 | 네이버 금융(2020.05.08.기준)

| 2 | 유사동종업계 경쟁사와 비교하라!

휴온스와 시가총액이 유사한 제약바이오 기업들과 비교해보면 휴온스는 상대적으로
우위에 있다. PER은 가장 낮지만 PBR은 다소 고평가되어 있다. 또한 영업이익의 절대
규모는 가장 크며 영업이익률과 ROE 역시 최상위권을 차지하고 있다. 이는 휴온스가

단위 : 억원, %, 배 | 분기 : 2019.12.

	시가총액	매출액	매출액증가율	영업이익	영업이익률	ROE	PER	PBR
휴온스	4,802	3,650	9.97	484	13.26	21.36	13.97	2.74
일양약품	9,161	3,246	7.57	325	10.02	5.20	44.11	2.14
파마리서치 프로덕트	5,064	839	23.36	191	22.73	8.20	21.66	1.70
일동제약	3,285	5,175	2.62	−14	−0.27	−5.08	N/A	1.50
광동제약	3,780	12,383	4.69	418	3.38	5.57	15.12	0.62

출처 | 네이버 금융(시가총액은 2020.05.29.기준)

**영업이익 규모 절대적 우위!
업계 시가총액 위치 기대!**

사업으로 부가가치를 가장 많이 창출하고 있다는 것을 숫자로 증명하는 것이다. 매출액증가율도 휴온스가 뛰어나게 높은 편이므로 앞으로 제약바이오 업계에서 차지하게 될 시가총액의 위치가 기대되는 바이다.

| 3 | 기본 중의 기본! Q(물량), P(가격), C(비용) 가능성을 살펴보라!

점안제는 글로벌시장에서 성장할 수밖에 없는 아이템이다. 소수의 약물이 세계 점안제 시장을 점유하고 있는 상황에서 나노복합점안제◆는 Q의 성장을 기대하게 만든다.

또한 휴온스는 2020년 하반기 국내에서 신약 허가를 목표로 임상3상을 진행 중이며 유럽, 일본, 러시아 등 11개국에서 특허권을 확보해 나가고 있다. 해외 진출이 아쉬웠던 휴온스였기에 점안제로 해외 Q의 성장을 기대해도 좋을 듯하다.

국내 최초로 갱년기 여성을 타깃으로 한 프로바이오틱스도 구조적 성장 요인이 되므로 Q의 확장이 더욱 기대된다.

| 4 | 실적을 통해 안정성을 확인하라!

휴온스는 지난 4년간 매출액과 영업이익이 지속적으로 증가했다. 휴온스는 지난 4년간 매출액증가율 평균 약 21.3%, 영업이익증가율 평균 약 22.4%로, 적자 기업이 수두룩한 제약바이오 기업들 사이에서 단연 돋보이는 실적을 자랑했다. 4년간의 평균 부채비율 은 65.6%로 재무안정성 또한 양호한 수준이다.

◆ 나노복합점안제 : 약물의 입자 크기를 줄여 흔들 필요 없이 즉시 투약이 가능하다. 눈물막 보호 및 항염효과 등의 효능이 있다.

휴온스의 2020년 실적은 예상치이긴 하나 매출액증가율 약 10%, 영업이익증가율 약 5.1%로 성장할 것으로 보인다. 그간의 실적이 든든한 버팀목이 되어주고 있어 휴온스의 중장기적인 기업가치는 지속적으로 상승할 것이라고 예상한다.

단위 : 억원, %

	2015/12	2016/12	2017/12	2018/12	2019/12	2020/12(E)
매출액		1,690	2,848	3,286	3,650	3,975
영업이익		215	362	453	484	502
당기순이익		148	348	446	374	384
부채비율		87.32	73.79	49.91	51.52	43.90

출처 | 네이버 금융(2020.05.08.기준)

**부채비율도 100%
이하로 양호**

건강기능
식품 산업

포|인|트|요|약

- 건강기능식품시장 연 7% 성장세, 국내시장 확장 여력 충분!
- '고부가가치산업' 지정되며 정부 규제 완화!
- 고객 니즈에 눈높이 맞추는 다품종 소량생산, 브랜드마케팅에 승부!

고령 인구 증가로 성장할 수밖에 없는 산업!
주소비층은 50대 주부

고령 인구의 증가, 1차 예방의 중요성 증대, 미용 및 건강에 대한 관심 증가 등의 효과로 연평균 7%의 안정적인 성장을 기록하며 국내외 전방산업이 성장하고 있다. 게다가 한국의 1인당 연간 건강기능식품 소비액은 미국의 1/3 수준이라 중장기적으로 확대될 여지가 많다.

주소비층은 50대 전업주부지만, 20~40대도 건강의 중요성과 효율적 관리를 추구하는 등 구매자 연령층이 다양해지고 있다. 어린이 성장, 청소년 발달 등의 수요도 늘어나면서 온가족 구성원으로 수요저변이 확대되는 중이다.

과거 건강기능식품 시장의 30% 이상을 홍삼이 차지했지만 최근에는 2030세대의 건강에 대한 관심증가와 맞물려 프로바이오틱스, 콜라겐, 이너뷰티 제품이 빠르게 확대되고 있다

홍삼 외에 프로바이오틱스, 이너뷰티 등 다양한 제품으로 대중의 관심이 확대되고 있다. (출처 : 종근당건강 홈페이지)

다품종 소량생산 방식으로, OEM/ODM 수혜 예상

건강기능식품의 가장 큰 특징은 하이브리드형 소비재라는 것이다. 소비의 양극화 현상을 떠올리면 쉽다. 맛, 영양이 다른 제품보다 좋다고 생각하면 높은 가격을 지불해서라도 구매하려는 소비자가 늘어나고, 품질의 차이가 크지 않다면 저렴한 제품을 구매하는 현상은 건강기능식품 산업에서도 발견할 수 있다. 화장품, 식품, 제약 등의 산업에 걸쳐 있기 때문에 다양한 분야의 업체들이 신규 성장동력으로 집중 육성하는 상황이다. 다양한 수요를 충족시키기 위해 개별 품목들의 등장이 불가피해 다품종 소량생산 방식을 택할 가능성이 높다.

아이들을 위한 어린이 성장발육 및 면역력 강화, 20~30대를 위한 뷰티 및 다이

어트, 50~60대를 위한 갱년기, 웰에이징 제품 등 소비자들의 니즈가 세분화됨에 따라 건강기능식품 OEM/ODM* 기업의 수혜가 기대된다.

정부가 선정한 '고부가가치산업' 유통 다각화 기대

2017년 관세청 자료에 따르면 소비재 직구 1위가 건강기능식품이다. 수입액이 꾸준히 증가하고는 있지만 성장폭은 하락하고 있어 국내 업체의 시장 확대가 기대된다. 여기에 정부가 '경제활력대책회의'에서 건강식품을 고부가가치산업으로 선정해 제품 개발, 제조, 판매 등의 규제를 낮추는 데 기여했다. 신제품 개발 규제 완화, 대형마트, 백화점 판매 시 관할 지방자치단체에 사전신고하는 규제가 폐지될 전망이라 신규 사업자 진입도 활발해질 것이다. 사전 신고 규제가 폐지되면 약사법에 따라 약국에서 건강기능식품을 판매하는 경우를 제외하고는, 다양한 유통업체들이 입점 및 판매가 가능하다.

호주, 미국 이어 중국시장으로 진출

최근 3년 동안의 수출국 순위는 1위가 호주, 2위가 미국이었다. 중국은 3위로 연평균 20%가 넘는 성장을 하며 글로벌기업의 관심을 받고 있다. 중국에 건강보조식품을 수출하려면 중국식품약품감독관리총국(CFDA)의 허가 및 인증을 받아야 하는

◆ OEM/ODM : OEM(Original Equipment Manufacturing)은 주문자의 물건을 대신 만들어주는 것이고, ODM(Original Development Manufacturing)은 연구개발 등의 브랜드 노하우가 들어가는 것이다.

데, 최소 6개월에서 최대 3년이라는 시간이 소요된다. 이에 국내 기업들은 중국 현지에 공장을 설립할 기회를 모색하고 있다.

국내시장은 아직 태동기, 브랜드마케팅으로 승부

우리나라에서 건강기능식품은 성장 여력이 아직 많이 남아 있다. 산업 특성상 안전성이 보장된 업체를 선호하는 경향이 있어 선두 업체가 유리한 포지션을 차지할 확률이 높다. 이에 따른 브랜드 양극화 현상이 예상된다. 뛰어난 효능으로 제품을 차별화하기 쉽지 않아 브랜드마케팅에 사활을 걸고 있다. 브랜드마케팅을 할수록 고객에게 제품의 장점을 전달할 수 있어 가격 프리미엄을 기대할 수 있기 때문이다. 브랜드마케팅으로 새로운 기회들이 생기면 전방시장의 확대 또한 기대할 수 있다.

리스크

국내 제조업체는 2010년 397개에서 2018년 500개까지 약 25% 증가했다. 국내 제조업체간 경쟁은 이미 치열하다는 증거이며, 막대한 자본과 마케팅 비용, 뛰어난 제품 개발력을 갖춘 글로벌 거대 기업이 경쟁에 뛰어들 경우, 국내 기업들의 시장 지위가 위축될 수 있다.

하지만 이런 여력 속에서도 꿋꿋하게 성장할 건강기능식품 산업의 TOP3 기업을 추려보았다. 서흥, 종근당홀딩스, 노바렉스를 살펴보자.

서흥

회사
정보

캡슐약 1등 기업 – 한국인삼공사, 종근당건강 등 주거래처!

하드캡슐, 의약품, 건강기능식품, 젤라틴, 화장품 등의 사업을 영위하는 제조 전문기업
으로 1973년 설립, 1990년에 상장했다.

캡슐사업부가 강력한 캐시카우로, 국내 캡슐 시장의 95% 이상을 차지하는 1등 기업이
다. 그 외 젤라틴 원료 등을 생산한다. 고객사로 한국인삼공사, 종근당건강, 뉴스킨코리
아 등을 확보했다. 8개의 연결대상 종속법인을 보유, 각 기업은 젤라틴, 캡슐, 건강기능
식품 등의 제조업, 부동산 임대업 등을 영위한다.

■ 주요제품 매출구성

건강기능식품	37.96%
하드캡슐	36.27%
의약품	12.23%
젤라틴 등	11.14%
기타	2.40%

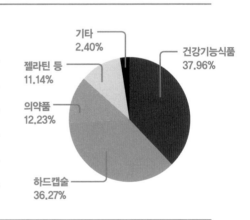

기타
2.40%

건강기능식품
37.96%

젤라틴 등
11.14%

의약품
12.23%

하드캡슐
36.27%

출처 | 네이버 금융(2019.12.기준)

318

최대주주는 양주환 회장, 캡슐 시장 해외진출 주역!

건강기능식품협회장을 2번이나 역임하였다. 수입에만 의존하던 캡슐을 최초로 국산화하면서 해외시장을 개척했다. 다양한 기능성식품을 생산함으로써 국내 최대의 캡슐종합제조업체로 성장시켜, 국내 1위는 물론 세계 3위의 시장점유율을 보여주며 연매출액 5,000억원대의 중견기업으로 성장시켰다.

캡슐 국내 1위, 글로벌 3위!
연 20% 매출 성장 기대

전 세계적으로 소득수준이 높아지고 고령화되면서, 특정국가에 한정되지 않는 건강보조식품, 건강기능식품의 전 세계적인 성장세가 나타난다. 미국이나 유럽은 물론 중국, 일본 등의 지역에서도 높은 성장세를 보인다. 많은 의약품과 영양제가 하드캡슐과 연질캡슐을 쓰다 보니, 국내외시장의 경쟁우위를 차지하고 있는 서흥에 관심이 쏠린다. 전 세계 점유율 3위, 국내 1위를 차지하고 있어 Q가 증가할수록 그 위치는 더욱 단단해질 것이다.

2013년 생산라인 투자로 이미 80억톤 이상의 생산능력을 보유하고 있다. 현재 가동률은 약 50% 미만으로 전방시장 성장에 따른 추가 생산이 가능하며, 연 20% 정도의 매출액 성장을 기대하고 있다.

젤라틴, 콜라겐 등 원료 납품처 다각화

캡슐약 원료사업의 주력제품은 젤라틴이었다. 젤라틴이 여전히 견조한 성장을 보여주는 한편, 콜라겐 수요도 증가하고 있다. 젤라틴과 콜라겐은 서흥의 자회사인 젤텍에서 만들어서 서흥 하드캡슐에 쓰인다. 2018년 1,000톤이었던 생산량을 2019년에는 3,000

톤으로 증설해 안정적으로 수익성을 높이고 있다. 원료부문 영업이익은 2018년 87억원이었으며, 2019년 3분기 누적 135억원으로 전년 실적을 상회하며 수익성 개선에 대한 긍정적인 평가를 받았다.

특히 프로바이오틱스는 위산을 견디고 장까지 가야 하기 때문에 캡슐제품을 사용하게 된다. 최근에는 장건강과 면역력의 상관관계에 대한 연구결과가 계속해서 나오고 있어 장건강과 유산균에 대한 관심이 높아지고 있다. 우리나라는 물론, 미국과 중국에서도 활발하게 연구되고 있어 유산균 제품이 전 세계적으로 성장하게 될 가능성이 높다. 유산균 소비는 캡슐 소비로 이어지며, 서흥이 혜택을 받을 가능성이 매우 높다.

식물성 하드캡슐로 단가와 매출 상승! 1석 2조의 효과!

종교적인 이유나 채식주의로 돼지, 소로 만든 젤라틴을 대신할 식물성 하드캡슐 시장이 성장하고 있다. 베트남 법인은 식물성 하드캡슐 신규 장비를 8대 추가했고, 2020년에는 4대를 더 설치해 2020년에는 전체의 40%까지 늘릴 전망이다. 식물성 하드캡슐은 동물성 캡슐보다 평균 가격대가 70~80% 더 높은 데다가 2배 이상으로 비중을 확대하는 것이라 영업마진 개선이 기대된다.

체크
리스트

| 1 | ROE, PER, PBR로 종목의 가치를 파악하라!

건강기능식품 10개 기업의 2019년 평균 PER은 약 12.4배, PBR은 약 2.1배로 서흥의 PER과 PBR 모두 비싼 수준이 아니다. ROE는 기업 평균은 약 11.1%이고, 서흥의 ROE는 11.14%로 5,000억원에 달하는 매출액을 고려하면 낮은 수준이 아니다.

추정치이긴 하지만 ROE가 2020년 11.9%, 2021년 11.2%로 높은 수준이 유지될 전망이다. PER과 PBR은 2020년 11.5배, 1.2배 그리고 2021년 10.9배, 1.1배로 주가는 더 내려갈 것으로 예상한다. 주가는 저렴하지만 서흥의 매출액과 영업이익이 계속 성장해 저평가된 투자지표가 매력적으로 다가올 것이다.

단위 : %, 배

	2015/12	2016/12	2017/12	2018/12	2019/12	2020/12(E)
ROE	10.16	11.02	8.73	9.47	11.14	11.90
PER	21.50	15.74	16.39	10.52	12.95	11.47
PBR	2.08	1.66	1.38	0.95	1.34	1.23

출처 | 네이버 금융(2020.04.06.기준)

ROE, PER, PBR 모두 평균 하회!
매출 성장 기대감으로 투자지표는 매력적!

2015년 최고점에는 매출액 3,041억원, 영업이익 338억원인 반면, 2018년 최저점에는 매출액 3,935억, 영업이익 393억으로 실적이 오히려 좋았다. 2015년 최고점에는 수익성 높은 하드캡슐의 매출비중 증가로 큰폭의 영업이익 개선, 건강기능식품 동종업체 대비 저평가, 중소형주 강세 시대, 2016년 높은 실적성장률에 대한 기대감, 베트남 증설효과 등 긍정적인 뉴스들이 주가 상승을 뒷받침했다. 2018년 최저점에는 실적악화 외에는 별다른 이슈가 발생하지 않았다.

2014년에 최고점(61,900원)을 찍었다가 3년간 최고점 대비 80% 빠지면서 거품 혹은 프리미엄이 다 빠진 것으로 보인다. 최근까지 주가가 약세를 보인 이유는 공격적인 투자 때문이라고 본다. 설비투자로 매년 260억원 수준의 감가상각비가 발생해 영업이익이 정체되는 것처럼 보인 것이다. 2020년부터는 감가상각비가 200억원 미만으로 감소할 전망이라 이익률이 개선될 것이며, 설비 유형자산의 내용연수가 완료되는 5년 이후부터는 이익률이 증가될 것이라 기대하고 있다.

2020년 4월 10일 기준 주가는 38,600원으로 고점대비 약 35% 하락했지만 2020년 예상 실적은 2018년의 연간 전체실적(매출액+영업이익)에 비해 매출 약 31%, 영업이익은 약 38%의 높은 실적증가가 기대된다. 건강기능식품 시장에서 밀레니얼 2030세대와 여성비율 지속 증가, 고객사 다변화, 공장가동률 상승 등 기업가치를 상승시킬 요인은 많아 보인다.

하드캡슐 등
매출 급등

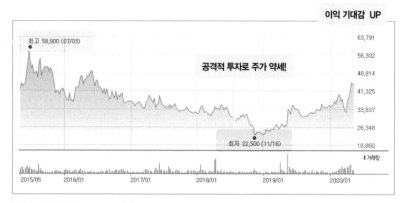

출처 | 네이버 금융(2020.05.08.기준)

| 2 | 유사동종업계 경쟁사와 비교하라!

캡슐사업은 국내에서 독과점이라고 할 수 있을 정도의 압도적인 기술력과 품질을 가지고 있다. 따라서 주력제품인 캡슐로 경쟁사 분석을 하는 것은 무의미하며, OEM/ODM 등의 제조중심 기업과 비교하는 것이 의미가 있다. 서흥은 건강기능식품 브랜드 사업

단위 : 억원, %, 배 | 분기 : 2019.12.

	시가총액	매출액	매출액증가율	영업이익	영업이익률	ROE	PER	PBR
서흥	6,213	4,607	17.08	474	10.29	11.14	12.95	1.34
노바렉스	2,895	1,591	48.28	163	10.25	17.23	12.30	1.74
코스맥스엔비티	1,155	1,943	-3.67	-99	-5.10	-22.01	N/A	1.92
종근당바이오	1,684	1,372	10.20	154	11.24		13.20	1.00

종근당홀딩스
으로 매출액,
이익 크다!

출처 | 네어버 금융(시가총액은 2020.05.29.기준)

을 추진 중이나 여전히 OEM/ODM 중심이므로 OEM/ODM 중심 기업과 비교해보았다.

매출액, 영업이익은 동종업계 1위 종근당홀딩스 다음으로 크다. 건강기능식품은 특정 브랜드에 의존하는 경향이 많은 반면, 서흥은 캡슐이라는 든든한 캐시카우가 있어 매출의 안정성이 보증된다.

| 3 | 기본 중의 기본! Q(물량), P(가격), C(비용) 가능성을 살펴보라!

기존 식품업체들이 시설 투자에 대한 리스크를 회피하려는 성향을 보여, OEM/ODM 수요가 늘어날 것으로 예상한다. 의약품, 건강기능 식품의 다품종소량생산에 대한 엄격한 품질관리가 요구됨에 따라 장기 성장성에 긍정적인 신호를 보낸다.

최근 건강기능식품 규제완화로 약국에서만 팔 수 있던 제품을 마트에서 팔 수 있게 되면서 매출 증대를 기대하게 된다. 홈쇼핑, 백화점, 온라인 유통망 등 판매채널 증가로 수요가 늘어나더라도, 생산능력이 여유가 있어 납기를 제때 맞춰줄 능력이 되는 차별화된 생산력을 보여준다. 선두업체인 서흥이 Q 증가 효과를 그대로 흡수할 경우, 가격 결정권을 가져오게 되면서 Q와 P의 동시 상승효과를 누릴 전망이다.

2021년, 2022년에는 오송 공장 증설에 대한 감가상각비가 연 20억~40억원 정도 감소할 것으로 예상돼, C 통제효과를 기대할 수 있다. 신공장은 감가상각비가 발생하지 않기 때문에 해당 명목으로 나가는 비용이 줄어든다.

| 4 | 실적을 통해 안정성을 확인하라!

2017년, 2018년 다소 실적의 부침이 있었지만 5년 동안 큰 흐름에서는 매출액, 영업이익, 당기순이익이 성장하는 기업으로 볼 수 있다.

5년간 연평균증가율은 매출액 약 11.1%, 영업이익 약 9.4%이다. 부채비율 평균은 약 107%로 일반적인 수준 100%를 소폭 상회한다. 다만 부채의 목적이 시설투자고, 이는 사업이 잘 운영된다는 것을 반증하므로 부정적으로 볼 이유가 없다. 2019년 115%, 2020년 약 95.64%, 2021년 약 79.9%로 과거 평균보다 앞으로 계속 낮아질 것으로 보여 재무건전성은 좋아질 전망이다.

단위 : %, 배

	2015/12	2016/12	2017/12	2018/12	2019/12	2020/12(E)
매출액	3,041	3,404	3,500	3,935	4,607	5,144
영업이익	338	401	373	393	474	543
당기순이익	252	307	264	294	374	402
부채비율	111.66	103.13	97.88	107.38	115.46	95.64

출처 | 네이버 금융(2020.04.06.기준)

공장 증설로 부채비율 100% 상회!
앞으로는 낮아질 예정

종근당홀딩스

건강관리와 질병 예방을 위해 건강기능식품을 찾는 이들이 늘고 있다. 특히 장은 면역 세포의 70% 이상을 만들어내는 중요한 기관으로 많은 사람들이 관심을 가지고 있다. 3초에 1통씩 팔리며 국민 유산균으로 불리는 '락토핏'이 바로 종근당이 만든 제품이다. 락토핏을 개발 및 제조하는 종근당건강과 종근당바이오를 자회사로 보유한 종근당홀딩스에 주목해보자.

회사
정보

유산균 제품 '락토핏' 부각, 창투사도 보유

1941년 '궁본 약방'으로 창업, 1956년 1월 의약품 제조 및 판매업을 사업 목적으로 '주식회사 종근당 제약사'로 법인 등록했다. 이후 1962년 '주식회사 종근당'으로 법인 등록하

■ 주요제품 매출구성

유산균 '락토핏', 눈 건강기능식품 '아이클리어' 등이 있다.

건강기능식품	48.74%
완제 및 원료의약품	26.96%
원료의약품	18.69%
광고대행, 임대수익 외	7.10%
기타	-1.49%

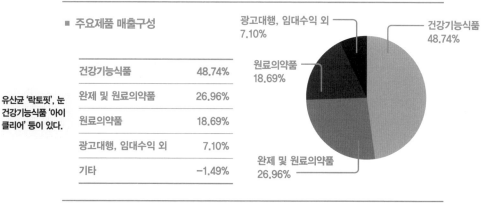

광고대행, 임대수익 외
7.10%

건강기능식품
48.74%

원료의약품
18.69%

완제 및 원료의약품
26.96%

출처 | 네이버 금융(2020.04.06.기준)

였으며 1976년 한국거래소에 상장했다. 주요 계열사는 원료의약품 전문 업체인 경보제약과 종근당바이오, 창업투자회사인 CKD창업투자 등이 있다.

신약 개발 연간 1,000억원 투자, 이장한 회장

이장한 회장은 제약기업의 성장은 글로벌 신약 개발에 있다고 생각해 연구개발에 연간 1,000억원 이상 꾸준히 투자하고 있다. 또한 암과 자가면역질환 등 신약과 빈혈치료제 바이오시밀러 개발에도 박차를 가하고 있다. 인도네시아에 항암제 공장을 준공하고, 이를 거점으로 아세안 10개국 및 중동, 북아프리카, 유럽시장에 진출하려 시도 중이다.

투자
근거

다양한 제품군으로 매출액과 영업이익 100% 증가

2019년 3분기에 매출액과 영업이익이 100% 이상 증가했다. 전년대비, 또 2018년 3분기 대비 상승한 것이기 때문에 의미 있는 수치이다. 또한 유산균 '락토핏'뿐만 아니라 '아이커', '아이클리어', '리얼맨' 등 매출 제품군이 다각화되었다는 점이 인상적이다. 이는 매출에 대한 변동성이 줄어든다는 것이고, 특정 고객에 대한 단가 압력으로부터 벗어날 수 있어 가격 경쟁력도 확보하게 된다.

비용이 적게 드는 온라인 채널 확대!

경쟁사에 비해 방문판매, 온라인, 텔레마케팅 비중이 현저히 낮다. 주요 유통채널은 홈쇼핑, 대형마트로 전체의 50% 이상을 차지한다. 따라서 온라인, 텔레마케팅을 추가한다면 판매채널이 추가되는 것은 물론, 오프라인보다 저렴한 비용으로 운영할 수 있어 영업이익률 측면에서도 좋다.

'락토핏'은 중국 진출을 목표로, 2019년 2분기에 중국 칭다오에 종근당 법인을 설립했다. 온라인 유통채널로 운영할 방침이라 고정비가 적게 들고, 비용 부담이 제한적이라 긍정적인 평가를 받는다. 2020년부터 본격적으로 중국시장을 겨냥한다.

저평가된 자회사의 가치

종근당홀딩스는 지주회사다. 지주사[*]의 기업가치는 사업회사의 30% 이상 저평가되는 경우가 많다. 종근당바이오, 종근당건강 같은 꾸준한 실적을 내는 알짜 자회사를 보유하고 있음에도 지분가치 대비 시가총액이 55% 이상 저평가되어 있다. 주요 자회사 5개 기업에 지주사 할인율[**]을 25%만 적용해도 약 7,500억원인데, 종근당홀딩스의 시가총액은 4,824억원이다(작성일 기준).

단위 : 주, %, 백만원 | 2019년 4분기

자회사명	보유주식수	지분율	주식장부가액	자산총액 대비 비중	비고
종근당	2,439,227	23.52	176,258	46.83	상장
종근당바이오	1,946,007	37.21	61,025	16.22	상장
종근당산업	504,152	57.55	26,583	7.06	비상장
경보제약	10,377,045	43.41	44,185	11.74	상장
종근당건강	5,227,500	51.00	2,571	0.68	비상장
벨커뮤니케이션즈	81,600	51.00	422	0.11	비상장
벨아이앤에스	160,000	40.00	2,969	0.79	비상장
벨이앤씨	186,853	42.38	652	0.17	비상장

알짜 자회사를 보유했지만 주가는 저평가

출처 | 금융감독원 전자공시시스템 종근당홀딩스 2019년 4분기 분기보고서

....

◆ 지주사 : 실제 영업활동은 안하지만 지분관계로 인하여 사업회사의 매출액과 영업이익을 지분법을 통해 나눠 가져가는 회사다. 사업회사는 실제 제품으로 매출을 발생하는 회사다.

◆◆ 지주사 할인율 : 지주사의 가치는 보통 보유하고 있는 사업회사들의 지분가치를 더해서 구한다. 만약 사업회사가 상장사이면 '보유주식×주가', 비상장사이면 '장부가치×지분율'로 구한다. 보통 일반 사업회사 대비 보통 30% 이상 할인해 가치를 산정한다.

주가 변동성이 매우 낮음에도 불구하고 투자자들의 관심도가 낮았고, 주도세력의 수급 또한 받쳐주지 않아 장기간 저평가되어 있었다. 사업회사만큼 주가의 탄력성이 크지는 않겠지만 오히려 변동성이 낮으면 장기로 버틸 수 있는, 즉 안전한 투자마인드 형성에 도움이 된다. 가치와 가격의 차이는 점점 줄어들게 되어 있으므로, 내재가치가 정상화 되는 과정이 나타나는지 지켜보자.

자회사 종근당건강 '락토핏', 정관장 이어 연매출 1,000억 돌파

국내 프로바이오틱스의 압도적 1위는 쎌바이오텍의 '듀오락'이었으나 종근당건강의 '락 토핏'이 이를 앞지르면서 폭발적인 매출 성장을 기록했다. 물량 증가를 통해 시장 점유 율 최상위를 유지하고 있다.

경쟁력 있는 품목개발, 적절한 가격정책, 강력한 마케팅, 종근당 그룹의 후광(의약품 이 미지)에 의한 것으로 분석된다. 고령화 트렌트로 건강기능식품 시장이 급성장 중이기는 하지만 종근당건강과 같이 단기간에 대형화에 성공한 기업은 많지 않으며, 락토핏만큼 빠르게 또 크게 성공한 경우는 드물다. 락토핏 매출액은 2016년 180억원에서 2018년 900억원으로 연평균 123% 성장했고, 2019년 7월에 매출액 1,000억원을 넘었다. 국내 건강기능식품이 연매출 1,000억원 넘은 것은 정관장 이후 락토핏이 처음이다.

어린이 건강음료 시장에서도 종근당건강의 '아이커'가 정관장의 '아이키커'를 완전히 제 쳤다. 리뉴얼 출시 3개월 만에 매출 100억을 돌파하는 등 락토핏뿐 아니라 다양한 제품 들에서 두각을 나타내고 있다. 이제는 락토핏 회사라는 별명보다 종합건강기능식품이 라는 타이틀이 더 잘어울린다.

종근당바이오 프로바이오틱스 생산으로 매출 100% 달성

락토핏의 원료인 프로바이오틱스를 생산 공급하는 종근당바이오도 함께 성장하며 100% 매출 신장을 예상하고 있다. 안산공장의 프로바이오틱스 생산 가동률은 100%에 달했으며, 증설을 진행 중이다. 2020년 2분기부터 본격적인 생산에 들어가면, 생산량이 약 3배 확대된다.

종근당바이오는 프로바이오틱스 외에도 항생제, 당뇨병치료제의 원료를 판매한다. 전 세계 60여 개국에 제품을 판매 중이며, 증설이 완료되면 '유거스'라는 프리미엄 브랜드 상품도 수출할 계획이다. 신사업 마이크로바이옴[*] 기반의 치료제 개발과 임상연구대행(CRO)[**], 의약품위탁생산(CMO)[***] 사업을 목표로 성장의 다각화를 이뤄가고 있다.

체크
리스트

|1| ROE, PER, PBR로 종목의 가치를 파악하라!

건강기능식품 10개 기업의 2019년 평균 PER은 약 12.4배, PBR은 약 2.1배다. 종근당홀딩스는 PER, PBR 모두 저평가되었다. ROE는 기업 평균 약 11.1%에 비해 다소 낮으나 매출액이 7,000억원이 넘기 때문에 10.03%라는 값이 절대 낮은 것이 아니다. 절대적인 숫자도 중요하지만, 실적을 고려해 가치를 파악할 줄 알아야 한다.

추정치이기는 하지만 ROE가 2020년 10.4%, 2021년 13.3%로 과거보다 좀더 개선되고, PER과 PBR은 2020년 10.66배, 1.06배 그리고 2021년 7.4배, 0.9배로 더 저평가될 것으로 예상하고 있다. 이런 유형의 투자지표에서 실적 성장이 보인다면 매력적인 종목이 될 것이다.

....

◆　　마이크로바이옴 : 우리 몸에 사는 미생물과 그 유전 정보를 가리킨다.

◆◆　임상연구대행(CRO) : 제약회사가 신약 개발 비용을 줄이기 위해 임상시험 연구를 외주하는 기관을 말한다.

◆◆◆ 의약품위탁생산(CMO) : 바이오 의약품을 위탁생산하는 의약품 전문 생산기업으로 유전자 재조합 기술과 세포배양기술 등 기술 난이도가 높다.

	2015/12	2016/12	2017/12	2018/12	2019/12	2020/12(E)
ROE	6.75	9.01	12.48	6.55	10.03	10.40
PER	30.46	11.07	7.57	11.40	11.24	10.66
PBR	1.59	0.90	0.89	0.73	1.08	1.06

매출액이 7,000억 이상, ROE 개선 기대감 UP!

출처 | 네이버 금융(2020.04.06.기준)

2015년 최고점에는 매출액 2,218억원, 영업이익 282억원인 반면, 2018년 최저점에는 매출액 5,311억원, 영업이익 537억원으로 실적이 오히려 좋았다.

2015년 최고점에는 종근당홀딩스가 종근당 주식의 22.8%를 확보해 지주회사 요건 충족했지만, 계열사들의 실적과 배당정책에 따라 실적 변동성이 커지는 '순수 지주사'에 머물러 있어 저평가라고 생각했다. 높은 현금창출력에 따른 신규사업 진출, 바이오기업 M&A기대, 자회사 경보제약 상장 이슈 등으로 사업과 계열사의 지분가치가 모두 상승할 것이라는 긍정적인 기대감이 많았다.

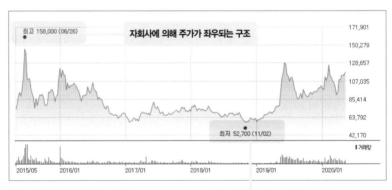

출처 | 네이버 금융(2020.05.08.기준)

실적이 좋았지만, 주가는 최저가

주요 자회사가 상장기업이라서 종근당을 포함한 자회사의 주가 변화에 크게 영향을 받는 구조였는데 2018년 최저점에는 기타 자회사들의 실적이 부진해 지주사가 전혀 주목받지 못하고 소외되었다.

2020년 4월 10일 주가는 108,500원으로 고점대비 약 31% 하락했지만 2020년 예상 실적은 2015년 최고점의 연간 전체실적(매출액+영업이익)에 비해 매출액 약 62.9%, 영업이익 약 122.3% 증가할 전망이다.

| 2 | 유사동종업계 경쟁사와 비교하라!

일단, 매출액과 영업이익이 가장 크다. 외형 규모가 이미 크기 때문에 매출이나 영업이익이 증가하는 정도가 다른 업체에 비해 적을 수 있다. 그러나 건강식품 10개 기업의 2019년 평균 매출액증가율(26.5%)과 비교하면 우수한 편에 속한다. 2020년 예측 매출액증가율도 20.05%로 앞으로도 견조한 우위를 유지할 것으로 예상한다.

핵심 자회사 종근당건강의 가장 강력한 경쟁사는 쎌바이오텍이다. 유산균 국내 매출만 보면 1위였던 쎌바이오텍 듀오락(336억원)을 종근당건강 락토핏(545억원)이 추월했다(2019년 3분기 기준).

단위 : 억원, %, 배 | 분기 : 2019.12.

	시가총액	매출액	매출액증가율	영업이익	영업이익률	ROE	PER	PBR
종근당홀딩스	5,987	7,206	35.68	862	11.96	10.03	11.24	1.08
쎌바이오텍	1,495	460	−26.40	58	12.61	6.91	24.63	1.32
뉴트리	2,654	1,251	43.46	120	9.55	17.94	13.21	2.19
에이치엘사이언스	2,517	1,283	100.16	237	18.46	27.38	14.25	3.41
콜마비앤에이치	11,936	4,389	13.59	741	16.88	23.84	15.05	3.25

출처 | 네이버 금융(시가총액은 2020.05.29.기준)

ROE가 상대적으로 낮지만, 매출액이 월등히 높기에 현금확보 여력도 높다.

| 3 | 기본 중의 기본! Q(물량), P(가격), C(비용) 가능성을 살펴보라!

종근당건강, 종근당바이오 등의 제조업은 'P×Q=매출'이라는 정직한 규칙 아래에 놓여 있다. 분기당 20%가 넘는 상당한 성장속도를 보여주는 프로바이오틱스, 연 35%의 성장을 보여주는 '아이클리어', '리얼맨' 등의 상품은 생산능력을 최대한으로 이끌어낸다고 하면 매출이 더 늘어날 수 있는 구조이다.

| 4 | 실적을 통해 안정성을 확인하라!

2018년 한해를 제외하면, 5년 연속 매출액, 영업이익, 당기순이익이 계속해서 성장한 기업이다. 5년간 연평균증가율은 매출액은 약 34.8%, 영업이익은 약 38.6%이고, 부채비율 평균은 약 32.6%로 재무건전성이 상당히 양호하다. 2019, 2020년 예상치가 45~46%로 나왔지만 여전히 100% 미만이므로 안전하다고 볼 수 있다.

단위 : %, 배

	2015/12	2016/12	2017/12	2018/12	2019/12	2020/12(E)
매출액	2,218	3,357	4,507	5,311	7,206	8,651
영업이익	282	230	435	537	862	1,194
당기순이익	306	429	674	528	793	1,010
부채비율	31.41	28.77	27.91	29.91	45.22	46.46

출처 | 네이버 금융(2020.04.06.기준)

2018년 제외하면 지속적 성장
부채비율도 양호!

노바렉스

회사
정보

식약처 인증 독점 생산권 보유!
유산균, 건강식품 주매출

건강기능식품을 연구 · 개발, OEM/ODM 생산 · 판매 전문기업이다. 개별인정원료는 식약처의 인증을 획득한 원료 또는 성분으로, 특정기간 동안 독점적 생산 권한이 부여된다. 기업의 성장성과 수익성을 가늠할 수 있는 강력한 파급효과를 갖는 재료인데, 노바렉스는 총 35건으로 국내 최다 개별인정원료를 보유했다. 미국에서 가장 큰 건강기능식품 회사인 GNC 및 호주 Blackmores와 독점위탁제조업체로 선정되는 등 선진국들과 생산, 유통, 판매 전반에 관해 네트워크를 형성해 교류하고 있다.

주요제품 매출구성에서 가장 많은 비율을 차지하는 제품은 유산균함유, 영양보충용 건강식품으로 '루테인지아잔틴164', '아이클타임', '화애락 이너제틱' 등이 있다.

■ **주요제품 매출구성**

항목	비율
루테인지아잔틴164, 아이클타임 등	98.00%
루테인지아잔틴, 회화나무열매추출물 등	1.80%
기타	0.20%

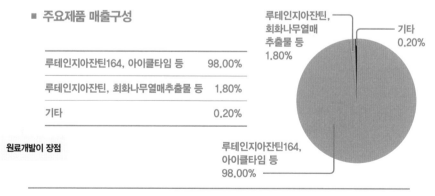

루테인지아잔틴,
회화나무열매
추출물 등
1.80%

기타
0.20%

루테인지아잔틴164,
아이클타임 등
98.00%

원료개발이 장점

출처 | 네이버 금융(2019.12.기준)

333

최대주주는 건강기능식품협회장 권석형

'독보적인 경쟁력'을 바탕으로 한 지속성장을 이끌었다. 노바렉스 강점이 원료개발인 점은 이와 일맥상통하다. 건강기능식품 OEM/ODM 전문기업으로 업계에서 가장 많은 개별인정원료 35개를 보유 중이며, 제품 경쟁력으로 190여 개 고객사와 거래하고 있다. 해외사업을 강화를 위해 신 공장을 준공중이다. 아시아에서 가장 좋은 건강기능식품 공장을 기대하고 있다.

투자
근거

최고의 강점은 개별인정원료 개발 건수!
지속적 증가 추세! 고수익성 매출 기대!

OEM/ODM 매출액 기준 국내 1위 건강기능식품 전문기업이다. 제약회사, 식품회사 등 200개 이상의 고객사에 OEM/ODM 형식으로 공급하며, 연평균 350여 개 제품을 생산한다.

2018년 기준으로 35건의 개별인정원료 인증을 보유하며 업계 최고 위치를 차지했다. 개별인정원료 개발을 중점으로 고수익성 ODM 매출을 확대할 예정이며, 2019년 6건, 2020년 6건, 2021년 9건을 목표로 한다. 수량 확대가 원활하게 진행된다면, 기술력에 따른 제품 차별화로 인한 P와 Q의 동시 상승효과를 기대할 수 있다. 기술경쟁력과 높은 진입장벽은 가격 경쟁력과 매출의 안정성을 동시에 갖는 효과가 있어 기업가치의 장기적인 상승을 뒷받침하는 근거가 된다.

정관장의 화애락 이너제틱, 두드림의 아이클타임 등 다양한 브랜드 제품을 제조한다. (출처 : 정관장몰, 두드림몰 홈페이지)

OEM/ODM 공장 증설

2019년 사상 최초로 분기 400억원 매출을 달성했다. 생산규모 확대를 위해 증설 중인 오송 신공장은 여기에 긍정적인 신호를 더한다. 현재 총생산량의 2배 규모, 생산자동화에 따른 수익성 개선 등의 효과를 기대하고 있으며, 2020년 공사를 완료를 앞두고 있다.

tip

증설은 기업의 자부심!
규모를 2배 확대한다는 것은 그만큼 실적에 자신이 있다는 의미다. 생산규모가 커질수록 하위업체와 생산력, 생산효율의 격차는 더욱 커진다. 결과적으로는 영업레버리지 효과가 극대화되고 영업이익이 개선되는 구조가 나타난다.

국내 매출 비중이 높은 건 한계, 해외 진출 모색이 관건!

매나테크(Mannatech), 암웨이코리아, 대만 TCI, 싱가포르 유니시티(Unicity), 미국 나우(Now) 등에 이어 글로벌 기업 암웨이와 계약을 체결했다. 해외고객사 다변화로 인한 해외수출 물량 증가가 기대되는 부분이다.

노바렉스의 가장 큰 약점은 매출비중이 국내에 지나치게 치우쳐 있다는 것이다. 아직 초기 단계이긴 하지만 해외 고객사가 늘어남과 동시에 매출의 안정성, 외형 확장성이 동시에 들어나는 효과가 있다. 특정 고객사에게 가격 압박을 받을 확률이 줄어들어, 수익성이 개선되는 효과도 누릴 수 있을 것이다.

리스크

신규 공장을 2배로 확장하면서 발생한 비용부담, 설비의 안정화에 대한 지속적인 업데

이트가 필요하다. 건강기능식품 시장이 성장함에 따른 경쟁 심화도 위험 요인이다.

체크
리스트

| 1 | ROE, PER, PBR로 종목의 가치를 파악하라!

건강기능식품 10개 기업의 2019년 평균 PER은 약 12.4배, PBR은 약 2.1배다. 노바렉스는 PER, PBR 모두 평균과 비슷하다. ROE는 17.23%로 기업평균 11.1%에 비해 높은 수준이다. 투자한 돈이 효율적으로 회수되고 있다는 뜻이다.

추정치이긴 하지만 ROE가 2020년 17.72%, 2021년 18.9%로 조금씩 증가할 것으로 예상된다. PER과 PBR은 2020년 11.37배, 1.65배 그리고 2021년 9.1배, 1.4배로 계속적인 저평가가 이뤄질 전망이다. 저평가가 심해지면 주가가 저렴해 보이면서 매출액과 영업이익의 성장률이 더욱 부각되어 보일 수 있다.

단위 : %, 배

	2015/12	2016/12	2017/12	2018/12	2019/12	2020/12(E)
ROE			16.80	14.51	17.23	17.72
PER				13.46	12.30	11.37
PBR				1.60	1.74	1.65

ROE가 높아지는 추세, 투자금 회수 긍정적

출처 | 네이버 금융(2020.04.06.기준)

2018년 최저점에는 매출액 1,073억원, 영업이익 113억원이었고 2019년 최고점에는 매출액 1,591억원, 영업이익 163억원으로 상장 이후 최대 실적이었다. 2019년 최고점에는 건강기능식품 OEM 1인자, ODM 모범생 등의 휘황찬란한 호평을 받았다. 개별인정형 개발 파이프라인 증가, 오송 신공장 증설 기대, 고객사 2배 급증, 신규 식품원료 FDA 승인취득으로 해외시장 진출 등 긍정적인 요인들이 주가 상승을 뒷받침하였다. 신규 상장한 주식은 대부분 수급 이슈로 주가가 하락한다. 노바렉스도 이를 피해가지 못하고 최저점을 기록했다. 2018년 11월 저렴한 수준의 공모가로 상장했음에도 불구하고 기관투자자 물량 58만주 중 48만주가 매도 물량으로 나왔다.

2020년 4월 10일 기준 주가 23,450원은 고점대비 약 15% 하락한 값이다. 이 주가가 낮은 수준이 아니고 최근 주가가 탄력 있게 올라가는 추세이지만, 성장의 방향성을 봤을 때 신규 투자관점에서 여전히 매력적이다.

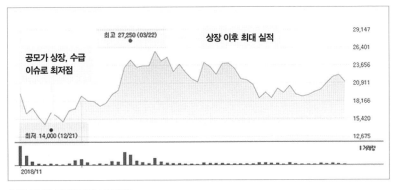

출처 | 네이버 금융(2020.04.10.기준)

| 2 | 유사동종업계 경쟁사와 비교하라!

사업유형에 차이는 있지만 건강기능 식품 OEM/ODM 전문기업이라는 점에서 경쟁사로 선정했다.

코스맥스엔비티는 매출의 100%가 건강기능식품이라 가장 큰 경쟁자라고 할 수 있다. 기능성 원료개발은 물론, OEM/ODM 건강기능식품 유통에 중심을 두고 있으며, 국내뿐 아니라 중국, 호주 생산기지를 확보해 해외 네트워크 고객사를 보유하고 있다. 해외 매출도 있지만 마진이 좋지 않고, 전체 영업이익률 자체도 낮다. 투자지표도 전반적으로 고평가되어 있다.

콜마비앤에이치는 에터미에 수주하는 건강기능식품, 화장품 물량이 100%이다. 개별인정형 건강기능식품 분야에서 생산실적 1위를 기록했다.

노바렉스는 외형규모가 작기 때문에 매출액과 영업이익 증가율이 큰 폭으로 오르는 것이 상대적으로 더 유리하다. 매출액증가율이 48.28%로 상위권을 기록하며 성장 가능성을 숫자로 증명했다.

단위 : 억원, %, 배 | 분기 : 2019.12.

	시가총액	매출액	매출액증가율	영업이익	영업이익률	ROE	PER	PBR
노바렉스	2,895	1,591	48.28	163	10.25	17.23	12.30	1.74
콜마비앤에이치	11,936	4,389	13.59	741	16.88	23.84	15.05	3.25
코스맥스엔비티	1,155	1,943	-3.67	-99	-5.10	-22.01	N/A	1.92
뉴트리	2,654	1,251	43.46	120	9.55	17.94	13.21	2.19

에터미 납품

건강기능식품 중심 기업! 가장 큰 경쟁자

아직 외형규모가 상대적으로 작기에 성장성도 높다.

출처 | 네이버 금융(시가총액은 2020.05.29.기준)

| 3 | 기본 중의 기본! Q(물량), P(가격), C(비용) 가능성을 살펴보라!

현재 생산량은 1,500억원 수준이지만, 2020년말 오송 공장이 증설되면 연간 3,000억원의 제품생산능력을 확보하게 된다. 개별인정원료가 늘어나고, 제품 포트폴리오가 확대되면 2018년 1.8%에 불과했던 해외매출비중이 늘어날 것이다.

또한, 자동생산 비율이 34%에서 80%까지 올라가면서, 기존의 3~4배에 달하는 생산효율화를 가져올 전망이다. 자동화와 더불어 규모의 경제를 통한 원가절감 즉, C 효과까지 기대할 수 있다.

| 4 | 실적을 통해 안정성을 확인하라!

820억원을 투자한 대규모 증설, 이로 인한 감가상각비 증가로 2021년부터 영업이익이 훼손될 수 있다. 공장이 2021년에 완공되더라도 생산수율이 바로 100%가 되기는 어려워 초기 안정화에 시간이 걸리긴 하겠다. 건강기능식품 시장의 성장성, 해외 매출 증가, 개별인정형 원료 승인, 2달 내 회수 가능한 매출채권의 증가 등의 호재로 2020년은 전년대비 20% 매출 증가가 확실시되고, 영업이익률 또한 11~14%로 예상하고 있다.

5년 평균 부채비율은 약 45.8%로 재무건전성이 양호하다. 2020년 45.95%, 2021년 42.37%로 비슷하게 유지될 전망이다.

단위 : 억원, %

	2015/12	2016/12	2017/12	2018/12	2019/12	2020/12(E)
매출액	827	771	809	1,073	1,591	1,899
영업이익	112	103	99	113	163	204
당기순이익	97	92	80	92	145	176
부채비율	54.89	34.52	37.18	34.44	68.02	45.95

출처 | 네이버 금융(2020.04.06.기준)

대규모 증설로 영업이익이 줄어들 수 있지만
여러 호재로 만회 가능성 UP

다섯째 마당

2030 여자라면?

화장품 산업

TOP1
신세계인터내셔날

TOP2
클리오

TOP3
네오팜

생활소비재 산업

TOP1
오리온

TOP2
F&F

TOP3
화승엔터프라이즈

- 이 책은 좋은 기업과 산업지형을 소개하는 게 목표입니다.
  직접적인 투자로 손실이 발생할 수 있으며, 그 결과는 투자자에게 귀속됩니다.

- 산업별 TOP3 기업 선정 기준은 집필 당시 '시가총액' 순입니다.

- 주식투자로 수익을 얻으려면?
  ① 좋은 기업을 ② 싸게 사면 됩니다.
  지금! 곧바로 사지 마세요! 충분히 공부하고 가격을 확인한 후 투자하세요.

화장품 산업

포|인|트|요|약

- 주춤한 중국시장, 중저가는 저물고 고가는 뜨고!
- 동남아, 미국시장은 한류 영향으로 성장 기대!
- ODM 연구개발 역량 확대, 실적 증가!

산업 크기는 작지만 꾸준히 성장하는 화장품 산업!

화장품 산업은 소득 및 소비의 변화, 사회적 습관, 유행에 민감하게 반응한다. 웰빙, 메트로섹슈얼 같은 사회적 트렌드에 맞게 한방원료, 코스메슈티컬, 에스테틱으로 시장이 확대됐고, 소비자가 다양화·세분화되었다. 온·오프라인 공유 플랫폼 확산, 고령화 시대 진입 등에 힘입어 글로벌 경제위기에도 불구하고 새로운 시장이 창출되고 있다.

글로벌 화장품 산업 자체가 크지는 않지만 연평균 5% 이상의 성장률을 보여준다. 동남아시아, 서남아시아 등의 국가는 중산층과 여성 사회활동 확대로 다양한 계층의 소비력이 증대되었으며, 메이크업과 스킨케어가 일상화되면서 사치재에서 필수재로 변화해 장기적인 성장 가능성이 엿보인다. 특히 중국은 연평균 6.3%의 성장세를 기록했다.

중국, 럭셔리 프리미엄 브랜드 위주로 성장

한국 소비재의 중심에는 중국이 있다. 시장 자체가 크고, 성장 여력도 높다. 글로벌 명품시장의 약 40%를 차지할 정도로 소비 파워가 막강한 중국 소비자는, 브랜드 글로벌화 가능성을 높여주는 엄청난 파급력까지 가지고 있다. 국내 화장품시장 성장률은 2~4% 수준인 데 반해(면세점 제외), 중국시장은 글로벌 고가 브랜드와 로컬 신흥브랜드가 치열하게 경쟁하면서 10% 이상의 견고한 성장을 이어가고 있다.

그래서 중국 소비 트렌드를 살펴보는 것이 중요한데, 최신 트렌드는 '럭셔리', '고가' 상품이다. 면세점은 중국 화장품 유통의 주된 경로인데, 프리미엄 호조에 힘입어 2019년 면세점 내 화장품 매출액에서 프리미엄 화장품 글로벌 브랜드가 차지하는 비중은 65%였다.

국내 면세점에 한국 브랜드 매출 비중이 계속해서 하락하고, 중국 총판 또는 직구 채널에서 새롭게 인기를 얻는 중소 브랜드가 없는 것으로 미루어, 중저가 브랜드가 경쟁력을 잃고 있다고 짐작할 수 있다. 중국 정부의 한류 금지령인 한한령과 같은 대외 이슈에 따른 실적 변동이 크고, 브랜드별 경쟁이 너무 치열해 수익성 악화의 우려가 있다.

동남아, 미국으로 사업 확장하며 흑자 전환 기대

한국 화장품의 인기는 중국을 시작으로 동남아, 미국시장으로 퍼지고 있다. 아모레퍼시픽은 해외 사업 중 35%가 중국 외 지역이고, LG생활건강은 2019년 미국의 Avon을 인수하며 시장을 확장하고 있다. 2020년 전체 매출액의 10%, 연간 약 5,000억원의 매출 달성을 목표로 흑자 전환을 위해 노력하고 있다.

ODM, 2020년 실적 확인 후 투자가치 상승 가능성

화장품시장 참여자 증가로 OEM/ODM 생산업체의 실적이 증가했다. 하지만 과도한 투자와 해외 진출에 따른 비용으로 실적이 불확실해졌고, 2019년에는 중국 수출이 부진한 탓에 처음으로 외형 둔화까지 겪게 되어 아모레퍼시픽, LG생활건강 등 국내 TOP 브랜드보다 투자가치가 낮아졌다. 2020년 실적을 확인한다면 불확실성을 해결하면서 높은 영업레버리지* 효과로 기업가치가 올라갈 것으로 보인다. 그 외에도 중국 로컬 고객사 다변화, 동남아·미국 사업 확대가 ODM 업체의 과도한 주가 하락을 막을 수 있는 투자지표 정상화의 핵심요인이다.

화장품 산업 TOP3 업체로 신세계인터내셔날, 클리오, 네오팜을 뽑아보았다.

◆ 영업레버리지 : 전체 영업비용에서 고정비가 차지하는 비율을 말한다. 제조업 특성상 인건비, 설비투자에 따른 감가상각비 등의 고정비가 많이 발생하는데, 매출이 상승하면서 고정비를 뛰어넘는 초과이익이 발생하면 이익이 증가하는 속도가 가파른 것이 특징이다.

신세계인터내셔날

중국에서 인기가 좋은 화장품 브랜드 비디비치(VIDIVICI)는 쁘띠 샤넬로 불린다. 럭셔리 콘셉트를 강화한 전략이 중국 밀레니얼세대에 제대로 통했다. 화장품에 문외한인 필자 또한 비디비치를 만든 신세계인터내셔날에 관심을 갖지 않을 수 없었다.

회사
정보

화장품 사업으로 영업이익 66% 폭발적 증가!
브랜드 라이센싱과 유통채널 확대로 수익 실현!

신세계인터내셔날은 패션과 화장품, 건강기능식품 사업을 영위하는 신세계의 자회사다. 패션은 해외 캐쥬얼, 라이프 스타일 브랜드를 수입해 국내에서 유통하고, 화장품은

■ 주요제품 매출구성

상품 및 제품매출	98.92%
기타	1.08%

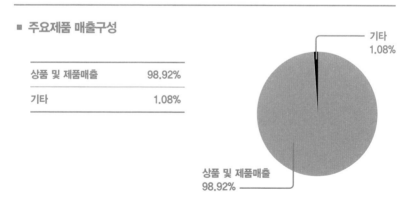

기타
1.08%

상품 및 제품매출
98.92%

출처 | 네이버 금융(2019.12.기준)

해외 럭셔리 브랜드 및 자체 제작 제품을 유통한다. 2019년 기준 매출 비중은 패션 및 라이프스타일 74.2%, 화장품 25.8%였다. 신세계톰보이, Shinsegae Poiret S.A.S(의류 제품 제조 및 판매), 기이가무역 유한공사(의류상품판매), Shinsegae International Vietnam Co., Ltd.(잡화등 상품판매)를 종속회사로 보유한다.

신세계백화점의 성장을 이끈 장재영 대표

장재영 대표는 신세계 강남점을 연매출 2조원을 달성한 국내 최초 백화점으로 키워내면서 정유경 신세계 총괄사장을 비롯한 오너 일가의 두터운 신뢰를 받고 있다. 2020년 내실 성장을 위한 브랜드 확대, 신사업 발굴 및 수익구조 다각화 계획을 수립한 상태로 글로벌 종합 콘텐츠 회사로 거듭나면서 사업부별 균형있는 발전이 기대된다.

투자
근거

경영진의 뛰어난 사업 감각

경영진의 사업수완은 수치화하기 어려운 정성적 요소지만, 투자가치를 재고할 수 있는 매우 중요한 주가 차별화 요소다. 신세계 유통, 호텔신라에서 영입한 대표들은 K-뷰티 트렌드에 의지해 마케팅에 열정을 쏟기보다는, R&D와 인력 보강에 투자하는 데 무게를 뒀다. 여기에 글로벌 명품업체들과 협업하며 쌓은 노하우가 더해져, 수입 브랜드들이 두자릿수의 높은 수익 성장성을 유지하게 되었다.

패션보다 화장품이 강세! 영업이익 66% 증가!

패션보다는 화장품 매출이 지속적으로 증가해, 2019년 3분기 대비 매출액 16%, 영업이익 66% 증가라는 예상을 뛰어넘는 실적을 보여줬다. 특히 비디비치는 영업이익률 20%를 넘는 폭발적인 성장을 보여주며 신세계인터내셔날 전체 영업이익률을 2017년 3.8%에서 2019년 13%까지 끌어올렸다.

비디비치는 2019년 연매출이 1,200억원으로, 전년 대비 2배 이상 증가하며 메가브랜드로 거듭났다. 2019년에는 중국 티몰(Tmall) 플래그십스토어, 싱가포르 창이공항 면세점에 입점했고, 2020년 상반기에는 중국 현지에 직접 진출하며 판매채널을 점점 넓혀갈 계획이다. 2012년에 인수한 비디비치는 중국 수출을 위해 꾸준히 리뉴얼을 준비했다. 2018년 눈부신 매출 성장으로 리뉴얼 성과를 확인했다.

계열사 제품 생산으로 이익 실현!

자체브랜드 '연작(YUNJAC)'은 제2의 비디비치를 꿈꾸며 마케팅 활동을 강화하고 있고, 해외브랜드 '로이비(LOIVIE)' 및 해외 생산 프리미엄 브랜드는 국내 판매를 준비 중이다. 다각도로 확대하고 있는 화장품 사업은 중장기 성장 가능성을 높여주며, 신세계인터내셔날의 사업가치를 높이는 핵심역할을 하고 있다. 해외 명품 브랜드와의 라이센싱과 협업으로 30%의 높은 마진을 보유하는 차별화된 기업가치는 주가의 하방경직성을 지지한다. 라이프스타일 브랜드 자주(JAJU)는 유통채널 확대로 초기비용부담이 상당했으나, 매출이 개선되면서 수익성을 회복하는 단계에 이르렀다. 계속적인 신규 공장 설립에 지출되는 비용과 설비 안정화에 대한 업데이트를 하면서 지켜보면 좋겠다.

20~30대를 겨냥한 고기능성 한방
화장품 브랜드 '연작'
(출처 : 신세계인터내셔날 홈페이지)

중국에서 색조 제품으로 크게 히트를 친
'비디비치'

OEM/ODM 제조 법인 보유,
수직계열화로 수익성 개선

신세계인터코스코리아는 OEM/ODM 화장품 제조 법인으로 신세계인터내셔날 화장품의 수직계열화에 기여한다. 비디비치의 '스킨 일루미네이션 클렌징 폼', '히알루론7' 등 히트 제품을 만들어 화장품 사업부의 매출 비중이 28%까지 확대할 수 있었던 일등 공신이다.

체크
리스트

| 1 | ROE, PER, PBR로 종목의 가치를 파악하라!

신세계인터내셔날을 포함한 17개의 화장품 업계의 2019년 평균 PER은 약 68배, ROE는 약 3.1%다. 신세계인터내셔날 같은 성장형 기업은 PER이 PBR보다 더 중요한 지표인데, PER 값이 저평가되어 있다. 2020년 PER은 18.59배로 예상되면서 최근 6년간 가장 저평가될 것으로 보인다. 이보다 더 중요한 ROE는 12.98%로 수익성 또한 월등히 좋은데, 2020년 12.22%가 예상되면서 상당히 양호한 수준의 이익률을 유지할 것으로 예상된다.

단위 : %, 배

성장형 기업의
주요지표 PER
저평가 상태

	2015/12	2016/12	2017/12	2018/12	2019/12	2020/12(E)
ROE	4.63	3.69	4.96	11.09	12.98	12.22
PER	34.66	27.22	21.98	24.16	21.19	18.59
PBR	1.58	0.99	1.07	2.56	2.62	2.14

출처 | 네이버 금융(2020.04.27.기준)

2017년 10월 13일에 최저점 55,400원, 2019년 4월 19일에 최고점 338,000원을 기록했다. 2017년 최저점 실적은 매출액 1조1,025억, 영업이익 254억원이었는데, 이에 반해 2019년 최고점 실적은 매출액 1조4,250억, 영업이익 845억을 기록했다. 2017년 최저점 당시는 수익성 기대치 하회, 백화점 판매가 하락, 신사업 적자 지속, 비용부담 증가, 국내 의류에 대한 투자심리 악화 등의 부정적 요인이 많았다.

반면 2019년 최고점에는 '한국판 루이비통모에헤네시 그룹(LVMH)'이라는 칭호를 얻을 정도로 성공적인 브랜딩 전략으로 트렌드를 적중시키며 제품을 히트시켰다. 화장품 사업부의 폭발적인 실적 성장, 중국 밀레니얼세대 소비트렌드 적중, 브랜드 포트폴리오 확장 및 플랫폼 수직계열화 구축 등 긍정적인 요인이 많았다.

가장 중요한 건 2020년 4월 29일 주가 216,500원이 최고점 338,000원 대비 약 40% 가까이 하락했다는 것이다. 예상치이긴 하지만 2020년에 오히려 매출액과 영업이익 모두 소폭 증가가 기대되기 때문에 가격적으로 메리트가 있어 보인다.

출처 | 네이버 금융(2020.05.11.기준)

| 2 | 유사동종업계 경쟁사와 비교하라!

경쟁사에 비해 시가총액이 낮은 수준이라 외형이 충분히 커질 수 있고, 매출액 또한 경쟁업체들 대비 성장의 여지가 충분하다. 경쟁업체에 비해 PER, PBR 모두 저평가되어 있고, ROE는 상위수준이다.

경쟁업체들 평균 대비 낮은 영업이익률은 개선 추세에 있기 때문에 이익 관련 지표도 양호하다 할 수 있다. 매출액증가율도 상위수준이기 때문에 종합적으로 비교우위가 있다.

단위 : 억원, %, 배 | 분기 : 2019.12.

	시가총액	매출액	매출액증가율	영업이익	영업이익률	ROE	PER	PBR
신세계인터내셔날	13,923	14,250	12.85	845	5.93	12.98	21.19	2.62
LG생활건강	213,969	76,854	13.90	11,764	15.31	20.32	28.71	5.10
아모레퍼시픽	95,287	55,801	−17.30	4,278	7.67	5.36	57.80	3.05
아모레G	47,661	62,843	3.39	4,982	7.93	4.12	55.21	2.20
한국콜마	9,908	15,407	13.46	1,178	7.65	6.39	36.78	2.29
코스맥스	8,884	13,307	5.64	540	4.06	10.45	25.23	2.34

출처 | 네이버 금융(시가총액은 2020.05.29.기준)

점차 영업이익률이 개선되고 있어 성장 여지 충분

tip

'좋은 주식'을 보는 눈을 기르자!

좋은 기업과 좋은 주식은 다른 개념이다. 좋은 주식을 찾으려면 1등 업체와 방향성이 일치하면서 이익도 잘 나는 2등 기업의 시가총액을 확인해보자. 시가총액이 낮다면, 그만큼 기업가치가 상승할 폭이 높다는 것이다. 영업이익이 커질수록 시가총액이 증가하므로 두 가지 항목의 상관관계를 유심히 관찰해보자.

| 3 | 기본 중의 기본! Q(물량), P(가격), C(비용) 가능성을 살펴보라!

2018년 매출이 유의미한 성장을 기록하면서 2020년 매출도 20% 이상 올라갈 것으로 예상하고 있다. 여기서 Q의 증가 추세를 예측하는 것은 당연할 것이다.

고가 수입 브랜드는 경쟁을 최소화할 수 있고, 멀티샵, 온라인몰, 면세점 등 다양한 유통채널을 통해 가격경쟁력과 수익성을 갖는다. 또한 비디비치보다 비싼 럭셔리 브랜드 '연작', '로이비'를 통해 높은 P를 만들어, 화장품 사업부의 영업이익을 2017년 2.3%에서 2021년 8%로 4배 이상 끌어올릴 예정이다.

글로벌 명품업체들과 협업하며 쌓은 운영, 영업, 생산, 마케팅 전반에 거친 노하우를 바탕으로 브랜드가치를 높이면서 가격, 매출, 이익이 늘어나는 Q와 P의 동시 증가효과를 누릴 수 있을 것이다.

패션사업에 들어가는 마케팅 비용을 철저하게 관리하며 C를 통제하는 데 성공했다. '비디비치'와 '연작'은 신세계인터내셔널을 화장품 전문 기업으로 착각하게 할 정도로 활황이다. 패션 브랜드는 돈 되는 명품브랜드 위주로 잘 관리하고 있어 문제가 없는 데다가 화장품이 패션보다 이익이 잘 나는 편이기 때문에 효율적으로 운영하고 있다.

Q, P, C 3박자가 조화를 이루며 대성장의 초입국면에 접어든 상태로, 장기적으로 빛을 발할 준비를 하고 있는 것으로 보인다.

| 4 | 실적을 통해 안정성을 확인하라!

매출액과 영업이익은 2017년 한 해를 제외하고는 지속적으로 성장한 성장형 기업이라고 할 수 있다. 과거 5년간 매출액성장률의 평균은 약 9.2%이고 영업이익성장률의 평균은 약 50.1%로 전반적으로 고르고 높은 성장률을 보여주었다. 부채비율 또한 과거 5년간 평균이 약 91.8%로 100% 미만이므로 재무적으로 나쁘지 않은 수준이다.

중요한 것은 미래의 실적이다. 향후 실적을 예상해보면 2020년, 2021년의 2년간 평균 매출액증가율 약 6%, 영업이익증가율 약 17%로 과거의 성장률보다 다소 작은 수치지만 절대적인 실적의 규모가 커졌기 때문에 숫자만으로 판단하기보다는 상대적인 가치로 판단해야 한다. 신세계인터내셔날은 실적이 꾸준히 성장하는 기업으로 이 점은 기업가치의 중장기적 상승으로 선순환될 것이다.

단위 : 억원, %

	2015/12	2016/12	2017/12	2018/12	2019/12	2020/12(E)
매출액	10,052	10,211	11,025	12,626	14,250	14,468
영업이익	199	270	254	555	845	834
당기순이익	210	175	241	577	740	803
부채비율	96.69	101.91	91.63	80.33	88.37	75.13

출처 | 네이버 금융(2020.04.27.기준)

미래 실적은 과거보다 낮을 듯,
중장기적 성장은 믿음을 준다.

클리오

회사
정보

일본 불매운동 반사수혜로 H&B스토어 판매 확장!
세컨드 브랜드 '구달', '페리페라' 도약 성공!

1997년 설립된 클리오는 색조 메이크업 '클리오'를 메인으로, 5개 브랜드와 '클럽클리오' 브랜드숍을 운영 중이다. 색조 '페리페라(Peripera)', 스킨케어 '구달(Goodal)', 헤어&바디 '힐링버드(Healing bird)', 더마 코스메틱 '더마토리(Dermatory)' 브랜드가 있다. 마케팅, 품질경쟁력을 바탕으로 중국, 대만, 일본, 미국 등 해외로도 사업영역을 확장하고 있다.

■ **주요제품 매출구성**

포인트 메이크업(아이)	30.04%
베이스 메이크업	29.85%
스킨케어 베이직	19.46%
포인트 메이크업(립)	19.23%
기타	1.42%

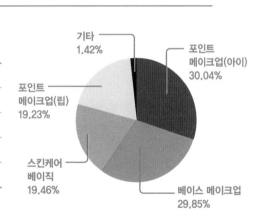

기타
1.42%

포인트
메이크업(아이)
30.04%

포인트
메이크업(립)
19.23%

스킨케어
베이직
19.46%

베이스 메이크업
29.85%

출처 | 네이버 금융(2019.12.기준)

353

평범한 중년 여성에서 대표로 변신한 한현옥 CEO

"센스와 안목이 높은 한국 여성들을 만족시키기 위해 최선을 다하다 보니 국제 경쟁력이 생겼다. 한국 여성을 만족시키면 세계 여성을 만족시킬 수 있다"는 말로 유명하다. 영업이나 마케팅까지 속속들이 꿰고 있고, 판단 기준이 명확하고 합리적이라 추진력도 겸비했다는 평이다. 대표와 임직원이 똘똘 뭉쳐 만들어온 브랜드 '클리오'를 시작으로 '페리페라' '구달' '힐링버드' '더마토리' 등은 혁신적인 품질, 세련된 컬러, 스타일리시한 디자인으로 클리오만의 감성과 정체성을 다져오고 있다.

투자
근거

성장률 높은 색조 화장품 No.1 브랜드

한한령의 영향을 받기는 했지만, 클리오 5개 브랜드의 매출과 영업이익이 지속적으로 증가하며 유사동종업계에서 우위를 드러냈다. 성장률이 가장 높은 분야는 색조 화장품인데, 클리오는 15~35세 여성의 색조 화장품을 주요 사업으로 한다. 젊은 여성들의 특성인 브랜드 민감도에 대응하기 위해 연령별, 성분별로 세분화하여 제품을 개발하고 있다. 고객 선도에 대한 빠른 대응력, 신·구 브랜드의 조화가 핵심이다.

일본 불매운동을 기회로 입지 다지기!
작은 브랜드 아이템 다변화 성공하며 매출 세분화 완료

주력 브랜드 '클리오'는 매출의 60%를 차지하기 때문에 브랜드 의존도가 상당하다. 브랜드가 다양화되고, 매출이 세분화될수록 특정 브랜드의 이익률 감소를 보완할 수 있어 실적 변동성이 낮아진다. 따라서 작은 브랜드들의 성장은 중요한 대목이다.

일본 불매운동으로 H&B스토어에서 일본 제품이 빠지면서 클리오 브랜드의 판매대가 넓어졌고, 아이템 다변화에 크게 이바지했다. 대부분의 작은 브랜드는 히트상품이 나와도 후속주자를 내지 못해 자연스럽게 사양되는데, 클리오는 쿠션, 아이팔레트, 립 틴트 등 신제품을 출시하며 박차를 가하고 있다. 구달은 과거 톤업크림 위주에서 다양한 쿠션, 기초 스킨케어로, 페리페라는 립 중심에서 색조 전체로 제품을 확장하고 있다.

특히 매출의 20%를 차지하는 '구달'은 일본 불매운동의 반사수혜를 입으면서 클리오 브랜드와 조화롭게 성장하고 있다. 대표적인 H&B스토어인 올리브영에서 구달의 '청귤 비타C 잡티 세럼'이 스킨케어 베스트 3위에 올랐고, 어성초 제품이 후속 제품으로 대기 중이다.

구달의 청귤 비타C 잡티 세럼
(출처 : 구달 홈페이지)

페리페라의 잉크 더 에어리 벨벳
(출처 : 페리페라 홈페이지)

온라인, 면세점 등 다양한 유통채널에서 고성장

유통채널의 성장률은 온라인 35%, 면세점 62%, 글로벌 70%로, 모든 채널이 양호한 실적을 내고 있다. 클리오 자체 온라인 채널은 국내 쿠팡, 중국 티몰, 일본 라쿠텐, 미국 아마존의 압박에도 불구하고 신제품 출시로 인한 매출 성장이 있었고, 면세점 또한 중국 관광객 증가와 색조기획 제품 등의 효과로 높은 성장률을 보였다. 글로벌 채널은 구달 '청귤 비타C 잡티 세럼'의 정식 중국 판매, 일본 드럭스토어 진출 효과를 기대하고 있으며, 하반기에는 부진한 오프라인 매장을 줄여 성장 채널 중심으로 전환시킬 예정이므로 실적이 눈에 띄게 증가할 전망이다.

화장품은 결국 다양한 판매채널을 통해 소비자와의 접점을 늘려야 성장한다. H&B스토어는 물론 온라인, 면세점, 글로벌 도매에서도 고르게 성장하고 있다는 것은, 클리오의 브랜드파워가 검증됐다는 의미다. 부진한 오프라인 매장을 줄이고, 마진이 좋은 글로벌 온라인에 집중해, 비용을 통제하면 클리오 전체의 수익성 개선에 확실한 호재가 될 것이다. 온라인 채널에서의 판매는 적정 수준의 가격을 확보할 수 있어 제품의 가격 경쟁력을 강화할 수 있고, 오프라인 인건비를 절약해 판매관리비를 효율적으로 통제할 수 있다.

체크
리스트

| 1 | ROE, PER, PBR로 종목의 가치를 파악하라!

클리오를 포함한 17개의 화장품 업계의 2019년 평균 PER은 약 68배, PBR은 약 2.8배다. 클리오는 PER 126.58배로 고평가되었고, PBR은 다소 저평가된 2.51배다. PER 값이 다소 비싸긴 하지만, 2020년 예상 PER은 약 20.3배로 6년 중 가장 저평가될 전망이다. ROE는 2019년 업계 평균 3.1%보다 낮은 2.05%로 수익성 또한 떨어져 전반적인 지표가 부실했던 게 사실이다.

다만 2020년 ROE 예상치는 11.83%라는 양호한 수준으로 개선될 것이라 기대하고 있다. ROE가 상당 수준 개선될 것이라는 역발상 관점에서 관심을 가져볼 만하다.

단위 : %, 배

	2015/12	2016/12	2017/12	2018/12	2019/12	2020/12(E)
ROE	99.73	24.85	5.55	0.70	2.05	11.83
PER		22.66	84.34	262.98	126.58	20.32
PBR	0.00	3.88	4.62	1.70	2.51	2.25

출처 | 네이버 금융(2020.03.24.기준)

고평가된 PER은
점차 내려가
안정을 찾을 듯

과거 주가 흐름에서 2017년 5월 12일 최고점 43,900원, 2018년 11월 2일 최저점 10,200원을 기록했다. 2017년 최고점 당시는 매출액 1,937억원, 영업이익 109억원, 최저점 2018년에는 매출액 1,874억원, 영업이익 −16억원으로 적자를 기록했다.

2017년 최고점에는 당시는 색조 브랜드의 높은 경쟁력으로 이익 고성장, 유통판로 확대 및 해외 진출 본격화, 연평균 순이익성장률 고성장 전망, 중국 색조 화장품 소비세 인하, 세계적 명품브랜드 루이비통모에헤네시 계열 사모펀드 'L Capital Asia'의 투자유치로 인한 협업 기대 등 긍정적 요인이 대부분이었다.

반면 최저점을 기록한 2018년에는 과도한 투자지표에 대한 부담, 중국인 관광객 급격한 감소, 높은 확장성의 H&B스토어에서의 매출액 전년 대비 20% 이상 감소, 도매부문 수출도 전년 대비 50% 감소, 해외시장 진출을 위한 인력 충원 및 공격적 마케팅 및 판매관리비의 급격한 증가로 영업손실 등 부정적인 요인이 더 많았다.

2020년 4월 29일 기준 주가 22,500원은 최고점 43,900원 대비 약 49% 하락한 주가로 줄어든 수치가 다소 과하다고 판단된다. 클리오는 여전히 아이템 강자로 온라인 매출 증가, 오프라인 매장 구조조정, 유사동종업체 중소형 기업 대비 밸류에이션 저평가 등으로 2020년 실적 정상화는 분명해 보인다.

출처 | 네이버 금융(2020.05.11.기준)

자체가치의 훼손이 아닌 대외변수로 인한 과도한 밸류에이션 악화는 신규투자자에게나 기존투자자에게 좋은 투자기회다. 2020년 분기별 실적을 지속적으로 체크해보면서 클리오의 성장을 중장기적으로 지켜보자.

| 2 | 유사동종업계 경쟁사와 비교하라!

외형인 시가총액은 경쟁사 대비 다소 큰 편이나 3,600억원이라는 금액이 절대적으로 크다고는 단정 지을 수 없다. 매출액 2,500억원 또한 여전히 성장 가능성이 남아 있는 숫자다.

경쟁사 대비 PER은 고평가가 분명하고 PBR은 다소 낮다. ROE가 상대적으로 낮은 수준이고 영업이익율은 높아 이익 관련 지표가 차별화되어 있다고 말하기 어려운 건 사실이다. 추정치이긴 하지만 2020년 예상 ROE와 영업이익률의 개선폭이 크다는 점이 기대감을 불러일으킨다. 게다가 매출액증가율은 가장 높아 현재의 지표가 비싸고 이익률이 떨어진다고 해서 단순하게 투자가치가 낮다고 결론지을 수 없다.

실적과 지표가 개선되는 흐름을 보여주는 게 중요하다. 실적이 개선되는 흐름이 드라마틱하다면 오히려 실적이 꾸준한 기업보다 더 큰 폭의 주가 상승을 보여주기도 한다. 때문에 실적이 꾸준히 성장하는 기업과는 다른 매력을 보유했다고 볼 수 있다.

단위 : 억원, %, 배 | 분기 : 2019.12.

	시가총액	매출액	매출액증가율	영업이익	영업이익률	ROE	PER	PBR
클리오	3,636	2,504	33.62	186	7.43	2.05	126.58	2.51
현대바이오	3,933	301	−3.53	26	8.49	1.75	627.98	10.36
SK바이오랜드	4,942	1,063	5.67	145	13.60	7.12	29.10	2.03
에이블씨엔씨	2,487	4,222	22.20	18	0.43	−3.94	N/A	1.08
잇츠한불	3,081	2,045	−4.48	109	5.35	−1.11	N/A	0.83

출처 | 네이버 금융(시가총액은 2020.05.29.기준)

차별화된 지표를 보여주지는 못하지만, 매출 증가율은 확연히 성장세!

| 3 | 기본 중의 기본! Q(물량), P(가격), C(비용) 가능성을 살펴보라!

다양한 유통채널에서 매출과 이익이 늘어나는 것을 통해 Q 증가를 확인했다. 화장품 시장에서는 마케팅이 중요한데, 디지털마케팅을 강화함으로써 비용을 효율적으로 활용 했다. 빅데이터를 활용한 마케팅 ROI 분석[*]에 따라 판관비가 타이트하게 관리되며 C 통제라는 수확을 얻었다.

또한, 마진이 나쁜 오프라인 채널을 과감하게 정리하고, 온라인 채널에 집중해 가격경 쟁력을 확보해 단기간에 영업이익률을 끌어올렸다. P는 구달의 매출 증가를 통해서도 검증된 바 있다.

Q, P, C 3박자를 갖춘 클리오가 중장기적으로 상승하는 모습을 보여줄지, 홈페이지에 서 분기별 보고서를 다운받아 투자지표를 확인해보자.

tip

기업 전망, 실생활에서 직접 확인해보자!

클리오는 판매채널 답사가 가능한 기업이다. H&B스토어에 직접 가서 진열대, 고객들 의 반응을 살펴보자. 인터넷에 기사를 검색해 인기도를 확인하는 것도 좋다. 더 구체적 으로 알고 싶다면 홈페이지에 방문에 최근 3개월간의 기업공시를 확인해보고, 궁금한 점이 있다면 IR 담당자를 통해 직접 묻기도 해보자!

◆ ROI 분석 : 투자비용 대비 수익성을 계산할 수 있는 마케팅이다. 매출액은 물론, 브랜드 인지도 향상 및 상품에 대한 긍정적 이미지 제고 등 무형의 가치도 포함해 판단한다.

| 4 | 실적을 통해 안정성을 확인하라!

2018년, 2019년 실적에 다소 부침이 있었지만 이후 개선되는 흐름을 보여준다. 과거 5년간의 매출액성장률의 평균은 약 27.8%라 양호했지만 영업이익은 2017년에 대폭 감소했다가 2018년 적자를 기록하는 등 안전하게 성장하지 못하고 변동성을 보인 것은 명확한 사실이다.

향후 실적을 예상해보면 2020년, 2021년의 2년간 평균 매출액증가율은 약 12.8%, 영업이익증가율은 약 28.9%로 과거의 변동성을 보인 실적보다는 훨씬 개선된 안정적인 흐름을 기대하고 있다. 실적의 급격한 반등이 나온 기업이 큰 폭의 주가 상승을 보여주는 경우도 필자는 수차례 보았다. 실적 성장에 따른 기업가치의 중장기적인 상승으로 이어질 것이라는 데 이견이 없다.

단위 : %, 배

	2015/12	2016/12	2017/12	2018/12	2019/12	2020/12(E)
매출액	1,071	1,936	1,937	1,874	2,504	2,772
영업이익	225	257	109	−16	186	242
당기순이익	177	208	79	10	29	175
부채비율	131.82	70.92	61.02	33.60	62.87	58.16

출처 | 네이버 금융(2020.05.11.기준)

안정적인 실적
성장세 기대

네오팜

회사
정보

국제특허기술 보유한 알찬 기업!
중국 유통망 확대 방안으로 M&A 추진 중!

2000년에 설립된 네오팜은 국제 특허기술이 적용된 더마 코스메틱을 시작으로, 2009년 의료기기, 2018년 건강기능식품 사업을 운영하고 있다. 기술연구에 역량을 집중하고, 직접광고 대신 샘플링 기회를 제공함으로써 소비자들의 호응을 이끌어내는 마케팅을 펼치고 있다. 5대 핵심 브랜드로는 아토팜(ATOPALM), 리얼베리어(Real Barrier), 더마비(Derma:B), 제로이드(ZEROID), 더마트로지(dermArtlogy)가 있다.

■ 주요제품 매출구성

화장품	90.50%
건강기능식품	7.80%
용품/벌크	1.60%
기타	0.10%

용품/벌크
1.60%
기타
0.10%
건강기능식품
7.80%
화장품
90.50%

출처 | 네이버 금융(2019.12.기준)

2019년 신규 대표이사 이주형 대표

한국콜마 경영관리본부장, 맘스맘 대표이사를 역임하여 기업 경영에 전문성을 보유했다. R&D 투자를 통해 독보적인 기술력을 확보하였고 글로벌 비즈니스를 지속적으로 확대해 피부과학 선도기업이라는 기업가치를 극대화하고 있다.

투자
근거

국제특허 제품 '리얼베리어' - H&B스토어 입점률 올라가며 매출 상승!

네오팜의 간판 제품 '아토팜'의 뒤를 잇는 '리얼베리어'는 피부장벽 특허기술이 적용된 제품이다. 라멜라 회복기술 및 몰타크로스 재현기술 등으로 전문기술이 적용된, 가성비 좋은 고보습 크림으로 20~30대 여성들에게 호평을 받고 있다.

마케팅 활동 강화로 브랜드 인지도가 올라가면서 매출이 늘어났고, 롭스, 올리브영 등의 H&B스토어◆ 중심으로 유통을 확대하고 있어 매출 증가는 꾸준히 이어질 전망이다. 올리브영 1,100개 매장 중 리얼베리어 제품이 입점된 곳은 약 54%에 불과해 매출 증가에 대한 여력이 있다. 싱가포르, 대만, 중국까지 확대 중이며, 중국의 티몰과 타오바오 등 온라인 판매를 시작으로 징둥닷컴까지 유통채널을 확대할 예정이다.

◆ H&B(Health&Beauty)스토어 : 건강보조식품, 의약품, 화장품, 미용제품, 생활용품 등 다양한 품목을 판매하는 소매점을 말한다.

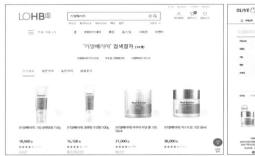 

롭스, 올리브영에서 판매 중인 리얼베리어 제품들

H&B스토어 점포수 확장이 한계에 이르면 매출 성장에 직격탄!

오프라인 판매채널 중 매출 성장이 가장 높은 것은 H&B스토어다. H&B스토어의 점포
수가 늘어나서 매출이 오르기 시작하는 초입단계, 확장단계는 기업의 투자지표가 가장
좋아지는 구간이다. 점포 확대에 따른 Q의 성장은 성숙단계에 접어들면 매출 성장의
한계에 부딪치게 된다.

높은 진입장벽을 넘은 병의원 브랜드 '제로이드' 유통 다변화

병의원 판매 전용 브랜드 '제로이드'의 매출이 안정적으로 증가하고 있다. 처방용 고보
습 제품 '제로이드MD'를 취급하는 병의원 수는 2017년 700개에서 2019년 1,200개로
늘어날 전망이다. 제로이드MD는 아토팜, 리얼베리어보다 이익률이 높아 수익성이 좋
고, 같은 라인으로 두피케어 제품을 출시할 예정이라 기대 중이다. 병원은 진입장벽이
높은 곳이지만, 한번 취급하면 타제품으로 바꿀 확률이 적어, 매출 안정성이 높다. 게
다가 일반 제품보다 마진이 좋아 가격경쟁력까지 동시에 획득하게 된다. 화장품업계와
차별되는 가치이므로 장기적으로 좋게 평가될 확률이 높다.

포트폴리오 다변화, 건강기능식품 출시

2018년 11월 건강식품 브랜드 '에이토솔루션'과 글로벌 프로바이오틱스 브랜드 '프로비라이프 더 불가리쿠스'를 론칭해 홈쇼핑과 온라인 채널에서 제품 판매를 시작했다. 국내 건강식품 시장은 꾸준한 성장세를 보였기 때문에, 제품 다변화에 대한 긍정적인 평가를 받고 있다.

네오팜의 건강식품 브랜드 '에이토솔루션'과 '프로비라이프 더 불가리쿠스' (출처 : 에이토솔루션 본사 스토어)

중국 위생허가 취득하며 기대감 고조

중국 진출 속도가 느리긴 하지만 위생허가를 획득한 제품 수가 아토팜 15개, 리얼베리어 23개, 더마비 8개로 꾸준히 증가하고 있다. 특히 영유아 화장품 중 'MLE 크림'은 2020년 1위로 '존슨앤존슨'에 5배에 달하는 가격으로 할인 프로모션, 인플루언서 마케팅 등을 이용해 빠르게 매출이 증가해 2021년 약 10%까지 확대될 전망이다.

아토팜, 리얼베리어, 더마비, 제로이드는 모두 매출과 이익이 성장하고 있어 안정적인 현금흐름을 만들었고, 건강기능식품으로 장기 성장력까지 갖춘 상태로 중국 진출에 대한 기대감이 커지고 있다. 제품도 많아지고 판매채널도 많아져 물량의 다각화 효과를 기대할 수 있다. 중국 현지에서 직접 마케팅하고, 유통하게 되면 비용도 적절히 통제된다. 국내에서 파는 것보다 더 비싸게 팔 수 있어서 가격경쟁력이 좋아지고, 유통을 직접 책임지기 때문에 단가 압박이나 판매관리비를 유연하게 다룰 수 있어 이에 따른 긍정적인 평가가 주가에 반영될 것이다.

M&A 호재와 저평가된 PER, PBR은 좋은 투자기회

주주, 신규투자를 통한 자금조달로 잇츠한불이 약 730억원의 현금성 자산을 확보했고, 그중 320억원을 네오팜 경영에 지원했다. 이커머스, 모바일 플랫폼에서 판매채널 증가 또는 독점판매 등 보다 공격적인 마케팅을 할 수 있는 환경이 준비된 것이다.

이에 네오팜은 브랜드 확장, 색조 화장품 회사, 중국 유통망을 넓힐 수 있는 업체를 인수하기 위한 작업을 진행 중이다. M&A에 대한 기대는 꿈을 실현시켜주는 동력이 된다. M&A는 성장을 가시화할 수 있기 때문에 단기적으로 주가에 반영되는 경우가 많다.

꾸준한 고성장을 하고 있음에도 불구하고 PER, PBR이 역사적 저점 수준이다. 투자지표가 저평가되었다는 것은, 주식 가격과 기업가치의 괴리가 크다는 것이다. 주식 가격이 제자리를 찾아가는 정상화 단계는 시간의 문제이고, 저평가 상태의 주가는 하방경직성을 강화하는 요소가 되어, 나중에 주가가 떨어지더라도 강하게 버텨낼 수 있는 합리적인 기준선이 된다.

리스크

중장기 성장동력은 중국을 중심으로 한 수출 매출의 증가다. 하지만 그간의 보수적인 투자 행보는 중국시장에 적극적으로 나설지 의구심이 일게 했다. 건강기능식품 외주생산에 따른 마진 하락과 신규 브랜드 초기 마케팅 비용, 비우호적 유통채널 수수료 발생 또한 문제가 되고 있다.

|1| ROE, PER, PBR로 종목의 가치를 파악하라!

네오팜을 포함한 17개의 화장품 업계의 2019년 평균 PER은 약 68배, PBR은 2.8배, ROE 3.1%였다.

네오팜의 2019년 PER이 19.83배로 매우 저평가되어 있고, PBR은 3.58배다. 성장형 기업이기 때문에 PER 값을 더 중요히 고려해야 하는데 2020년 예상 PER 약 13.95배로 최근 6년내 가장 저렴해질 전망이다. 이보다 더 중요한 ROE는 23.33%로 수익성이 동종업계 최상위 수준이고, 2020년도 16.54%로 예상하고 있어 여전히 최고 이익률을 유지할 것으로 보인다.

단위 : %, 배

	2015/12	2016/12	2017/12	2018/12	2019/12	2020/12(E)
ROE	10.69		26.83	28.76	23.33	16.54
PER	75.99	25.15	30.43	21.85	19.83	13.95
PBR	7.52	4.79	7.01	5.37	3.58	2.01

출처 | 네이버 금융(2020.05.11.기준)

**최근 가장 저렴
해질 것으로
예상되는 PER**

과거 5년 동안의 주가 흐름을 보면 2018년 4월 13일 최고점 63,300원, 2020년 3월 20일 최저점 18,400원을 기록했다. 2018년 최고점 당시 매출액 663억원, 영업이익 192억원이었고 최저점 2020년에는 매출액 약 916억원, 영업이익 246억원을 예상하고 있다.

최고점을 기록한 2018년 당시에는 국내 피부보습시장 최고 브랜드라는 칭호를 얻었다. 높은 브랜드력, 신규 라인업의 성공적 확대, 온라인 및 H&B스토어 채널 등 유통채널 다각화, 중국시장 진출 본격화 등의 긍정적 요인들이 더 많았다.

최저점을 기록한 2020년 3월에는 네오팜의 펀더멘털을 악화시킬 특별한 요인이 있었던 것은 아니었다. 코로나19라는 대외변수에 의해 주식이 폭락하는 불운을 맞았다.

예상치이긴 하지만 2020년에는 최고점 실적보다 매출액이 약 38.4%, 영업이익이 약 28.8% 증가할 전망이다. 4월 29일 현재 시점의 주가는 최고점 대비 약 52% 하락해 신규투자자 입장에서는 좋은 투자기회가 될 수 있다고 판단한다.

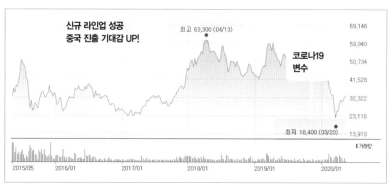

출처 | 네이버 금융(2020.05.11.기준)

| 2 | 유사동종업계 경쟁사와 비교하라!

네오팜의 시가총액은 다소 큰 편이지만 동종업계 대비 3,000억원이라는 수치가 절대적으로 크다고는 생각하지 않는다. 매출액은 832억원으로 아직 작기 때문에 여전히 성장여력이 충분하다. 경쟁업체에 비해 PER은 저평가되어 있고 PBR은 다소 높다. 무엇보다 영업이익률, ROE 모두 최상위수준이라 이익 관련 지표는 상당히 차별화되어 있다. 매출액증가율 역시 가장 높기 때문에 가격도 싸면서 이익도 많이 내고 있는 기업이다.

단위 : 억원, %, 배 | 분기 : 2019.12.

	시가총액	매출액	매출액증가율	영업이익	영업이익률	ROE	PER	PBR
네오팜	3,053	832	25.49	230	27.58	23.33	19.83	3.58
토니모리	1,817	1,720	-4.97	-3	-0.16	-5.33	N/A	1.85
한국화장품	2,258	1,312	-14.75	-174	-13.26	-39.16	N/A	4.95
씨티케이코스메틱스	1,316	1,163	5.25	40	3.40	4.54	17.46	0.75
코리아나	1,880	1,172	1.30	31	2.62	0.76	259.25	1.52
코스메카코리아	1,116	3,470	14.41	83	2.38	3.85	24.91	0.95

PER은 낮고, ROE는 높다! 주가는 싸고 이익은 높은 기업

출처 | 네이버 금융(시가총액은 2020.05.29.기준)

| 3 | 기본 중의 기본! Q(물량), P(가격), C(비용) 가능성을 살펴보라!

제품 타깃 영역을 넓히면서 Q가 확대될 것이라 기대하고 있다. 대표 브랜드 '아토팜'은 민감성 피부를 가진 영유아를 타깃으로 하고 있지만, 향후 어린이, 임산부 등으로 대상을 확대했다. '제로이드'의 두피전용라인 신제품과 10~20대를 겨냥한 신규브랜드 '루트힐' 출시로 Q 증가에 따른 연평균성장률이 약 11%에 달할 것으로 예상한다.

수출은 아직 7%에 불과하지만, 중국을 중심으로 확대될 것으로 예상한다. 중국시장은 진출 초기 단계로 성장 잠재력이 높다. 국내총생산(GDP)이 상승하면서 기능성 화장품이 가격경쟁력을 갖게 되고, 영유아에 특화된 화장품에 대한 수요가 커질 것이다. 한국 대표 영유아 브랜드 '아토팜'이 중국시장에서 더 좋은 가격경쟁력을 갖게 되어, 결국엔 이익률 상승까지 영향을 미칠 것으로 기대한다.

tip

매출, 이익 상승의 원인을 찾아라!

네오팜은 유통채널의 다각화, 신제품 출시, 화장품 시장의 구조적 변화에 힘입어, 매출과 이익이 지속적으로 성장하고 있다. 따라서 Q와 P가 동시에 상승하는 효과를 누리게 될 확률이 높다. 이처럼 투자를 하기 전에는 반드시 매출과 이익 상승을 뒷받침할 수 있는 합리적인 근거를 체크해야 한다. 기업의 분기보고서, IR 공시자료, 재무제표, 기업분석 애널리스트리포트 등에서 확인할 수 있다.

| 4 | 실적을 통해 안정성을 확인하라!

과거 5년 동안 매출액, 영업이익, 당기순이익 모두 단 한 번의 역성장 없이 연속으로 성장한 가장 이상적인 성장형 기업으로, 실적의 안전성 측면에서 가치가 매우 높다.

과거 5년간 연평균 매출액성장률은 약 23.3%, 영업이익성장률은 약 38.8%로 지속적인 성장률을 보여주었다. 연평균 부채비율도 약 20.5%로 재무적으로 매우 양호한 수준이다. 더 중요한 것은 미래의 실적이다. 추정치이긴 하지만 향후 실적을 예상해보면 2020년, 2021년의 2년간 평균 매출액증가율은 약 11%, 영업이익증가율은 약 10%로 과거의 성장률보다 낮지만 실적의 규모가 커졌기 때문에 상대적인 관점에서 봐야 한다.

단위 : %, 배

	2015/12	2016/12	2017/12	2018/12	2019/12	2020/12(E)
매출액	360	424	536	663	832	916
영업이익	63	96	140	192	230	246
당기순이익	34	77	116	154	192	193
부채비율	23.86	20.58	19.15	23.01	16.13	14.37

출처 | 네이버 금융(2020.04.28.기준)　　　　　　　　　　　　**미래의 실적도 기대가 된다.**

생활소비재 산업

포|인|트|요|약

■ 양극화 심화단계에 접어든 소비재 산업 –
  가성비 vs 프리미엄

■ 성숙기에 접어든 의류산업, 트렌디한 밀레니얼
  세대의 지갑을 열어라!

■ 포화상태인 식품산업, 해결책은 해외 진출!

인구구조 따라가는 소비재 산업

소비재는 의류, 식음료 등 실생활에 쓰이는 재화를 가리킨다. 일상생활과 밀접한 관계가 있는 만큼 인구에 따라 그 수요가 결정되는데, 인구구조는 점점 비우호적으로 변하고 있다. 반면, 인구규모가 월등한 중국은 소비재 산업에 중요한 역할을 한다.

의류산업이나 식음료산업은 이미 성숙기를 맞이해 낮은 성장률을 보이고 있지만 1, 2위를 다투는 기업들은 눈여겨볼 필요가 있다. 글로벌시장, 특히 중국 진출로 높은 실적을 유지할 가능성이 높다.

소비재 기업, 중국을 디딤돌로 활용해 밸류에이션 상승!

소비재 기업의 가치가 리레이팅되기 시작했다. 리레이팅은 똑같은 이익을 내도 주가가 더 올라가는 현상이다. 대표적인 예는 오리온과 아모레퍼시픽인데, 중국 매출 비중이 10%를 넘어가면서 본격적으로 가치가 상승하기 시작했다.

오리온은 2008~2013년에 리레이팅 효과를 받았다. 중국 연평균 매출성장률이 33%였으며, 중국 매출 비중은 2007년 10%에서 2013년 45%까지 상승했다. 2007~2013년에 PER은 10~25배였다. 아모레퍼시픽은 2013~2016년에 리레이팅되었고, 중국 연평균 매출성장률은 47%였다. 2012년 9%였던 중국 매출 비중이 2016년에 20%까지 상승하자 12개월 예상 PER은 20~40배에 달했다.

성숙기에 접어든 의류산업

성숙기에 접어든 의류산업은 민간소비증가율 수준의 제한적인 성장이 예상된다. 2019년 국내 의류산업은 0.6% 성장했고, 2020년에는 1.3% 상승해 시장규모가 39조원 정도에 이를 것으로 전망한다. IT업종의 수출회복, 52시간제 도입으로 인한 고용증가, 최저 임금 상승 및 금리인하 효과로 가계부채가 완화되면서 구매력이 완만하게 개선되기를 기대하고 있다.

중장기 성장 동력을 확보할 수 있는 업체는 그룹사 유통망을 갖추거나, 오랜 업력으로 자본력이 있는 기업, 사업구조 재편 및 다각화, 해외시장 진출 등 브랜드 인

큐베이팅 노하우를 갖춘 기업이다. 소비 트렌드를 파고들어, 끊임없이 변하는 소비자의 니즈를 간파한 업체만이 새로운 수요를 흡수하며 성장할 것이다.

내수소비 줄어드는 의류산업, 밀레니얼 저격이 돌파구

10년 후 국내 소비를 이끌어갈 주축은 2030대 젊은 소비자다. 베이비부머 이상의 소비력을 가질 것으로 예상된다. 의류 산업에서도 밀레니얼세대를 핵심 소비자로 하는 기업은 내수 소비재에 대한 자금 유입이 줄어드는 상황에서도, 유일하게 점유율을 확대하고 있다. 따라서 밀레니얼 브랜드는 로열티가 낮고 신선하고 트렌디한 감성을 입힌 아이템을 발굴하는 데 주력해야 한다.

이들은 미래보다 현실의 만족을 중요하게 생각하고, 가격보다는 가치를 높게 평가한다. 지향하는 가치가 뚜렷하고, 브랜드를 통해 개성을 표현할 수 있는 이른바 '컬처브랜드'에 과감하게 지갑을 여는 소비성향을 보인다. 브랜드가 어필하고자 하는 명확한 슬로건, 아이덴티티를 구축하는 것이 효율적 마케팅 수단이 되고, 이것은 브랜드 고유의 팬덤을 구축하는 역할을 한다.

소비 트렌드는 일과 삶의 균형을 중시하는 '라이프스타일'에 중점을 둔다. 비즈니스 옷차림과 일상복의 경계가 희미해져 캐주얼 라이프스타일이 관심을 받을 것이다. 지금은 패션스포츠웨어, 애슬레저 트렌드의 강세가 지속되고 있다. 스포츠 업체들은 캠핑, 워터 스포츠 등 스포츠웨어 카테고리를 세분화하기 시작했고, 정통 업체들도 화장품, 리빙, 생활가전까지 사업영역을 확대하며 생활카테고리를 보다 폭넓게 만들어 새로운 기회를 창출하고 있다.

아디다스의 패션스포츠웨어 '아디컬러 컬렉션' (출처 : 아이다스 공식 온라인 스토어)

소비재 양극화 현상, 가성비 vs 프리미엄

소비재는 가성비와 프리미엄 소비로 나눌 수 있다. 가성비를 찾는 사람들은 온라인 상품, 글로벌 SPA 브랜드로 몰리고 있고, 그 반대에는 럭셔리 브랜드를 찾는 가치 소비자들이 있어 양극화 추세가 지속되고 있다.

럭셔리 브랜드의 영향력은 점차 연령대가 낮은 소비자층까지 확대되어 중저가에 포진된 다수의 내수 의류업체들의 점유율을 축소시키고 있다. 글로벌 럭셔리 브랜드들이 젊은층을 타겟으로 스니커즈, 캐쥬얼, 액세서리 등 다양한 아이템을 선보이며 공격적으로 카테고리를 확장하고 있다. 특히 신발 브랜드는 충성도가 높아 앞으로의 성장이 기대된다.

럭셔리 소비재는 가격이 오른다고 수요가 줄지 않아 가격인상을 통한 이익 증가가 가능하다. 그리고 경기 하강국면에서 실적 변동이 커지는 패션 사업에 비해 안정적인 실적을 유지한다. 따라서 경기가 상승국면으로 바뀌면 실적이 더 빠르게 성장하는 특성이 있다.

온·오프라인 서비스 제공으로 외형 확대 중요

밀레니얼세대는 디지털환경에 친숙해서 플랫폼이나 콘텐츠를 중요하게 생각한다. 따라서 온·오프라인 채널을 적절하게 활용해 파급효과를 일으켜야 한다. 해외 진출에도 용이하므로 해외에서의 외형 확대가 중요하며, 면세점을 활용할 수 있으면 좋다.

온·오프라인 매장의 유기적인 운영 능력이 필요한 시점이다. 편집샵(멀티샵)에서 희소성 있는 신진 디자이너 브랜드를 저비용으로 시장에 선보이는 한편, 온라인 기능을 활용해 데이터 기반 트렌드 소싱, 소비자 구매이력에 따른 맞춤형 상품 제안할 수 있는 서비스가 필요하다.

저성장, 포화상태인 식품산업

2019년 상반기에 부진했던 음식료 업종은 원재료 및 포장의 부자재비용, 인건비 등에 지출이 증가하면서 구조적 변화를 겪었다. 시장 자체에 원인이 있었던 것이 아니었기 때문에, 해외사업으로 큰 지출이 있었던 기업들은 2020년에 기저효과를 얻을 것이다.

국내 음식료 시장을 사이클 단계에 비유하면, 성숙을 넘어 완숙기에 접어들었다고 볼 수 있다. 2020년 국내 식품시장의 예상 성장률은 1%로, 글로벌 식품시장 연평균증가율 3.6%와 비교하면 상당히 낮다.

식품산업 역시 프리미엄과 해외 진출만이 살 길

포화상태인 식품업계에서 상위 기업이 되려면 내수시장을 세분화해 가격을 높이거나, 해외시장을 개척해 물량을 확대해야 한다.

내수시장에서 가격을 올려줄 방법은 역시 '프리미엄'이다. 기존의 소비자들은 가격을 최우선으로 생각했지만 이제 그런 시대를 마무리하고 다양화, 프리미엄화를 통해 가격 인상을 끌어낼 수 있어야 한다. 품질을 향상시키거나 제품의 라인을 늘리는 방안을 고안해야 한다.

소비재는 가계소득, 인구구조 등의 변화에 민감하기 때문에 유통채널 확장에 따른 물량 상승 모멘텀이 뒷받침되어야 한다. 배달의민족, 쿠팡이츠 같은 배달 온라인 플랫폼과 수출을 통한 해외시장 물량의 확장으로 저성장 포화상태인 식품업계의 전방산업을 극복할 수 있다.

소비재 수출 교두보는 아시아계 미국인

미국 사회에서 비주류에 속했던 아시아계 미국인이 미국의 주요 소비층으로 떠

오르고 있다. 미국 내 아시아계 미국인은 상대적으로 높은 인구 성장률을 보이며, 2050년에는 전체인구의 10%에 달할 것으로 전망된다. 2017년 기준 미국 전체 구매력의 6.8%를 차지했고, 평균소득도 평균 80,720달러에서 30% 늘어난 110,523달러를 기록했다. 2000~2017년의 구매력은 257% 성장해 타 인종을 압도했다.

특히 냉동 가공식품은 견조한 성장을 보여준다. 2014~2018년 전체 냉동 가공식품 시장은 연평균 1.8% 증가에 불과했으나 아시안푸드는 5.3% 증가했고, 2018~2025년 전체 냉동 가공식품 연평균 2.5% 증가할 것으로 예상되나 아시안푸드는 7.8% 고성장할 것으로 전망된다. 미국 노출도가 높은 업체로는 CJ제일제당, 농심, 풀무원, 삼양식품이 있다. 과거 중국만큼의 폭발적 성장은 아니더라도 여전히 전사 성장을 넘어 전체 매출 성장을 견인하고 아시안푸드에 대한 글로벌한 관심이 증가하고 있다. 해외 매출이 10%를 넘는 식품 주도주들에 대한 중장기 성장은 충분히 기대할 만하다.

생활소비재 산업 TOP3 기업은 오리온, F&F, 화승엔터프라이즈다. 선정 근거를 차근차근 설명하도록 하겠다.

오리온

편의점에 갈 때면 필자의 손에 꼭 빠지지 않는 것은 맥주와 포카칩이다. 포카칩은 혼술 문화가 생기기 전부터 퇴근 후 혼자만의 시간을 달래주는 가장 최적화된 안주였다. 1분에 100봉씩 팔리는 레전드 봉지과자 '포카칩'으로 친숙해진 오리온이 생활 속 우량한 가치주를 찾는 필자에 가장 적합한 기업임이 분명했다.

회사
정보

한국·중국·베트남·러시아 현지화 완료!
신성장동력으로 생수 사업 시작!

2017년 6월 인적분할로 설립되었으며 음식료품의 제조, 가공 및 판매사업을 주요 사업으로 영위하고 있다. 2008년부터 시장의 웰빙트렌드에 부응하는 닥터유, 마켓오 시리즈 제품을 히트시키며 프리미엄 제품 시장을 선도해왔으며, 파이 제품과 스낵 제품으로 높은 시장지배력을 보이고 있다.

주요 제품으로는 초코파이, 초코칩쿠키, 다이제, 고래밥, 포카칩 등이 있으며 신제품 치킨팝, 찰초코파이, 닥터유 단백질바 등의 신제품 매출 호조에 따라 외형과 시장점유율이 지속적으로 상승하며 영업레버리지 효과로 수익성이 개선되고 있다.

■ 주요제품 매출구성

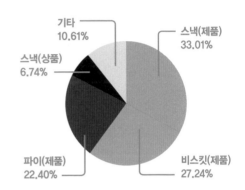

스낵(제품)	33.01%
비스킷(제품)	27.24%
파이(제품)	22.40%
스낵(상품)	6.74%
기타	10.61%

오리온에서 직접 만들어서 파는 스낵이다.

상품을 구매해서 재판매하는 스낵이 여기에 해당한다.

기타 10.61%

스낵(상품) 6.74%

스낵(제품) 33.01%

파이(제품) 22.40%

비스킷(제품) 27.24%

출처 | 네이버 금융 (2019.12. 기준)

고졸 영업맨에서 사장까지 올라간 이경재 대표이사

초코파이를 베트남 국민간식으로 만든 장본인이다. 2007년 베트남 법인장에 취임한 첫 해부터 매출액을 2배 늘렸고 2013년에는 베트남 최대 제과 회사로 키웠다. 신성장동력 김스낵과 프리미엄 미네랄워터 '오리온 제주용암수'를 온라인 채널을 중심으로 국내 시장에 성공적으로 안착시키려는 계획을 가지고 있다.

투자 근거

중국·베트남·러시아 3국에서 글로벌 히트!

중국 법인은 2019년 10월, 태국 김스낵 전문기업 타오케노이(Tao Kae Noi)와 업무협약을 체결하고, 11월부터 타오케노이 제품을 판매해 800억원대 매출이 나왔다. 또한 신사업으로 '오리온 제주용암수'를 추가하며, 2020년 중국 매출과 영업이익이 각각 약 10% 증가할 것으로 보고 있다.

베트남 법인은 '착한포장 프로젝트'로 제품증량정책을 시행해 매출액 21%, 영업이익 62%를 달성했다. 기존 제품 점유율 상승뿐만 아니라 신제품 쌀과자 '안(An)'이 8개월 누적 100억원 매출, 양산빵 '쎄봉(C'est Bon)' 역시 월 10억원대의 매출을 달성했다.

러시아 법인은 기존 제품에 다양한 맛을 추가하고 일부 채널에 출고가격(납품단가)을 인상했다. 판촉효율화를 통한 마진 개선, 초코파이 라즈베리 신제품 판매 호조가 긍정적으로 평가되고 있다.

한국, 중국, 베트남, 러시아 현지화로 글로벌 입맛을 사로잡는 초코파이 (출처 : 오리온 공식 홈페이지)

스낵류 신제품 인기몰이하며 생산라인 확대 결정!

2020년 역시 스낵류, 특히 단백질 라인의 신제품을 통해 시장점유율을 확대할 예정이다. 신규 카테고리 쌀과자 '안'은 시장점유율 2위를 차지하며 성공적으로 자리를 잡았다. 이에 힘입어 현재 2개인 생산라인을 2020년 1분기까지 4개 라인으로 확대해, 생산량은 400억까지 늘어난다. 생산물량의 30%는 중국 광둥성쪽으로 수출 계획이라 매출이 기대된다.

또 다른 신제품 양산빵 쎄봉은 하노이 공장에 생산라인을 증설했고, 베트남의 도시화, 맞벌이 부부 흐름에 힘입어 아침 대용식으로 인기를 몰며 누적 판매량 3,500만개를 돌파하는 성공을 이뤘다.

베트남에서 흥행 중인 쌀과자 안 (출처 : 오리온 공식 홈페이지)

신규 비즈니스는 마진율 높은 '물' 사업

물 사업은 제주삼다수가 압도적인 점유율을 가지고 있다. 하지만 독자적인 유통채널을 갖지 못해 유통업체에 휘둘려 이익률이 떨어질 위험을 가지고 있다. 오리온은 그룹사의 전폭적인 지지를 받아 독자적인 유통채널을 가지고 사업을 진행할 가능성이 높다.

물 사업은 원가가 매우 낮아서 유통 비용을 줄일 수 있다면 높을 마진을 얻을 수 있어 가성비 좋은 비즈니스로 통한다. 오리온과 제주시는 사회 공헌 등을 약속하는 상생협약 체결을 조건으로 제주용암수의 매장 판매 및 가정 배달 B2B 등 국내 판매 방식을 모두 허용하기로 했다. 오리온 제주용암수 생산 공장은 2020년 3월 16일부터 중단되어 70일간 멈춰 있었으나 5월 25일 재가동되었다. 용암수 생산을 위한 1일 공급 용암해수는 200톤으로 제한되었으나 기존 자사 제품의 공급처인 대형할인점, 편의점, 일반슈퍼 및 해외 판매가 가능해져 오리온 전체 매출액과 이익이 상당히 성장할 것으로 기대된다.

2020년 3월에는 처음으로 호치민, 하노이 등 베트남 주요도시에도 제주용암수 6톤을 수출했다. 이어 2020년 6월부터 중국 대도시를 중심으로 본격 판매를 시작할 계획이다. 스낵이라는 안정적인 캐시카우를 지닌 오리온이 물을 신성장동력으로 삼는다면 밸류에이션 프리미엄을 받을 가능성이 있다.

주식 가격이 싸다!

물론, 가격이 싸다고 다 좋은 것은 아니다. 그러나 저렴한 주가가 투자 모멘텀이 된다는 것은 분명한 사실이다. 싼 게 비지떡인지 아닌지 꼼꼼한 검토를 통해 확인해봐야 한다. 지금의 싼 주가는 기업의 펀더멘털보다는 코로나19 이슈에 영향을 받은 것으로 보인다. 오리온은 꾸준히 외형과 매출을 늘리고 있고, 현금흐름의 창출도 안정적이다. 식음료 업계 중 빠르게 해외에 진출한 편이고, 중국, 베트남, 러시아 등 다양한 국가에서 매출을 올리고 있으며, 2019년에는 사상 최대의 매출액과 영업이익을 기록했다.

2020년 역시 시장점유율 확대, 신제품 강화를 통한 캐시카우의 안정적 성장, 중국 판매 영역 확장과 생수 수출, 베트남의 CAPA 증설 등으로 고성장 기조를 유지할 것으로 전망한다.

체크
리스트

| 1 | ROE, PER, PBR로 종목의 가치를 파악하라!

식음료 관련 17개 기업의 2019년 평균 PER은 약 25.7배, PBR은 약 1.3배다. 오리온은 PER 19.35배로 다소 저평가, PBR 2.57배로 고평가됐다. 이보다 더 중요한 ROE는 2019년 17개 기업 평균 6.57%의 2배가 넘는 14.24%이며, 2018~2019년 평균 또한 약 13%

단위 : %, 배

	2015/12	2016/12	2017/12	2018/12	2019/12	2020/12(E)
ROE				10.31	14.24	14.86
PER			32.05	33.92	19.35	18.55
PBR			3.16	3.37	2.57	2.6

출처 | 네이버 금융(2020.04.28.기준)

PER, ROE 모두 양호

로 양호했다. 2020년도 약 14.86%, 2021년 약 14.1%로 높은 수준으로 유지될 전망이라 ROE는 견고하다.

2017년 7월 7일 최저점 75,700원, 2018년 6월 22일 최고점 160,000원을 기록했다. 2017년 최저점에는 매출액 1조733억, 영업이익 1,074억이었고, 최고점 2018년에는 매출액 1조9,269억, 영업이익 2,822억을 달성했다.

2017년 최저점에는 중국 사드이슈로 적자전환, 불안정한 실적 회복, 러시아 루블화 가치 폭락으로 제품이 가격경쟁률을 잃는 등 부정적인 요인이 있었다. 반면 최고점 2018년에는 영업실적, 중국 신제품 효과, 베트남 법인 고성장세 및 이익 레버리지 효과, 신규 카테고리 적극 진출, 러시아 신공장 증설, 국내 연간 영업이익 사상최대 기대 등 긍정적 요인이 많았다.

추정치이긴 하지만 2020년 매출액은 2018년 최고점에 비해 약 12.7%, 영업이익은 약 30.8% 증가할 것으로 예상하고 있어 저렴한 주가는 신규 투자자, 기존 투자자가 물량을 더 확보할 수 있는 좋은 기회다.

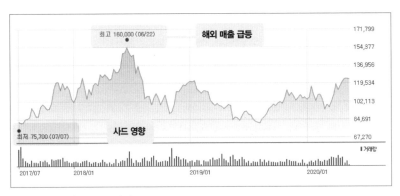

출처 | 네이버 금융(2020.04.28.기준)

| 2 | 유사동종업계 경쟁사와 비교하라!

오리온의 시가총액은 식음료 업계 중 가장 높다. 매출액과 영업이익도 높은 수준이기는 하나 충분히 성장의 여지가 남아 있다고 생각한다. 경쟁업체들 평균 PER 25.7배보다 소폭 낮고 PBR은 다소 높다. 무엇보다 ROE와 영업이익율 모두 압도적으로 가장 높은 수준이라 이익관련 지표는 상당히 차별화되어 있다. 매출액증가율 역시 낮긴 하지만 꾸준히 증가한다는 데 의의가 있다. 종합적으로 보면 가격도 그리 비싸지 않으면서 가성비 높은 수익성을 가지고 있어 매력적이다.

단위 : 억원, %, 배 | 분기 : 2019.12.

	시가총액	매출액	매출액증가율	영업이익	영업이익률	ROE	PER	PBR
오리온	52,187	20,233	4.76	3,276	16.19	14.24	19.35	2.57
CJ제일제당	44,710	223,525	16.47	8,969	4.01	3.16	27.12	0.83
오뚜기	19,864	23,597	4.78	1,483	6.28	7.79	20.63	1.47
농심	19,190	23,439	4.59	788	3.36	3.72	20.61	0.72
롯데칠성	8,273	24,295	3.42	1,077	4.43	−11.68	N/A	0.95

출처 | 네이버 금융(시가총액은 2020.05.29.기준)   **매출액증가율은 낮아도 꾸준한 게 매력!**

| 3 | 기본 중의 기본! Q(물량), P(가격), C(비용) 가능성을 살펴보라!

글로벌한 실적 성장을 숫자로 증명하는 국내 식음료업체는 손에 꼽을 정도다. 오리온은 그중 최상위권으로 국가 다양화와 제품 다각화로 Q의 양적 성장을 이루고 있다. 특히 중국의 채널 확장으로 Q의 확장성을 극대화할 것이다.

국내에서는 치킨팝, 찰초코파이, 단백질바 등의 신제품이 흥행에 성공했다. 매출의 85% 이상을 차지하는 3대 카테고리인 스낵, 비스킷, 파이매출은 각각 전년 대비 14%, 9%, 6% 상승했다. 해외는 스낵, 파이류, 껌캔디류 중심으로 성장했다. 중국은 타오케노이 김스낵 도입, 베트남은 증량 정책에 힘입어 스낵 카테고리에서 호조를 보였고, 러시아는 초코파이 제품의 대형할인점 및 대형소매점 진출로 외형 성장을 하고 있다. 이처럼 오리온은 제품별 다각화와 국가별 다양화로 Q의 양적 성장을 통한 매출 증가를 숫자로 증명해내고 있다.

| 4 | 실적을 통해 안정성을 확인하라!

2020년 예상치를 포함해 매출액, 영업이익, 당기순이익 모두 한 번의 역성장 없이 성장한 이상적인 기업이다. 2020년 예상치를 포함해 매출액성장률의 평균은 약 30.6%, 영업이익성장률의 평균은 약 63.6%로 상당히 높은 성장률을 보여주었다. 2017~2019년 부채비율 평균도 약 59.3%로 재무적으로 양호하다.

2020년, 2021년 2년 평균 매출액증가율 약 6.5%, 영업이익증가율 약 9%로 과거의 성장률보다는 낮지만 절대적인 실적의 규모가 커진 것도 고려해야 한다.

단위 : 억원, %

	2015/12	2016/12	2017/12	2018/12	2019/12	2020/12(E)
매출액			10,733	19,269	20,233	21,705
영업이익			1,074	2,822	3,276	3,672
당기순이익			767	1,430	2,205	2,610
부채비율			67.89	62.78	47.06	40.42

출처 | 네이버 금융(2020.04.28.기준)

매출액, 영업이익, 당기순이익 모두 성장한 기업

회사
정보

든든한 캐시카우 MLB 면세점 성장률 150%,
홍콩법인 매출액 25% 증가!

F&F는 1972년 2월에 설립되었으며 1984년 10월 한국거래소에 상장되었다. 백화점, 면세점, 대리점 등에 제품을 유통하며 외식사업도 영위한다. F&F 상하이, F&F 로지스틱스 등 8개 회사를 연결대상 종속회사로 보유한다. 의류산업은 국내 경기변동에 대한 민감도가 높은 편이며 GDP성장률, 민간소비증감률 등 주요 거시지표와 유사한 흐름을 보인다.

■ 주요제품 매출구성

DISCOVERY, MLB, MLB KIDS 등(패션)	102.25%
종합물류대행(물류)	1.58%
DUVETICA(기타)	0.23%
COLLECTED(패션)	0.21%
기타	-4.27%

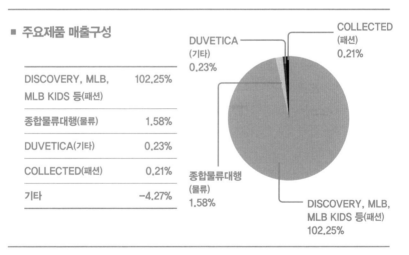

DUVETICA
(기타)
0.23%

COLLECTED
(패션)
0.21%

종합물류대행
(물류)
1.58%

DISCOVERY, MLB,
MLB KIDS 등(패션)
102.25%

출처 | 네이버 금융(2019.12.기준)

385

매출구성에서 종합물류대행이란 상품 및 제품의 입고, 출고, 보관, 검수 등 종합물류서비스를 대행하고 받는 수수료를 말하며, COLLECTED는 브랜드 유통으로 받는 판매 수수료만을 매출로 인식한다. 기타에는 패션 제품 및 상품이 포함되는데, 이는 내부 거래이기 때문에 마이너스로 기록되었다.

손대는 브랜드마다 대박 행진, 김창수 대표이사

디자인, 브랜딩, 생산, 유통, 기획, 마케팅 등 패션 기업에 필요한 모든 사업부문을 직접 관장하기로 유명하다. 1979년 베네통을 시작으로 MLB, 디스커버리, 바닐라코 등 손대는 브랜드마다 대박 행진을 이어갔다.

미국 뉴욕에 디자인 스튜디오를 자체적으로 운영하면서 기술개발에 투자를 아끼지 않으며 사회공헌활동과 환경보호를 위한 활동을 병행하고 있다.

투자
근거

중국에 인기 많은 디스커버리와 MLB, 자체 생산 가능

대표적인 의류 브랜드의 매출액성장률은 디스커버리 약 8%, MLB 약 84%, MLB KIDS 약 16%를 기록했다. MLB 면세점 성장률은 2019년 4분기 연결기준으로 약 130%에 달하며 MLB 브랜드에서 차지하는 비중이 60%까지 늘어났다. 홍콩 법인 매출액은 25% 증가해 약 72억원 늘어난 것으로 추정된다.

디스커버리는 트렌디한 디자인과 차별화된 마케팅 전략으로 라이프스타일 콘셉트를 강조하며 성장했다. 티셔츠, 패딩에 주력했던 과거와는 다르게 신발과 같은 트렌디한 아이템으로 젊은층을 공략해 성공했다. 2019년 1분기 2만켤레에서 4분기 5만켤레로 판매량이 2배 이상으로 늘었으며 700억원이 넘는 매출을 기록했다.

특히 MLB는 자체 생산이 가능한 든든한 캐시카우다. 전에는 스포츠 브랜드로 유명했지만, 특유의 화려한 디자인으로 중국인들 사이에서 패션 아이템으로 자리 잡았다. 모자, 가방, 신발, 의류 등 카테고리 전반이 확장되며 수익성 향상의 선순환으로 이어지고 있어 장기적으로 실적을 올려줄 것으로 보인다.

2021년까지 10개점 추가, 성장 모멘텀은 중국시장에!

국내시장보다는 중국시장의 진출에 강력한 성장 모멘텀이 존재한다. 2020년 10개였던 점포를 2021년까지 20개로 늘릴 계획이다. 최근 중국 티몰 판매 순위 1~3위가 모노그램 힙색, 빅볼청키 엠보, 모노그램 맨투맨이었는데, 이는 기존 인기 아이템인 모자에서 가방, 신발, 의류로 카테고리가 다변화되었다는 것을 의미한다. 제품의 다양화는 캐시카우의 안정적인 현금흐름 외에 추가적인 물량의 증가를 보여주는 가장 좋은 예이다.

중국 현지에서는 2020년 SS시즌의 미키마우스 콜라보레이션에 대한 긍정적인 반응이 일고 있으며, 판매추이는 여러 리포트, F&F IR 담당자를 통해 확인 가능하다. 신규아이템의 매출 호조가 정상가 판매율 상승으로 이어지면서 수익성이 개선될 것으로 기대되고 있다.

시즌 아이템 적절히 활용하며 매출 UP!

매시즌 아이템을 선보이며 적절하게 대응하는 것이 강점이다. 2019년 겨울 성수기 시즌에 디스커버리의 19FW 테크 플리스 자켓, 버킷디워커가 이슈몰이를 했고, MLB는 빅볼청키슈즈나 빅사이즈볼캡 등으로 내수와 면세점의 입지를 확고하게 다졌다.

디스커버리 테크 후리스 하이넥 자켓   듀베티카 오프라인 매장정보
(출처 : 디스커버리 온라인 스토어)   (출처 : 듀베티카 공식 홈페이지)

특히 의류에서 신발 등으로 주력 아이템군을 확장하며 늘어난 매출에 MLB 중국 매출, 프리미엄 패딩브랜드 듀베티카(DUVETICA)의 유럽, 미주 매출이 더해지면서 타 의류기업과는 차별화된 성장세를 보인다.

체크
리스트

| 1 | ROE, PER, PBR로 종목의 가치를 파악하라!

의류소비재 관련 16개 기업의 2019년 평균 PER은 약 12배, PBR은 약 3.6배인 것과 비교하면 F&F의 PER은 15.65배, PBR은 3.56배로 두 지표 상 비싼 것은 사실이다. 하지만 2020년 예상 PER 약 13.52배, 2021년 PER 약 11.5배로 앞으로는 저평가될 전망이다.

16개 기업 2019년 평균 ROE 12.45%에 비해 F&F는 25.13%로 2배 넘게 높은 수준이고, 2015~2019년 평균 21.2%로 최고 수준을 유지했다. 2020년도 약 23.09%, 2021년 약 22.4% 예상하고 있어 긍정적이다.

F&F는 2016년 2월 12일 최저점 11,900원, 2020년 1월 17일 최고점 128,000원을 기록했다. 2016년 최저점 실적은 매출액 4,390억원, 영업이익 456억원인 반면에 최고점

단위 : %, 배

	2015/12	2016/12	2017/12	2018/12	2019/12	2020/12(E)
ROE	6.39	14.18	28.66	31.64	25.13	23.09
PER	21.97	8.89	8.63	5.65	15.65	13.52
PBR	1.37	1.19	2.18	1.56	3.56	2.81

출처 | 네이버 금융(2020.04.28.기준)　　　　　　　　　**높은 수준을 유지하는 ROE**

2020년은 매출액 9,935억원, 영업이익 1,638억원을 예상하고 있다.

최저점이던 2016년에는 국내 브랜드 의류 산업 부진 지속, 의류 기업들 수익성 악화, 의류 및 신발 지출액 감소, 경쟁심화에 따른 판매가 감소 및 마케팅 비용 증가 등 부정적인 요인이 더 많았다. 반면 최고점 2020년에는 2019년 4분기 어닝서프라이즈, 브랜드와 카테고리의 고른 실적 증가, 높은 매출성장률에 따른 이익레버리지효과, 고수익성의 온라인 채널로의 영업레버리지효과 등 긍정적 요인이 많았다.

2020년 4월 기준 현재의 주가는 코로나19라는 대외변수로 최고가 대비 약 20% 하락했지만 여전히 의류소비재 기업 중 가장 높은 브랜드력을 갖췄다. 유통채널, 해외 판매, 레버리지효과를 활용한 실적 성장을 보여줄 기업이기 때문에 신규, 기존투자자 모두에게 기회가 되는 구간이다.

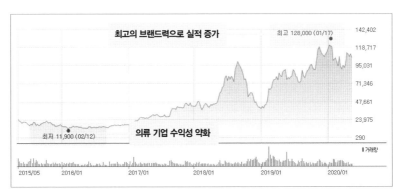

출처 | 네이버 금융(2020.04.28.기준)

| 2 | 유사동종업계 경쟁사와 비교하라!

시가총액은 상위권이지만 매출액과 영업이익 즉, 실적은 여전히 성장 여력이 많이 남아있다고 생각한다. PER과 PBR 모두 동종업계에 비해 고평가되었다. 단순히 비싸다고 보기보다는 프리미엄을 받는 이유가 무엇인지가 중요하다.

무엇보다도 ROE, 영업이익률, 매출액증가율 모두 최상위권으로 수익성이 월등히 뛰어나다. 또 2020년, 2021년 2년 평균 매출액증가율 약 12.2%, 영업이익증가율 약 14%로 양호한 값이 나올 것으로 예상하고 있어 경쟁우위를 차지하며 중장기적인 기업가치의 상승이 기대된다.

단위 : 억원, %, 배 | 분기 : 2019.12.

	시가총액	매출액	매출액증가율	영업이익	영업이익률	ROE	PER	PBR
F&F	15,323	9,103	26.58	1,507	16.56	25.13	15.65	3.56
휠라홀딩스	23,359	34,504	14.37	4,707	13.64	23.80	12.14	2.58
영원무역	13,581	23,883	12.02	2,376	9.95	9.82	9.13	0.82
한섬	7,450	12,598	−3.13	1,066	8.46	8.37	9.11	0.66
한세실업	5,320	19,224	10.91	590	3.07	−0.06	N/A	1.71
LF	3,962	18,517	7.83	875	4.73	5.65	8.00	0.44

출처 | 네이버 금융(시가총액은 2020.05.29.기준)

PER, PBR 모두 고평가, 그러나 여전히 매력적!

| 3 | 기본 중의 기본! Q(물량), P(가격), C(비용) 가능성을 살펴보라!

MLB는 주로 중국 면세점에서 판매가 이루어지고 있으나 앞으로는 중국 내수 채널로 확대해 마진을 높일 가능성이 높다. 또한 프리미엄 브랜드를 출시해 Q의 증가를 꾀한다. 2019년 7월 프리미엄 이탈리아 아웃도어 브랜드 '듀베티카'의 경영권과 자산을 약 92억

원에 매입했으며, 프리미엄 라이프스타일 '스트레치 엔젤스'를 론칭하며 Q의 성장을 다
각도로 보완하고 있다. 의류 소비재는 P의 변동성이 크지 않다는 특징이 있다.

| 4 | 실적을 통해 안정성을 확인하라!

2018년을 제외하고 매출액, 영업이익, 당기순이익이 모두 성장했다. 과거 5년간 매출액
성장률의 평균은 약 25.4%, 영업이익 성장률의 평균은 약 79.3%로 역성장을 포함해도
지속적인 성장세를 보여주었다. 과거 5년간 부채비율 평균도 약 40.8%로 재무적으로
양호하였고 2020년 32.26%, 2021년 약 32.3%으로 예상되어 앞으로도 안정적으로 유
지될 전망이다.

2020년, 2021년 2년 평균 매출액증가율은 약 12.2%, 영업이익증가율은 약 13.9로 과
거의 실적성장률보다는 낮아도 실적은 계속 성장할 전망이다.

단위 : 억원, %

	2015/12	2016/12	2017/12	2018/12	2019/12	2020/12(E)
매출액	3,700	4,390	5,605	6,683	9,103	9,935
영업이익	188	456	981	915	1507	1,638
당기순이익	124	302	749	1,093	1,099	1,250
부채비율	67.02	34.79	35.19	25.59	41.49	32.26

출처 | 네이버 금융(2020.04.28.기준)

**성장속도는 줄어들었지만
여전히 실적은 상승 중**

화승엔터프라이즈

회사
정보

아디다스 2위 생산업체, 고가제품 대흥행으로 수익성 상승!

브랜드 신발의 제조업자 개발생산(Original Development Manufacturing System, ODM) 사업을 영위하는 외국기업 지배지주회사*이며, 자회사로 화승비나, 화승PT인도네시아, 장천제화대련유한공사, 화승크라운 등이 있다.

아디다스, 리복 등의 브랜드가 주된 매출원으로 매출구성의 98.75%을 차지한다. 아디다스는 2018년 생산업체 중에서 시장점유율 2위를 기록했다.

■ 주요제품 매출구성

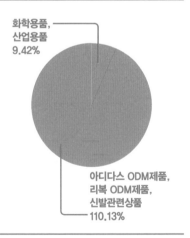

화학용품,
산업용품
9.42%

아디다스 ODM 제품, 리복 ODM 제품, 신발관련상품	110.13%
화학용품, 산업용품	9.42%
내부거래 매출액 제거	−19.55%

천연고무, 합성고무, 재생고무 등의
고무와 후추와 같은 화학자재를 판매한다.

아디다스 ODM제품,
리복 ODM제품,
신발관련상품
110.13%

출처 | 네이버 금융(2019.12.기준)

이계영 대표의 경영전략은 속도!

수주에서 선적까지 획기적으로 시간을 단축하려 노력하고 있다. 아디다스그룹 협력사 가운데 납기, 품질, 공정자동화율, 생산성 부문에서 최고 수준 역량을 확보해 베트남 법인은 월간 최대 생산을 기록했고, 중국과 인도네시아 법인도 생산 확대를 준비하고 있다. 아디다스 CEO는 매출 확대를 위해 패스트 패션을 키우겠다고 밝히기도 했다.

아디다스 협력업체들 가운데 속도와 품질 면에서 가장 높은 평가를 받는 화승엔터프라이즈의 시장점유율이 더욱 확대될 전망이다.

투자
근거

아디다스 벤더 2위 자리 유지, 시장점유율 16%

아디다스는 수많은 글로벌 기업 중에서도 혁신의 아이콘으로 뽑힌다. 3D 프린터를 활용해 24시간 이내 개인 맞춤형 운동화를 고객에게 전달하는 것이 목표였고, 2015년에 독일 안스바흐와 미국 애틀랜타 2곳에서 운영했다. 이후 스피드 팩토리를 아시아로 이전함과 동시에 개발한 기술을 아시아 2개 벤더에 이관했는데, 그중 한 곳이 화승엔터프라이즈다. 핵심 기술로 꼽히는 부스트(Boost) 부자재로 만들어진 운동화를 생산하고 있으며, 앞으로도 아디다스의 혁신활동에 동행하게 될 것이다. 발전하는 아디다스의 행보를 따라 순차적으로 기업가치가 올라갈 것이다.

2019년 말 수직계열화를 위한 소재 제조사를 인수하며 사업을 확장하고 있어 이에 따른 실적 증가가 기대된다.

◆ 외국기업 지배지주회사 : 외국기업을 지배할 목적으로 국내에 설립한 지주회사를 말한다. 화승엔터프라이즈는 화승비나(베트남), 화승PT인도네시아(인도네시아), 장천제화대련유한공사(중국) 등 해외에 소재한 현지 법인을 지배하고자 설립되었다.

아디다스는 한국, 중국, 대만 등 9개 ODM[*] 업체에게 전체 생산량의 98%를 위탁하고 있다. 위탁업체는 Pou Chen, Chingluh, PRB&EVN 등 9개 기업으로, 2019년 기준 화승엔터프라이즈는 2위 벤더이며 시장점유율은 약 16%로 추정된다.

벤더 내 점유율 상승 중!

1위 벤더의 점유율하락, 3위 업체의 계약종료라는 이슈로 당분간은 경쟁력이 좋을 것으로 판단된다. 현재 아디다스의 점유율은 물량 기준으로 15%, 평균판매단가 기준으로는 13%이지만, 가격과 물량이 동시에 상승하고 있어 자연스럽게 상승할 것이다. 펑타이(Feng Tay), 태광실업 등 경쟁사들에 비해 평균판매단가나 수익성이 상승할 여력이 있어, 시장점유율을 확대할 가능성이 있다. 만약 시장점유율이 확대된다면 이것은 중장기적으로 유지될 가능성이 높다.

아디다스 제품의 약 80%를 대만계 ODM 업체들이 생산하는데, 아디다스가 단일국가 생산비중을 줄이기 위해 화승엔터프라이즈를 포함한 비 대만계 회사들에게 주는 수주 비중을 높여가고 있는 추세다. 인건비 상승 등의 비용 문제로 중국 생산 비중을 낮추면서, 베트남이나 인도네시아 지역의 생산 비중을 높이게 되는데, 여기에 화승엔터프라이즈 소유의 공장이 속해 생산비중이 높아지면서 자연스럽게 점유율이 올라간다.

대만 경쟁사에서 가져온 물량(150만켤레)은 전체 매출 증가분의 25%에 달한다. 2019년 10월 기준으로 2020년 SS20시즌 신규 모델을 130만켤레 생산했고, 2019년 3분기부터 공장 효율화가 크게 증가하고 있다.

....

◆ OEM(Original Equipment Manufacturing)은 주문자의 물건을 대신 만들어주는 것이고, ODM(Original Development Manufacturing)은 연구개발 등의 브랜드 노하우가 들어가는 것이다.

또한 코로나19가 확산되면서 중국 공장에서 생산이 어려워 베트남과 인도네시아로 물량이 쏠리는 것으로 추정된다. 베트남, 인도네시아의 비수기 오더를 채우게 되면서 이익 개선폭이 보다 높아질 것으로 기대하고 있다. 높은 가격 경쟁력 및 빠른 납기 대응 능력, 라인효율화 등으로 아디다스 벤더 내 점유율이 2019년 16%에서 2021년 21%까지 상승할 것으로 기대하고 있다.

연간 매출 400억원 영업이익률 15% 예상, 연간 생산량이 1,000만대에 이르는 모자 생산 법인회사 유니팍스(Unipax)를 인수하면서 나이키, 언더아머도 고객사 대열에 합류했다. 지분법 평가 이익* 에 따라, 화승 엔터프라이즈의 자회사 화승크라운의 실적에 50% (약 200억원) 반영될 전망이다.

프리미엄 제품 대흥행하며 부속제품 판매단가 상승

고가제품이 흥행에 성공하며 제품 평균 판매단가가 2019년 14달러(약 16만원)에서 2020년 18달러(약 20만원)까지 상승할 전망이다. 또한, 2020년에는 대만 경쟁업체의 물량 중 60%가 화승엔터프라이즈로 이전되고, 전체 제품 생산량의 20% 이상이 고단가 제품으로 구성된다.

신규 모델 '펄스 부스트'에 들어가는 중창(미드솔, mid sole) 또한 평균 판매단가가 24달러로 올라가며 본격적인 상승 사이클로 접어들었다. 예상보다 수주가 많이 들어와서 이익 상승폭이 커진 데다가, 중창 등 부자재를 자회사에서 공급해 비용을 줄이며 마진 상한선을 높였다.

◆ 지분법 평가 이익 : 다른 회사의 지분을 보유하고 있을 때 대상 기업에 손실이나 이익이 발생하면 지분 보유량만큼 손실 또는 이익으로 평가 받는다.

실적 성장의 핵심은 아디다스 고가 제품!

2020년 실적 성장의 핵심은 아디다스 고가 제품의 물량 확대다. 아디다스 그룹은 연간 생산량이 2018년 4.1억켤레에서 2020년 5.4억켤레로 약 32% 증가했다. 이에 따라 화승엔터프라이즈의 월 생산량도 2018년 680만켤레에서 2019년 760만켤레, 2020년 900만켤레로 확대 중이다.

알파부스트를 시작으로 펄스부스트, 에어로 바운스, 아쿱먼트 등 고부가제품이 늘어났으며 아디다스와 리복의 고가제품을 각각 월 100만켤레, 월 50만켤레 생산할 계획이다. 평균판매단가는 24달러 정도로 예상해 평균수주단가의 상승, 수주량 상승효과가 온기로 반영되어 컨센서스의 상향 추세가 유지될 것이다.

고가제품, 이지부스트 700 MNVN

이지부스트 350 V2
(출처 : adidasoriginals 인스타그램 계정)

고가제품 수주로
실적 향상!

전체 제품의 55%, 주문부터 납품까지 30일 소요!

납기대응능력이란 고객에게 수주를 받은 후에 신발을 생산하고 납품하는 데까지 걸리는 기간이다. 시장변화에 빠르게 대응하고, 재고자산 및 SKU* 회전을 능률적으로 하기

◆　　SKU(Stock Keeping Unit) : 제품을 창고에 저장보관하거나 관리할 때 사용하는 재고유지 최소단위다.

위해서는 납기대응능력이 좋아야 하기 때문에 ODM 업체들에게는 중요한 경쟁요소가 된다.

화승엔터프라이즈는 생산과 원자재 조달을 수직계열화해 자재 조달기간을 단축하고 생산자동화를 구축해 타업체보다 빠른 속도로 납기대응기간을 줄여가고 있다. 2019년 상반기 기준으로 전체의 약 55% 제품이 30일 내 생산되고 있으며, 보다 많은 제품에 적용하기 위해 애쓰고 있다.

현금흐름 빠른 속도로 회복 중

인도네시아 설비 증설 및 베트남 공장 자동화에 투자한 순차입금이 2019년 2,448억 (2016년 대비 순차입금 비율 72.2%)이다. 2020년부터는 빠른 매출증가와 영업이익률 개선으로 순이익이 증가하고, 이에 따라 부채가 줄어들게 된다. 설비투자 비중이 감소하면서 잉여현금흐름◆이 급속도로 개선될 것으로 전망한다.

ODM 업체처럼 공장가동을 위해 설비 증설이 필요한 곳은 잉여현금흐름의 큰 부분을 차지하는 운전자본흐름◆◆을 개선하는 것이 쉽지 않다. 그러나 거래처에게 받은 매출채권 회수 기간을 단축하려는 노력을 통해 잉여현금흐름을 조금씩 개선하고 있다.

설비투자 비용은 2020년 600억원, 2021년 400억원 정도로 과거 3년 평균인 1,000억원에 비하면 크게 감소한 수준이다. 2020년 잉여현금흐름은 400억원 수준으로 2016

◆　잉여현금흐름 : 투자나 영업으로 비용을 지출하고 남은 현금을 의미하므로, 회사에 남은 돈이 얼마나 있는지 알 수 있다. 잉여현금흐름이 좋다는 것은 돈이 원활하게 회전되어 경영이 효율적으로 이루어진다는 의미이다. 순차입금의 감소는 빌려 쓰는 돈에 붙는 이자가 낮아지는 것이므로, 비용구조가 좋아지고 재무구조가 개선된다.

◆◆　운전자본흐름 : 영업활동을 할 때 내부에서 급하게 돌려 쓸 수 있는 현금을 의미한다. 유동자산에서 유동부채를 뺀 금액이 운전자본이다.

년 이후 처음으로 잉여현금흐름이 흑자 전환되고 연결 차입금이 2021년까지 연평균 39% 감소해 2021년 순차입금이 1,151억원까지 감소할 전망이다.

나이키 1위 벤더 펑타이와 비교

스포츠웨어의 양대산맥 나이키와 아이다스는 각각 펑타이, 화승엔터프라이즈를 최대 ODM으로 한다. 나이키의 1위 벤더 펑타이는 전체 매출의 85~90%가 나이키에서 나온다. 펑타이와 화승엔터프라이즈는 과거 PER 값이 평균 30% 정도 차이 났었는데, 현재는 화승엔터프라이즈의 PER 값이 약 40% 저평가되어 있다.

최근 화승엔터프라이즈는 고가제품 생산으로 평균판매단가가 높이며 영업이익률 12%를 기록하는 등 안정적인 잉여현금흐름 창출을 보여줬다. 제품판매가격의 상승은 잉여현금흐름의 계속적인 개선을 의미하고, 이로 인해 펑타이와의 할인폭이 상당히 줄어들 것이라 기대하고 있다.

밀레니얼세대와 Z세대 취향저격! 중국시장 확대 가속화

전방산업인 글로벌 스포츠웨어의 시장규모는 약 320조원으로 예상한다(2019년 기준). 2008~2013년 5년간 연평균성장률이 4.9%인 데 반해, 2013~2018년 성장률은 연 6.7%로 일반적인 소비시장의 성장률 둔화 모습과는 상반된 모습이다.

밀레니얼세대(1980년 초반~2000년 초반 출생)와 Z세대(1990년 중반~2000년 중반 출생)가 주 소득층으로 자리매김하면서, 그들의 건강에 대한 높은 관심, 애슬레저 트렌드가 이끌어준 결과이며, 향후 5년간 유지될 것으로 기대한다. 특히 중국의 스포츠웨어시장은 중국 소비자들의 소득 향상 및 정부의 스포츠 산업 장려정책으로 5년간 연 14.5% 성장했다. 중국 소비증가율 10.3%를 크게 앞서가는 수치로, 중국 전체 소비 및 소매시장 성장률 둔화에도 불구하고 오히려 성장세가 가속화되고 있다.

| 1 | ROE, PER, PBR로 종목의 가치를 파악하라!

의류소비재 관련 16개 기업의 2019년 평균 PER 약 12배, 평균 PBR은 약 1.5배인 것에 비해 PER 16.43배로, PBR 2.94배로 고평가된 것은 사실이다. 2020년 PER 약 10.45 배, 2021년 PER 약 7.9배로 예상하고 있어, PER은 더 저평가될 전망이다. 16개 기업의 2019년 평균 ROE는 약 12.45%인데 화승엔터프라이즈는 19.87%로 월등히 높은 수준이 고, 2016~2019년 평균도 약 18%로 높은 수준을 유지했다.

투자지표상 다소 고평가로 보일 수 있으나 과거에도 꾸준한 높은 수익성을 보여줬고 앞으로의 수익성도 양호할 것으로 예상한다. 가장 큰 고객사인 아디다스사의 성장성을 고려하면 프리미엄도 기대해볼 만하다.

단위 : %, 배

	2015/12	2016/12	2017/12	2018/12	2019/12	2020/12(E)	
ROE		27.19	18.41	6.39	19.87	18.14	
PER		9.87	15.99	37.53	16.43	10.45	**월등히 높은 ROE**
PBR		2.14	2.82	2.30	2.94	1.73	

출처 | 네이버 금융(2020.04.28.기준)

최근 주가 흐름을 살펴보면 2016년 10월 7일 최저점 6,075원을, 2020년 2월 21일 최고 점 18,800원을 기록했다. 2016년 최저점 실적은 매출액 6,402억원, 영업이익 438억원 이고, 최고점 2020년은 예상 매출액 1조3,578억원, 영업이익 996억원이다.

최저점이던 2016년에는 최대고객사 아디다스 실적 둔화우려, 아디다스에 의존하는 매출 구조, 의류 관련 OEM업체들의 전방수요 위축 등 부정적인 요인이 더 많았다. 반면 최고점이던 2020년에는 실적 서프라이즈, 글로벌 동종업계 대비 저평가, 신규 수주모델에 따른 평균판매가격 상승, 판매량 증가, 생산효율성 개선으로 매출 증가보다 이익 증가가 이루어지며 긍정적 요인이 지배적이었다.

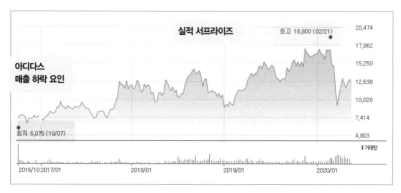

출처 | 네이버 금융(2020.04.28.기준)

| 2 | 유사동종업계 경쟁사와 비교하라!

매출액과 영업이익은 작지 않은 수준이며 PER과 PBR이 고평가되어 있다. 무엇보다 ROE와 영업이익률이 높은 수준이라 수익성이 정말 좋다. 매출액증가율도 높기 때문에 투자지표가 고평가라고 해서 투자가치가 낮다고 할 수는 없다.

추정치이긴 하나 2020년, 2021년 2년 평균 매출액증가율 약 16.4%, 영업이익증가율 약 25.5%로 높게 기대되어 탄탄한 실적에 대한 기대감을 바탕으로 중장기적으로 상승할 것으로 판단된다.

단위 : 억원, %, 배 | 분기 : 2019.12.

	시가총액	매출액	매출액증가율	영업이익	영업이익률	ROE	PER	PBR
화승엔터 프라이즈	9,080	12,016	26.83	854	7.11	19.87	16.43	2.94
휴비스	2,380	10,293	−22.66	49	0.47	−0.07	N/A	0.51
태평양물산	1,043	9,716	−0.05	432	4.45	6.99	11.77	0.71
효성티앤씨	5,690	59,831	43.86	3,229	5.40	20.86	7.18	1.36
신세계 인터내셔날	13,923	14,250	11.39	845	5.93	12.98	21.19	2.62

**매출 증가로
인해 중장기
상승 기대감**

출처 | 네이버 금융(시가총액은 2020.05.29.기준)

| 3 | 기본 중의 기본! Q(물량), P(가격), C(비용) 가능성을 살펴보라!

강한 실적 성장을 통해 Q, P, C 모두 최상의 상황이다. 먼저 Q는 국가별로 고르게 성장하고 있다. 각 국가의 Q를 살펴보면 베트남이 지난 8년간 연평균성장률이 약 16%로 2018년 4,200켤레→2023년 5,000켤레로 증가, 중국이 연평균증가율 약 4%대로 2018년 800켤레→2023년 1,500켤레로 증가, 인도네시아가 지난 3년간 연평균 약 145%씩 증가하며 2019년 2,300켤레→2023년 5,000켤레까지 증가할 전망이다. 또한 모자 아이템이 추가되면서 생산 카테고리가 확장되고, 생산능력이 2020년 1분기에 1,000억원 추가되며 경쟁사 물량 이전효과로 수주가 늘어나고 있다.

품질을 향상시키거나 제품라인을 늘리는 형태인 제품믹스개선에 따른 P의 상승이 예상되는데, 켤레당 평균판매단가는 2019년말 13.1달러에서 2020년말 14~15달러까지, 월 900만켤레가 예정되어 있다.

마지막으로, 자회사 화승폴리텍에서 반제품인 중창을 자체 소싱해 매출액이 전년 대비 130% 증가했다. 수직계열화로 인해 가동률이 전년 대비 15% 증가한 95% 이상을 기록했다. 생산성 향상, C 최적화를 통한 수익성 증대가 예상된다.

| 4 | 실적을 통해 안정성을 확인하라!

강력한 실적 모멘텀으로 설립 4년 만에 1년 매출액 1조원을 돌파하며 이른바 '1조클럽'
에 가입했을 만큼 실적성장률이 매우 가파르게 올랐다. 최근 4년간 영업이익, 당기순이
익이 비교적 성장세를 보였다.

2016년~2019년 매출액성장률의 연평균은 약 21%이고 영업이익성장률의 연평균은 약
32.7%로 화승엔터프라이즈의 매출액과 영업이익은 계속적으로 높은 성장률을 보여주
었다.

부채비율은 최근 5년간 100%를 초과해 재무건전성은 불량하지만 2020년 약 136%,
2021년 약 118%로 낮아질 것으로 기대하고 있어 지속적인 확인이 필요하다.

2020년과 2021년의 평균 예상 실적은 매출액증가율 약 16.4%, 영업이익증가율 약
25.5%로 과거 실적성장률보다 다소 낮지만 여전히 긍정적인 성장성을 보여준다. 꾸준
히 커지는 시가총액, 아디다스 내 점유율 지속상승, 평균수주단가 상승, 비수기 가동률
개선, 제품의 이익구조 개선, 대외변수로 인한 과도한 밸류에이션 하락 등을 고려하면
실적 성장주에 진입할 수 있는 좋은 기회라고 볼 수 있다.

1조클럽 달성

단위 : 억원, %

	2015/12	2016/12	2017/12	2018/12	2019/12	2020/12(E)
매출액		6,402	7,682	8,792	12,016	13,578
영업이익		438	585	403	854	996
당기순이익		349	416	171	652	751
부채비율	313.22	126.51	139.71	168.59	166.38	136.11

출처 | 네이버 금융(2020.04.28기준)

부채는 높지만 이익이 늘면서 하락추세

tip

기관투자자, 외국인투자자 수급이 주식에 미치는 영향

수급이란 수요와 공급의 약자로, 수급분석은 결국 돈의 흐름을 보는 것이다. 수요와 공급은 심리적 요인에 영향을 받고, 주가는 수급의 추세를 따라 움직일 확률이 높으며, 주가의 과거 패턴은 일정하게 반복되는 모습을 보여준다.

기관과 외국인의 자금 규모는 개인의 자금 규모보다 압도적으로 크기 때문에 주식시장에서 중요하게 작용된다. 기관 및 외국인 투자자도 평가손실을 보려고 주식을 매수하지는 않는다. 따라서 기관 및 외국인 투자자는 실적과 밸류에이션을 모두 체크하기 때문에 그들의 매수 또는 매도의 방향성을 보는 것이 중요하다.

실적은 주가의 함수라는 말이 있듯이 기관의 수급은 기업들의 실적 방향성과 밀접한 관계가 있다. 기관과 외국인의 연속 순매수가 나오면 수급으로 인한 투자심리가 좋아진다. 이런 경우에는 주식의 가격이 상승할 가능성이 매우 높고, 반대로 기관과 외국인이 동시에 매도하면 주식의 가격이 하락할 가능성이 매우 높다.

외국인 수급은 환율에 큰 영향을 받는다. 외국인 투자자는 국내 주식에 투자할 때 해외에서 달러를 가져와 원화로 바꿔서 주식을 매수하고, 반대로 매도할 때는 다시 달러로 바꿔서 미국으로 돌아간다. 일반적으로 환율이 내려가면(달러가치 하락) 달러 환전 시 환차익이 발생하므로 외국인이 주식을 매도할 때 유리한 조건이 된다.

모바일 트레이딩 시스템(MTS)에서 외국인 수급분석을 보여주는 화면 (출처 : 미래에셋대우)